Islam in der Gesellschaft

Die neue Reihe *Islam in der Gesellschaft* publiziert theoretische wie empirische Forschungsarbeiten zu einem international wie national aktuellem Gegenstand. Der Islam als heterogene und vielfältige Religion, wie aber auch kulturelle und soziale Organisationsform, ist ein bedeutsamer Bestandteil von modernen Gesellschaften. Er beeinflusst Gesellschaft, wird zum prägenden Moment und erzeugt Konflikte. Zugleich reagieren Gesellschaften auf den Islam und Menschen, die im angehören bzw. auf das, was sie unter dem Islam und Muslimen verstehen. Der Islam prägt Gesellschaft und Gesellschaft prägt Islam, weil und wenn er in Gesellschaft ist. Die damit verbundenen gesellschaftlichen Phänomene und Prozesse der Veränderungen sind nicht nur ein zentraler Aspekt der Integrations- und Migrationsforschung. Viele Studien und wissenschaftlichen Diskurse versuchen, den Islam in der Gesellschaft zu verorten und zu beschreiben. Diese Forschung soll in der Reihe *Islam in der Gesellschaft* zu Wort und Schrift kommen, sei es in Herausgeberbänden oder Monografien, in Konferenzbänden oder herausragenden Qualifikationsarbeiten.
Die Beiträge richten sich an unterschiedliche Disziplinen, die zu einer inter- wie transdisziplinären Perspektive beitragen können:

- Sozialwissenschaften, Soziologie
- Islamwissenschaft
- Integration- und Migrationsforschung
- Bildungswissenschaft
- Sozialpsychologie
- Kulturwissenschaften
- Geschichtswissenschaft und
- weitere Wissenschaften, die Forschungsbeiträge zum Thema aufweisen

Rauf Ceylan · Michael Kiefer
(Hrsg.)

Der islamische Fundamentalismus im 21. Jahrhundert

Analyse extremistischer Gruppen in westlichen Gesellschaften

Springer VS

Hrsg.
Rauf Ceylan
Universität Osnabrück
Osnabrück, Deutschland

Michael Kiefer
Universität Osnabrück
Osnabrück, Deutschland

Islam in der Gesellschaft

Die Deutsche Nationalbibliothek verzeichnet diese Publikation in der Deutschen Nationalbibliografie; detaillierte bibliografische Daten sind im Internet über http://dnb.d-nb.de abrufbar.

Planung/Lektorat: Cori Antonia Mackrodt
Springer VS ist ein Imprint der eingetragenen Gesellschaft Springer Fachmedien Wiesbaden GmbH und ist ein Teil von Springer Nature.
Die Anschrift der Gesellschaft ist: Abraham-Lincoln-Str. 46, 65189 Wiesbaden, Germany

Inhaltsverzeichnis

Herausgeber- und Autorenverzeichnis

Über die Herausgeber

Rauf Ceylan ist Professor für Gegenwartsbezogene Islamforschung an der Universität Osnabrück/Institut für Islamische Theologie. Er promovierte an der Ruhr-Universität Bochum in Soziologie (Dr. rer. soc.) und in Religionspädagogik (Dr. phil.) an der Universität Vechta. Im WS 2018/19 war er Gastprofessor an der Universität Zürich. Seine Forschungstätigkeiten sind Migrations- und Religionssoziologisch ausgerichtet. Er ist Mitglied im Institut für Migrationsforschung und Interkulturelle Studien (IMIS) und im Rat für Migration (RfM eV).

Michael Kiefer, Universität Osnabrück, studierte Islamwissenschaft, Politikwissenschaft und Philosophie in Köln. Dort promovierte er im Fach Islamwissenschaften zum Schulversuch Islamkunde in Nordrhein-Westfalen. Kiefer befasst sich seit mehr als 20 Jahren mit den Themenfeldern Antisemitismus, Islamismus und Radikalisierungsprävention und hat hierzu zahlreiche Publikationen vorgelegt. Michael Kiefer hat im April 2021 den Ruf der Uni Osnabrück für die Professur Soziale Arbeit in der Migrationsgesellschaft mit dem Schwerpunkt muslimische Wohlfahrtspflege angenommen. Derzeit vertritt er in Vollzeit die Professur.

Autorenverzeichnis

Caspar Berges Candid Foundation, Paris, Frankreich

Rauf Ceylan Universität Osnabrück, Osnabrück, Deutschland

Asiem El-Difraoui Candid Foundation, Paris, Frankreich

Samet Er Institut für interdisziplinäre Konflikt- und Gewaltforschung, Bielefeld, Deutschland

Eva Herschinger Universität der Bundeswehr, München, Deutschland

Michael Kiefer Universität Osnabrück, Osnabrück, Deutschland

Sofia Koller Counter Extremism Project (CEP), Berlin, Deutschland

Rüdiger Lohlker Universität Wien, Wien, Österreich

Tariq Modood University of Bristol, Bristol, England

Patrick Möller Hessen, Deutschland

Armin Pfahl-Traughber Hochschule des Bundes für öffentliche Verwaltung, Brühl, Deutschland

Ulrich Schneckener Universität Osnabrück, Osnabrück, Deutschland

Thomas Sealy University of Bristol, Bristol, England

Harald Weilnböck cultures interactive e. V., Berlin, Deutschland

Theorie und Geschichte

Historische Entwicklungen des islamischen Fundamentalismus in Deutschland

Rauf Ceylan und Michael Kiefer

Zusammenfassung

Der islamische Fundamentalismus blickt in Deutschland auf eine 60-jährige Historie zurück. Nach dem zweiten Weltkrieg bot sich für viele potenzielle Migrationswillige aus islamisch geprägten Ländern die Möglichkeit, sich hierzulande eine neue Existenz aufzubauen. Dies gilt auch für politische und religiöse Organisationen aller Couleur. Das demokratische Rechtssystem erlaubte diesen Bewegungen die Möglichkeit von Deutschland aus auf ihre jeweiligen Herkunftsländer politisch einzuwirken. Dies gilt sowohl für demokratisch orientierte wie auch für extremistische Strömungen. Bezüglich der zweiten Kategorie sind insbesondere islamistische Gruppierungen zuzuordnen, die in Deutschland einen Rückzugs- und Aktionsraum gefunden haben. Sie haben in den letzten sechs Dekaden geschafft, ihrem Zelotismus einen effizienten Organisationsgrad zu geben und im deutschen Islamdiskurs lautstark mitzureden. In diesem Artikel sollen die geschichtlichen Entwicklungen der zentralen Bewegungen bis in die Gegenwart nachgezeichnet und diskutiert werden.

R. Ceylan (✉) · M. Kiefer
Universität Osnabrück, Osnabrück, Deutschland
E-Mail: rceylan@uos.de

M. Kiefer
E-Mail: michael.kiefer@uni-osnabrueck.de

Schlüsselwörter

Islam in Deutschland · Muslimische Organisationen · Fundamentalismus in Deutschland · Moscheen · Salafismus · 11. September · Terrorismus

1 Die Nachkriegszeit: das schiitische Islamische Zentrum Hamburg und die Moscheebaukommission der Muslimbruderschaft

Die Geschichte des Islam in Deutschland setzt zwar nicht unmittelbar in der Nachkriegszeit an, doch kann die gegenwärtige quantitative Zunahme auf etwa 5,7 Mio. Muslime nur auf die damaligen Migrationsbewegungen und die mit ihnen verbundenen demografischen Entwicklungen zurückgeführt werden (vgl. Pfündel et al. 2021, S. 37 ff.). Hierbei sind zwei Migrationsformen zu differenzieren, die zu unterschiedlichen Organisationsstrukturen in Deutschland geführt haben: Elitemigration und Arbeitsmigration. Die muslimischen Pioniermigranten*innen der ersten Kategorie sind bereits in den 1950er Jahren nach Deutschland eingereist. Hierzu zählen zunächst Studenten, Ärzte und Geschäftsleute aus dem Iran. An dieser Stelle ist jedoch anzumerken, dass bereits vor der dem zweiten Weltkrieg Hochqualifizierte und Exilanten aus dem Iran in Deutschland lebten. So lebte bereits im Kaiserreich eine kleine iranische Community, deren Zahl in der Weimarer Republik anwachsen sollte (vgl. Gorges 2019, S. 74 ff.). In den 1920er Jahren kamen weitere Kaufleute und in den 1950er Jahren Studenten aus gut situierten Familien nach Deutschland, wobei der durch die CIA initiierte Sturz des demokratischen Premierministers Mohammed Mossadegh (1882–1967) weitere Migrationsbewegungen nach Deutschland forcierte. Die iranische Community wuchs stetig an und vor allem Hamburg etablierte sich zum wichtigsten Zentrum. Synchron zu den politischen Spannungen aufgrund der „Weißen Revolution" im Iran organisierten iranische Kaufleute eine Vereins-Initiative zum Bau einer Moschee in der Hansestadt. Im Zuge dessen wurde 1961 der Grundstein für die Moschee gelegt und es sollten mehrere Jahre vergehen, um den Bau sukzessive komplett fertigzustellen (vgl. Mohagheghi 2007, S. 123 ff.).

Wie der historischen Selbstdarstellung des Islamisches Zentrums Hamburg zu entnehmen ist, gab es bereits in der Gründungsphase strukturelle Verbindungen zum Iran bzw. zu den hohen iranischen Geistlichen. Zudem zeigen die Chroniken auf der Homepage des Islamischen Zentrums Hamburg, dass die Beziehungen zum damaligen Iranischen Staat konflikthaft waren: „Obwohl die iranische Botschaft in Bonn damals unter dem Schah-Regime die Bankkonten der Moschee hatte sperren lassen, gelang es der Gemeinde, mit Hilfe großzügiger privater Spenden in den Jahren 1969 bis 1979 den Vortragsraum zu errichten, die Fassade fertig zu stellen und mit dem Ausbau des unteren Stockwerks zu beginnen (Islamisches Zentrum Hamburg 2021).“ Diese Opposition sollte sich mit dem Beginn der revolutionären Bewegung unter Ayatollah Ruhullah Khomeini ab 1963 intensivieren, als der schiitische Klerus sich gegen das Reformprogramm des Schahs („Weiße Revolution“) stellte (Arminpur 2021, S. 119 ff.).

Das Islamische Zentrum Hamburg sollte diese Bewegung ideologisch begleiten. Ab der Islamischen Revolution 1979 entwickelt sich das IZH als verlängerter Arm der sogenannten „Islamischen Republik Iran“:

> „In Hamburg befindet sich eine wichtige proiranische Einrichtung, die an der Außenalster gelegene schiitische „Imam Ali-Moschee“ (siehe folgende Doppelseite), deren Trägerverein das „Islamische Zentrum Hamburg e. V.“ (IZH) ist. Die Position des IZH-Leiters wird traditionell mit einem linientreuen Anhänger der iranischen Staatsdoktrin und der islamischen Revolutionsziele besetzt. Er gilt als Vertreter des Revolutionsführers Khamenei in Europa und in der schiitischen Gemeinde als religiöser Repräsentant des Iran (Verfassungsschutz Hamburg 2020, S. 78).“

Entsprechend des Postulats Khomeinis, die Iranische Revolution zu exportieren, fungiert seitdem das IZH als Ort der schiitisch-islamistischen Propaganda. Die bereits in ihren Anfängen erkennbaren strukturellen Verwicklungen mit dem iranischen Klerus erhält nicht nur eine Kontinuität, sondern eine Intensivierung. Seit 70 Jahren fungieren Geistliche aus dem Iran nach dem Rotationsverfahren als Imam bzw. Leitung der Hamburger Zentrale. Darunter auch Persönlichkeiten wie der ehemalige Präsident des Iran Mohammed Chatami, der 1978–1980 die Direktion des IZH übernahm: Hojjatulislam Mohagheghi (1955–1965), Ayatollah Dr. Beheschti (1965–1970), Hojjatulislam Shabastari (1970–1978), Hojjatulislam Khatami (1978–1980), Hojjatulislam Mohammad Moghaddam (1980–1992), Hojjatulislam Ansari (1992–1998), Hojjatulislam Hosseini Nassab (1999–2003), Ayatollah Ghaemmaghami (2004–2008), Ayatollah Reza Ramezani (2009–2018) und Hojjatulislam Dr. Mohammad Hadi Mofatteh (seit 2019) (Islamisches Zentrum Hamburg 2021).

Während die Ziele des Zentrums in ihrer Gründungszeit wahrscheinlich primär religiöser Natur waren, hat sich das Spektrum der Aufgaben und Zielvorstellungen – in Korrespondenz zu den politischen Entwicklungen im Iran – offensichtlich erweitert. Seit der Islamischen Revolution wird das Zentrum vom

Verfassungsschutz als verlängerter Arm des Iran betrachtet. Die Personalpolitik, Publikationen, enge Verbindungen zu Gruppierungen wie der Hisbollah sowie andere Aktivitäten wie Organisation von Demonstrationen usw. zeugen von dieser Mission.

Im sunnitischen Kontext zählt der ägyptische und syrische Arm der Muslimbruderschaft (MB) zur ältesten islamistischen Organisation. Ihre Geschichte in Deutschland geht auf Said Ramadan (1926–1995) – dem Schwiegersohn des Gründers der Organisation Hassan al-Banna (1906–1949) – zurück. Ramadan war ein Organisationstalent und wurde daher von der Muslimbruderschaft nach Europa gesandt, um die Bewegung auch in westlichen Ländern zu implementieren. So wurde 1958 nicht nur die Dachorganisation Islamische Gemeinschaft Deutschland gegründet, sondern zeitgleich in München die „Moscheebau-Kommission e. V." initiiert. Dieser stellte die Basis für den Bau des Islamischen Zentrums, der 1973 fertiggestellt werden sollte (vgl. Breuer 2019; Kreutz 2019). Parallel wurde in Aachen von der Organisation 1964 mit dem Bau der Bilal-Moschee begonnen, welche als Komplex „Islamisches Zentrum Aachen" 1978 formal als Verein registriert wurde. Dem war 1958 eine Studenteninitiative vorausgegangen, die sich an der Rheinisch-Westfälischen Technischen Hochschule Aachen formierte. Die personelle Verwicklung der Zentren sowie der IGD mit der MB sticht in beiden Zentren sowohl in ihrer Gründungszeit als auch in der späteren Leitung klar heraus. Bekannte Namen neben Said Ramadan – der zwischen 1958 bis 1960 die Leitung der IGD übernahm und später nach Genf migrierte – zählen Persönlichkeiten wie der ehemalige Generalsekretär der Muslimbrüder Issam El-Attar (vgl. IZA 2021). Weitere Zentren sollten nicht nur in Deutschland, sondern – wie das Islamische Zentrum Genf – in unterschiedlichen Ländern Europas entstehen. Die MB hat somit im Laufe der Jahrzehnte es geschafft sich in westlichen Gesellschaften langfristig strukturell zu verfestigen. Im deutschen Kontext ist zu konstatieren, dass die zunächst regionale Organisation in München als „Moscheebau-Kommission e. V." als Basis dafür diente, um 1982 eine Dachorganisation in Köln zu gründen, wobei der Name Ibrahim El-Zayat als wichtiger Akteur immer wieder auftaucht. Unter diesem Dach sollten alle weiteren Islamische Zentren sich zusammenfinden. Sie ist zudem Gründungsmitglied des Zentralrats der Muslime, die ein Zusammenschluss weiterer Islamischer Dachorganisationen bildet (vgl. Kamp und Thielmann 2014, S. 99 ff.).

2 Arbeitsmigration, Moscheegründungen und Konkurrenzkämpfe

Als Gegensatz zum elitären Charakter der MB-Bewegung sind vorwiegend in den 1970er Jahren Moscheevereine von muslimischen Arbeitnehmern gegründet worden. Diese waren zunächst als Bürgerinitiativen entstanden, um die religiöse Sozialisation der eigenen Kinder – die im Zuge der Familienzusammenführung nach Deutschland einreisten – zu gewährleisten. Diese Initiativen zeugen davon, dass die Islamischen Organisationen aus dem Ausland zunächst noch nicht die Bedeutung der muslimischen Gastarbeiter in Deutschland erkannten. Daher versuchen diese Organisationen im Zuge der Familienzusammenführung nicht nur die existierenden unabhängigen Gemeinden zu übernehmen, sondern zugleich deutschlandweit neue Moscheevereine zu gründen. Daher ist diese Phase durch die Expansion der Moscheegemeinden geprägt (vgl. Ceylan 2006, S. 123 ff.). Da keine kirchenanalogen Strukturen existieren, entsteht ein sehr buntes Mosaik an Gotteshäusern, die unterschiedlichsten Strömungen nach den Kriterien Ethnie, Konfession, politische Orientierung und Rechtsschule sich voneinander differieren. Insbesondere anhand der unten ausgewählten türkisch-muslimischen Community[1] wird die Pluralität deutlich:

- Organisation Türkisch-Islamische Union der Anstalt für Religion (DITIB): Sie stellt strukturell und personelle eine Art „Tochtergesellschaft“ der türkischen Religionsbehörde dar, auch wenn Emanzipationsbestrebungen von einem Teil der Mitglieder seit Jahren gefordert wird.
- der Verband der Islamischen Kulturzentren: Die VIKZ, die unter türkeistämmigen Muslimen auch als „Süleymanci“ tituliert wird, ist ein eher in sich geschlossener Orden.
- Föderation der Türkisch-Demokratischen Idealistenvereine in Deutschland: Diese Organisation setzt sich aus der genannten Bewegung der rechtsextremistischen „Grauen Wölfe“ zusammen.
- Union Türkisch-Islamischer Kulturvereine in Europa (ATIB): Sie hat sich 1987 von den „Grauen Wölfen“ abgespalten und hat den Anspruch eher religiös zu wirken. Dennoch blieb weiterhin eine geistige Affinität zur ehemaligen „Mutterorganisation“ bestehen.

[1] Die Anzahl der Mitgliedsmoscheen kann man in der Regel der Homepage der jeweiligen Dachorganisationen entnehmen. Da es sich um Selbstangaben handelt, ist die konkrete Zahl nur einschätzbar.

- Föderation der Weltordnung in Europa: Wie die ATIB auch, hat sich die Föderation von den Grauen Wölfen abgespalten. Die Differenzen zu den beiden zuvor genannten Organisationen sind nur als minimal zu betrachten.
- Islamische Gemeinschaft Milli Görüs: Hatte lange Zeit ein islamistisches Konzept vertreten und bemüht sich um einen Richtungswechsel. Einen schweren Schlag hat paradoxerweise die AKP – die selbst eine autoritäre, neo-osmanisch angehauchte, türkisch-nationale Politik verfolgt – zugesetzt, da sie viele Mitglieder angeworben und in das politische System der Türkei integriert hat. Auffällig ist die Entkoppelung der IGMG von der türkischen Saadet Partisi, die in der Türkei nur noch eine marginale Rolle einnimmt. Ob die Entpolitisierung in Zukunft erfolgreich sein wird, darüber werden die Aushandlungsprozesse der sehr unterschiedlichen Strömungen innerhalb der Organisation entscheiden.
- Nurculuk-Bewegung: Sie steht für einen Sammelbegriff, die eine eher mystische Bewegung mit dem Denker Said Nuris als Integrationsfigur darstellt.
- Gülen-Bewegung: Sie versteht sich als einen Zweig der Nurculuk-Bewegung und wird in der Türkei – nach dem gescheiterten Putschversuch – als Terrororganisation verfolgt. Der internationale Kader der Bewegung hat in den letzten Jahren offensichtlich Deutschland als neues Zentrum ausgewählt.
- Menzil-Bewegung, die mit ihrem Buhara-Institut (Berlin) sowie der Tekke (Castrop-Rauxel) bekannt ist und der Naqschibandiyya angehört.

Darüber existieren zahlreiche kleinerer Gruppen, die sich nur in einzelnen Gemeinden treffen, deren Auflistung – sofern sie alle identifiziert werden können – den Rahmen der vorliegenden Abhandlung sprengen würde. Alle diese Dachverbände, Organisationen und Gruppen sind türkeistämmig, sunnitisch und hanafitisch. Das ist ein sehr türkisches Phänomen, die so in anderen muslimisch-ethnischen Gruppen in der Form kaum anzutreffen sind. Parallel nehmen die Moscheevereine der ethnisch anderen muslimischen Gruppen wie marokkanische und bosnischen Muslime zu. Eine weitere Heterogenisierung ist durch die Flüchtlinge aus Afghanistan, Irak und Syrien entstanden. Darunter befinden sich auch viele kurdische Muslime, die allerdings kaum in der Statistik auftauchen. Die Differenzierung der Gotteshäuser nach ethnischen Kriterien ist ein typisches Merkmal für alle klassischen Einwanderungsländer. Denn die Gotteshäuser sind zugleich soziokulturelle Zentren, die nicht nur als emotionale Zufluchtsorte fungieren, sondern ihren Mitgliedern zugleich Hilfestellungen in allen Lebenslagen bieten.

Während für die meisten muslimischen Migranten die Frequentierung der neu gegründeten Gemeinden der politische Faktor nicht relevant oder eher sekundär war, gab es einen aktiven Kreis, der gezielt am Aufbau und der Expansion solcher Strukturen mitwirkte. Die ersten als islamistisch einzustufenden Strukturen entstanden in den 1970er Jahren. Als größte Organisation, die bis heute in Deutschland kontrovers bewertet und diskutiert wird, gilt die Milli-Görüs-Bewegung (IGMG). Die geistige Grundeinstellung dieser Organisation, die heute über 30.000 Mitglieder zählt, geht nach einer Oral-History-Studie auf den Besuch von Necmettin Erbakan 1967 in Braunschweig zurück. Dort soll er in einem privaten Kreis den Arzt Fazil Üveyce mit folgenden Worten zur Initiative ermuntert haben:

> „Er [Erbakan; Anm. R.C.] hat drei Tage und drei Nächte bei uns verbracht. Er hat ausdrücklich gesagt, dass die Menschen ihre religiöse Identität nicht verlieren dürfen und den Islam richtig ausleben müssen, nur so würden sie zu der Verbreitung der Religion in Deutschland beitragen (Yilkin et al. 2017, S. 128)."

Die organisatorischen Fertigkeiten übernahmen ein akademischer Kreis, die zudem durch ihre großzügigen Spenden für ausreichende finanziellen Rahmenbedingungen sorgten. Zudem konnten sie auf zahlreiche ehrenamtliche türkische Gastarbeiter zurückgreifen, die gezielt von anderen türkischen Gastarbeitern Spenden sammelten. Zugleich waren sie von einem starken Sendungsbewusstsein getrieben und versuchten die aus ihrer Sicht „unislamischen" Lebensstile der anderen türkisch-muslimischen Gastarbeiter durch gezielte Missionierungstätigkeiten bzw. durch die Formel al-amr bi-l-maʿrūf wa-n-nahy ʿani-l-munkar (Das Gute gebieten, das Verwerfliche verbieten) zu unterbinden. Aus diesen lokalen Aktivitäten entstanden in relativ kurzer Zeit Organisationen in 40 deutschen Städten. Zeitgleich verlagerte sich die Zentrale nach Köln, die auch für andere Islamische Organisationen bis heute das Zentrum geblieben ist (vgl. ebd., S. 129 ff.).

Die meisten türkisch-islamischen Organisationen – unabhängig ob sie wie die IGMG als islamistisch eingestuft werden oder nicht – pflegten immer eine positive Erinnerungskultur zum Osmanischen Reich, dessen Todesstoß Mustafa Kemal Atatürk mit der Republikgründung, der Auflösung des Kalifats sowie dem Bruch mit der osmanischen Kultur insgesamt, versetzte. Das Osmanische Reich wird vor allem durch die angeblich konsequente Umsetzung der Scharia in dieser Erinnerungskultur als gerecht und vorbildlich wahrgenommen. Trotzdem unterscheiden sich diese Organisationen wie z. B. der Verband der Islamischen Kulturzentren e. V. von der IGMG, weil sie kein politisches Konzept verfolgen. Die IGMG dagegen hatte sich in den 1970er Jahren das Ziel gesetzt, ein Islamisches Staatswesen („Adil Düzen"/Gerechtes Gesellschaftssystem) in der Türkei zu gründen. Die gewählte Strategie dabei: der Gang durch die Institutionen.

Allerdings wurden innerhalb der Bewegung Stimmen laut, welche die Partizipation im politischen System als falsch und unislamisch bewerteten. Denn viele Schriften der Muslimbrüder wurden in den 1960er und 1970er Jahren ins Türkische übersetzt sowie Kontakte zu den ägyptischen Islamisten gepflegt. Vor allem ist anzunehmen, dass die Ideologie Sayyid Qutbs zunehmend an Resonanz gewann. Qutb ging in seinem Hakimiya-Konzept davon aus, dass Souveränität ausschließlich Gott zukomme. Demnach könne es eine Volkssouveränität nicht geben und das aktive und passive Wahlrecht käme dem Polytheismus gleich.

Eine Bestätigung für diese Ideologie schien die Islamische Revolution 1979 im Iran zu sein. Angeführt von Khomeini, formierte sich diese Bewegung außerhalb des politischen Systems und führte durch gezielte Aktivitäten zum Erfolg. Inspiriert von dieser Ideologie trennte sich der Imam und Funktionär Cemaleddin Kaplan, der persönlich von Necmettin Erbakan aus der Türkei nach Deutschland gesendet wurde, um die Milli Görüs Bewegung zu stärken. Stattdessen führte er 1983 zu einer Spaltung und Schwächung der Organisation, da ein Teil der Mitglieder und Mitgliedsvereine sich Kaplan anschlossen. Dieser Gründete in 1984 den „Verband der Islamischen Vereine und Gemeinden e. V." und machte sich als „Khomeini von Köln" einen Namen. Die eigene Ideologie wurde durch die Abgrenzung zu anderen islamischen Gruppen sowie zur laizistischen Türkei definiert (vgl. Pfahl-Traughber 2005, S. 163). Insbesondere war der Staatsgründer Mustafa Kemal Atatürk Ziel seiner Propaganda, der als Daddschal (Anti-Muslim) tituliert wurde. Zwar handelt es sich nicht um die erste islamistische Bewegung in Deutschland, doch hat diese Bewegung in mehrfacher Hinsicht eine große Aufmerksamkeit in Deutschland erfahren:

- die Iranische Revolution wurde hautnah hierzulande erfahren, indem die Strömung bewusst mit ähnlicher Symbolik (Rhetorik, politisches Programm usw.) auftrat,
- die medienwirksame Inszenierung der Kaplanci-Bewegung durch unterschiedliche Informations- und Kommunikationskanäle,
- das Wiederaufleben der „Türken-Angst", die tief im historisch-kollektiven Gedächtnis sitzt,
- und die stärkere Kooperationsbereitschaft zwischen dem deutschen und türkischen Staat, um mehr Kontrolle im islamisch-religiösen Feld zu erlangen.

Selbstverständlich darf man die Entwicklungen seit den 1970er Jahren nicht unabhängig vom Kalten Krieg betrachten. Der internationale Kontext darf daher nicht ausgeblendet werden. So wurde die Gefahr eher vom linken Spektrum gesehen als von islamistischem Gedankengut. Das erklärt auch, warum bspw. der bayerische Ministerpräsident Franz-Josef Strauß die Gründung nationalistisch-islamische Bewegung „Die Grauen Wölfe" 1978 gutgeheißen haben soll:

> „Als neuer Dachverband wurde 1978 die ‚Föderation der Türkisch-Demokratischen Idealistenvereine in Europa' (Demokratik Ülkücü Dernekleri Federasyonu, kurz: Türk Federasyon/TF) mit Sitz in Frankfurt am Main mit 64 Gründungsvereinen in Stellung gebracht. Im gleichen Jahr kam es zu einem Besuch des ‚Oberwolf' Alparslan Türkes bei Franz Josef Strauß, der noch im gleichen Jahr bayrischer Ministerpräsident wurde (und 1980 Spitzenkandidat der CDU/CSU bei den Bundestagswahlen war). Diverse Quellen der politischen Linken zu Folge war die flächendeckende Etablierung der ‚Grauen Wölfe' nur mithilfe der CDU und CSU, aber auch von Behörden wie dem Bundesnachrichtendienst (BND) möglich. Dies erscheint im Kontext der Zeit plausibel. In vielen Ländern arbeiteten damals Sicherheitskräfte, Geheimdienste, bürgerliche Parteien und Rechtsextreme eng gegen eine tatsächliche oder eingebildete ‚kommunistische Gefahr' zusammen. Stichhaltige Beweise für die Unterstützung im großen Stil fehlen. Die zahlreichen Kontakte zwischen den verschiedenen Playern sind jedoch belegt und es darf angenommen werden, dass man sich nicht nur zum Kaffeekränzchen traf. Weitere Kontakte der MHP gab es direkt in die Neonazi-Szene. Dies belegt ein Briefwechsel aus den 1970ern von Türkes an Adolf von Thadden, dem Bundesvorsitzenden der neonazistischen ‚Nationaldemokratischen Partei Deutschlands' (NPD). Brisantes Detail am Rande: Wie 2002 bekannt wurde, war von Thadden neben seiner Rolle als deutscher Nazi-Führer und MHP-Unterstützer aus V-Mann des britischen Auslandsgeheimdienstes MI 6. Es grüßt die Logik des ‚Kalten Krieges'. (Rammerstorfer 2018, S. 60 f.)"

Die ideologischen Wurzeln des islamischen Fundamentalismus liegen in Ländern wie Ägypten historisch länger zurück, und zwar bis zum Ende des 19. bzw. zu Beginn des 20. Jahrhunderts. Antrieb erhält die Ideologie vor allem infolge der militärischen Auseinandersetzungen mit Israel. Spätestens nach der Niederlage der arabischen Staaten im Sechs-Tage-Krieg wird der arabische Nationalismus zunehmend von der islamistischen Ideologie verdrängt wie Bassam Tibi konstatiert:

> „Der Sechs-Tage-Krieg von 1967 und seine Folgen haben den Nahen Osten und gewissermaßen die Welt des Islam radikal und nachhaltig verändert. Weil die arabische Welt, in der der arabisch geprägte Islam sowie der arabische Koran-Text geboren sind, zivilisatorisch den Kern der islamischen Zivilisation ausmacht, haben die Folgen der arabischen Niederlage von 1967 Auswirkungen auf die gesamte Welt des Islam. Die Zahl der Araber umfasst heute ungefähr nur 400 Millionen von 2 Milliarden Menschen, die die globale Umma des Islam bilden. Was aber in der arabischen Welt passiert, überträgt sich in Kürze durch Spill-over-Effekte in den Rest der Welt des Islam. Der Sechs-Tage-Krieg war keine Ausnahme, er endete mit einer niederschmetternden und erniedrigenden Niederlage aller arabischen Armeen

gegenüber einer einzigen Armee der kleinsten Nahost-Nation Israel. Eine der Kriegsfolgen war die bereits angesprochene Delegitimation aller arabisch-säkularen Regimes“ (Tibi 2017, S. 70).

Allerdings kann man das Ereignis der oben geschilderten Niederlage nicht als „Big-Bang“ des islamistischen Terrorismus markieren, da die ideologischen Wurzeln bereits über die Jahrzehnte hinweg entstanden sind. Was auffällt ist, dass erstens sich das ideologische Fundament in den 1960er Jahren durch Schriften wie „Meilensteine“ von Sayyed Qutb radikaler formuliert. Zweitens steigt die Bereitschaft zu militanten Aktionen, wie die Besetzung Mekkas 1979 durch etwa 500 Terroristen oder die Ermordung des ägyptischen Präsidenten Anwar as-Sadat 1981. Schließlich wird das Konzept des Dschihad wie durch Schriften „Join the Caravan“ von Abdullah Yusuf Azzam – im Kontext des politischen Zustandes der islamisch geprägten Länder – ausgearbeitet, wie seine 16-Punkte-Begründung vor Augen führen:

„1. In order that the Disbelievers do not dominate.
2. Due to the scarcity of men.
3. Fear of Hell- fire.
4. Fulfilling the duty of Jihad, and responding to the call of the Lord.
5. Following in the footsteps of the Pious Predecessors.
6. Establishing a solid foundation as a base for Islam.
7. Protecting those who are oppressed in the land.
8. Hoping for martyrdom.
9. A shield for the Ummah, and a means for lifting disgrace off them
10. Protecting the dignity of the Ummah, and repelling the conspiracy of its enemies
11. Preservation of the earth, and protection from corruption
12. Security of Islamic places of worship
13. Protection of the Ummah from punishment, disfiguration and displacement
14. Prosperity of the Ummah, and surplus of its resources
15. Jihad is the highest peak of Islam
16. Jihad is the most excellent form of worship, and by means of it the Muslim can reach the highest of ranks (Azzam 1987, S. 5 f.)“

Es ist auch Azzam, der eine zentrale Rolle für die Internationalisierung des militanten Islamismus spielte sowie durch seine Logistik weltweit Mudschahidin für den Kampf in Afghanistan gegen die Invasion der Sowjetarmee rekrutierte. Dieser Widerstand wurde nicht nur militärisch durch die USA als Stellvertreterkrieg mit Waffenlieferungen unterstützt, sondern ebenso seitens der Staaten Pakistan und Saudi-Arabien, die später nach dem Abzug der Sowjets für den Aufstieg des Taliban-Regimes maßgeblich verantwortlich waren (vgl. Rashid 2010, S. 78). Insbesondere letzteres hat nicht nur im Afghanistan-Kontext für seinen Wahhabismus missioniert, sondern weltweit die Agitation betrieben. Aufgrund der Allianz mit dem Westen – insbesondere zu den USA – und seiner wirtschaftlichen Bedeutung konnte Saudi-Arabien offensichtlich weltweit seinen Wahhabismus ausbreiten (Fürtig 2014, S. 8 ff.). Wie die Studie von Michael Farquhar nachweist, spielt die Islamische Universität in Medina offensichtlich eine wichtige Rolle hinsichtlich des Exports wahhabitischen Gedankenguts, da Studierende aus aller Welt sich dort ausbilden lassen können und später autark in ihren jeweiligen Herkunftsländern agieren. So konstatiert Farquhar:

> „Investing in bringing religious migrants to Medina and providing them with a particular array of symbolic resources has allowed the Saudi state and its Wahhabi allies to exert considerable influence in far-flung locations. At the same time, migrant students themselves have found a certain amount of room for manoeuvre within the terms of these dynamics. Saudi elites have been faced with an inability to determine the precise ways in which resources made available in Medina are put to use, or to predict or control the ultimate social, cultural and political ramifications of their investment (Farquhar 2013, S. 255)"

Über die Zahl der Studenten aus Deutschland, die in Medina den Wahhabismus studiert haben, ist nichts bekannt. Man kann annehmen, dass die meisten nach ihrer Rückkehr regulären Arbeiten nachgegangen sind und eher in ihrem ehrenamtlichen Engagement bzw. in ihrem privaten Umfeld sich für den Wahhabismus stark gemacht haben. Es ist insgesamt davon auszugehen, dass Saudi-Arabien wesentlich zur Entstehung eines salafistischen Milieus in westlichen und islamisch geprägten Ländern beigetragen haben.

3 Höhepunkt des globalen Islamismus in den 1990er Jahren, der 11. September als Zäsur und Neo-Salafismus

Die 1990er Jahre sind geprägt durch zahlreiche internationale Konflikte in islamisch geprägten Ländern, die sich auch hierzulande widerspiegelten. Mit dem Fall des Eisernen Vorhanges sowie dem Zerfall des kommunistisch-diktatorisch geführten und multiethnisch bzw. multireligiös geprägten Jugoslawiens werden historisch angelegte und kumulierte Konflikte freigesetzt, die kriegerisch ausgetragen werden. Diese Konflikte bieten den in den 1980er Jahren in Afghanistan gebildeten Ideologien des Internationalen Dschihadismus neue Aktionsräume. Mit dem Zerfall von Jugoslawien entsteht von 1992 bis 1995 eine militant-islamistische Internationale. Nicht nur die Kampferprobten aus Afghanistan kamen den Muslimen im Balkan zur Hilfe, sondern auch neue Rekruten, die mitten in Europa zu Kämpfern ausgebildet wurden (vgl. Zavirovski und Rodeheaver 2013, S. 13). Die kaukasische Republik Tschetschenien ruft 1991 ihre Unabhängigkeit von Russland aus und beginnt einen international-islamisch konnotierten Widerstand, der über eine Dekade anhalten und andere kaukasische Nachbarstaaten erfassen sollte. Darüber hinaus erfasst die Dynamik des Islamismus in diesem Jahrzehnt viele islamisch geprägte Länder. In Tunesien der Wahlsieg der An-Nahda Partei und als Reaktion der Militärputsch. Der nicht anerkannte Sieg der FIS-Partei in Algerien und der ausgelöste blutige Bürgerkrieg zwischen Staat und Islamisten. Im israelisch-palästinensischen Konflikt meldet sich die Hamas mit den ersten Selbstmordanschlägen. In der Türkei erklimmt die Partei von Necmettin Erbakan 1996 die Macht und wird ein Jahr später durch einen postmodernen Putsch entmachtet.

Man könnte noch weitere, für die Narrative der Islamisten in den 1990er Jahren wichtige Ereignisse wie den Dauerkonflikt in Kaschmir zwischen Muslimen und Hindus anführen (Esposito 1997; Werenfells 2015, S. 51 ff.). Allerdings verdeutlicht bereits die hier erwähnten Entwicklungen die große Dynamik im Kontext des Islamismus in dieser Dekade. Die Grenzen zwischen eher nationalstaatlich bzw. regional begrenzten sowie internationalen Konflikten waren immer durchlässig. Die Hamas benutzt bspw. zwar Narrative, welche die muslimisch-transnationale Gemeinschaft der Umma auf die Situation in Palästina fokussieren soll, doch ist ihr Kampf nur auf diese Region beschränkt. Daher konnte man auf Sympathien und die Unterstützung weltweit in der Islamistenszene setzen, auch in Deutschland wie die jährliche Al-Quds Demonstrationen zeigen. Ebenso haben zahlreiche islamistische Exilanten hierzulande Asyl erhalten, die weiterhin für ihre politischen Ziele aktiv geblieben sind. Mitglieder bekannter und relativ unbekannter Gruppen wie Islami Hareket oder Hizbullah bzw. Einzelpersonen. In Deutschland hat dieses Phänomen zum ersten Mal bundesweit durch die Studie „Verlockender Fundamentalismus" von der Forschergruppe um Wilhelm Heitmeyer an Aufmerksamkeit gewonnen. In dieser quantitativen Befragung mit türkisch-muslimischen Jugendlichen hatten die Forscher zu Tage gefördert, dass fundamentalistisches Gedankengut gepaart mit nationalistischen Einstellungen stark verbreitet sind (vgl. Heitmeyer et al. 1997).

Wie in allen westlichen Ländern mit einer muslimischen Zuwanderungsgeschichte, war der 11. September ein „tipping point" im Islamdiskurs. Der Kampf gegen islamistische Strömungen wird angesagt und im Zuge dessen werden Gruppierungen wie die Hizb ut-Tahrir oder Kaplanci-Bewegung verboten. Sicherheitspolitische Debatten bestimmen den Islamdiskurs und nicht integrationspolitische. Nicht nur die Fokussierung auf den (gewaltbereiten) Islamismus, sondern insbesondere die Resonanz unter Jugendlichen wird immer mehr zum Diskussionsgegenstand. In den 2000er Jahren dominiert im Islamdiskurs vor allem eine Bewegung, die sich bis dahin von allen anderen fundamentalistischen Gruppen unterscheidet: die Neo-Salafisten. Es ist nicht so sehr ihre Quantität, die sie von anderen Bewegungen mit ähnlicher Ideologie abhebt, sondern ihre Qualität. Diese sehr heterogene Bewegung zeichnet sich zunächst dadurch aus, dass sie über deutschsprachige Prediger verfügen.

Des Weiteren sind ihre Zielgruppe primär junge Menschen. Daher sind die Prediger auch gezwungen, durch eine einfache Lehre, den Islam in eine populäre Form zu gießen. Ferner verstehen sie es, sich geschickt und medienwirksam zu inszenieren, sodass sie eine größtmögliche Aufmerksam erreichen konnten wie etwa durch kostenlose Koranverteilungen oder provokante Demonstrationen. Schließlich fokussieren sie ihre Missionierungstätigkeit auf Deutschland, obwohl in ihren Narrativen internationale Entwicklungen immer eine Rolle spielen. Doch Deutschland stellt das primäre Ziel ihrer Aktivitäten dar. Durch Dawa-Arbeit soll ihre Ideologie weitgrößte Verbreitung finden und die Gesellschaft sich „von unten nach oben" islamisieren (vgl. Ceylan und Kiefer 2013; Lohlker 2017). Obwohl es sich um eine geistige Strömung mit wenigen Tausend Anhängern handelt, haben sie den deutschen Islamdiskurs sehr stark geprägt. Von einer in sich kohärenten Theologie ist nicht zu sprechen. Vielmehr basiert ihre Ideologie auf einem eklektizistischen Konstrukt, das auf wenigen Säulen – wie im folgenden aufgelistet – aufbaut und mit inkohärenten Entlehnungen von historischen sowie zeitgenössischen Predigern geschmückt wird:

- es gab ein „Goldenes Zeitalter", das restauriert werden muss
- die Praxis der „Bid'a" sei für die Korrumpierung des Islam verantwortlich
- die Lösung: sich nur auf den Koran und die Hadithe stützen.

Neben dieser Banalisierung der islamischen Lehre werden jungen Menschen Identitätskonzepte angeboten, die zu ihrer Selbstaufwertung beitragen sollen. Vor allem für junge Menschen mit vielen biografischen Brüchen können diese Deutungsmuster Wasser auf den Mühlen für die kognitive Dissonanz der Betroffenen sein. Wenn der bisherige Lebenslauf sich nicht mit dem eigentlich Selbstbild vereinbaren lässt, können Erweckungsbewegungen wie der Neo-Salafismus die eigene gescheiterte Biographie in ein neues Licht rücken. Ebenso bieten sie ein sehr enges Gemeinschaftsleben an, das Anhänger der Bewegung dazu führt im Laufe der Zeit nur noch Kontakte mit anderen Salafisten zu pflegen. Dieses Gemeinschaftsleben wird durch gemeinsame Dresscodes noch untermalt.

Wie bei anderen Subkulturen auch (z. B. Punks), markieren diese Kleidungsvorschriften die Abgrenzung nach Außen. Hinzu kommt, dass sie im Gegensatz zu den meisten muslimischen Gemeinden eine ethnisch heterogene Struktur ihrer Anhängerschaft erkennen lässt und so das Gefühl einer muslimisch-transnationalen Gemeinschaft eher widerzuspiegeln scheint. Schließlich wird der begrenzte Sozialraumbezug und somit der Aktionsradius der neo-salafistischen Prediger durch ihre Internetpräsenz erweitert. Sie erreichen in den 2000er Jahren durch You-Tube Videos zahlreiche Jugendliche bundesweit, sodass die Popularität der Bewegung dadurch steigt.

Während man hierzulande die Zahl der Neo-Salafisten zwischen 3000 bis 5000 schätzt, kann man über die Zahl der Sympathisanten keine genauen Angaben fällen. Charakteristisch für diese Bewegung sind ihre charismatischen Prediger, die unter Jugendlichen einen hohen Bekanntheitsgrad aufweisen. Im Gegensatz zu den Imamen in den sogenannten „Mainstream-Gemeinden", sprechen die salafistischen Prediger nicht nur die deutsche Sprache, sondern äußern sich auch zu tagespolitischen Entwicklungen. Die Imame der „Mainstream-Gemeinden" bleiben oft im Diskurs unsichtbar und stumm. Über 90 % kommen aus dem Ausland und beherrschen nicht die Gesellschaftssprache Deutsch. Daher kennen sie die Lebensrealität der muslimischen Jugendlichen nicht und finden keinen Zugang zu ihnen (vgl. Ceylan 2021).

4 Die 2010er Jahre: IS, Muslimbrüder, Hizb ut-Tahrir

Deutschland wurde von vielen islamistischen Organisationen sowie von salafistischen Gruppen meist nur als Agitationsraum bzw. als Ruheraum betrachtet. Drei der Attentäter des 11. September stammen nicht nur aus Hamburg, sondern ebenso hat die logistische Vorbereitung u. a. in Deutschland stattgefunden. Spätestens mit dem vereitelten Anschlag der sogenannten Sauerlandgruppe 2007 und den expliziten Drohungen in dschihadistischen Propagandavideos wurde klar, dass Deutschland sich selbst zum Anschlagsziel gewandelt hat. Alle bisherigen islamistischen Organisationen haben sich damit begnügt, von den demokratisch-freiheitlichen Grundrechten zu profitieren, um finanzielle und personelle Ressourcen zu akquirieren. Zudem war die politische Agitation stets mit einem Herkunftsland gekoppelt.

Die salafistischen Bewegungen in den 2000er Jahren waren eher den puristischen und politischen Zweigen zuzuordnen. Der gewaltbereite Zweig sollte jedoch zunehmen, auch aufgrund der internationalen Entwicklungen und der größeren außenpolitischen Verantwortung Deutschlands in islamisch geprägten Ländern wie Afghanistan. Mit dem Sturz Saddam Husseins 2003 formierte sich zunehmend eine dschihadistische Bewegung, die später als die militant-terroristische Organisation IS in der gesamten Region mit ihren brutalen Feldzügen von sich die Rede machen sollte. Aufwind und Resonanz erhält die Bewegung zudem mit dem Bürgerkrieg in Syrien. Aufgrund der rasanten Eroberungswellen des IS sowie der geschickt inszenierten Medienpropaganda, die an eschatologischen Erzählungen aus islamischen Quellen anknüpft, fand der IS schnell Resonanz unter jungen Menschen:

> „Einer der wirksamsten Mobilisierungsfaktoren ist eine eschatologische Vision, die von der hochprofessionellen IS-Propaganda seit knapp zwei Jahren verbreitet wird. Im Zentrum der Erzählung, die sich auf einen Hadith (die Überlieferungen der Aussprüche und Handlungen des Propheten Mohammed) stützt, steht die kleine syrische Ortschaft Dabiq unweit von Aleppo. Dort werde eine der größten Schlachten zwischen den Muslimen („den besten Leuten der Erde") und den Kreuzzüglern stattfinden. Anschließend begänne die Eroberung von Konstantinopel und Rom. Im Kontext der Dschihadpropaganda wird der Krieg in Syrien damit zu einer endzeitlichen Mission, an der sich jeder aufrechte Muslim beteiligen muss. Das Mobilisierungspotenzial dieser Endzeitphantasien, die über Filme und Magazine im Internet verbreitet werden, kann kaum überschätzt werden." (Kiefer 2015, S. 16)

So kommt es, dass laut dem Bundesverfassungsschutz ab dem Jahr 2012 mehr als tausend Personen in Richtung Irak und Syrien reisen, um sich dem IS anzuschließen. Davon soll es sich laut der Behörde bei einem Viertel um Frauen handeln, was eine komplett neue Dimension in der bisher männlich dominierten Szene bedeutet. Unter den Ausreisenden befanden sich auch bekannte Salafisten wie der ehemalige Rapper Desso Dog alias Denis Cuspert, die mit Propagandavideos für die Unterstützung der IS warben. Mit den hohen Zahlen der Ausreisenden korrespondieren auch die Anschläge, die in Deutschland ausgeübt wurden. Trauriger Höhepunkt ist das Jahr 2016, in dem allein sechs Anschläge verübt wurden, wobei der Terroranschlag am 19. Dezember 2016 in Berlin am Breitscheidplatz die meisten Opfer mit sich brachte. Parallel reisen – im Zuge der erlittenen Niederlagen des IS – immer mehr deutsche Dschihadisten zurück, die hierzulande eine neue Diskussion über die Gruppe der „Gefährder" entflammen lässt und beim Bundeskriminalamt zur Gründung der „Abteilung für ‚Islamistisch motivierten Terrorismus/Extremismus' führt (Bundeskriminalamt 2021; Bundesamt für Verfassungsschutz 2020)."

Laut Bundesinnenministerium sind 564 „Gefährder“ registriert, von denen eine akute Anschlagsgefahr ausgeht. Eine weitere Kategorie bilden die sogenannten „relevanten Personen“, die aufgrund von Unterstützung oder Propaganda nicht nur das Milieu stärken, sondern ebenso mit der Zeit in die Kategorie „Gefährder“ fallen könnten. Darüber hinaus wird vom Ministerium eine weitere Kategorie „Islamistisches Personenpotenzial“ mit 28.715 Personen identifiziert (Bundesamt für Verfassungsschutz 2020). Diese setzen sich „aus den Mitglieder- und Anhängerzahlen der einzelnen Beobachtungsobjekte des Bundesamtes für Verfassungsschutz im Phänomenbereich ‚Islamismus und islamistischer Terrorismus‘ zusammen (Bundesamt für Verfassungsschutz 2020).“

Parallel zu diesem Phänomen nimmt die Aufmerksamkeit auf die Gruppe „Muslimbrüder“ zu. Wiederum hängt dieser Fokus auf eine der ältesten islamistischen Parteien in Deutschland mit internationalen Entwicklungen zusammen. Nachdem die Muslimbrüder mit dem von ihnen gestellten Staatspräsidenten Mohammad Mursi in Ägypten die Regierung stellten, putschte infolge der Proteste des Volkes das Militär und übernahm die Führung. Mit dem Putsch begann eine Verfolgungs- und Verhaftungswelle, im Zuge dessen die Organisation der Muslimbrüder als Terrororganisation eingestuft und über tausend Anhänger zum Tode verurteilt wurden (vgl. Hammed 2020, S. 45 ff.). In den westlichen Ländern wurde einerseits der Putsch kritisiert, andererseits sind in den Islamdebatten die Muslimbrüder wieder verstärkt diskutiert worden. Die starke Kritik an der Organisation, die im Deckmantel unterschiedlicher Vereine Einfluss ausübt, hat u. a. dazu geführt, dass der Zentralrat der Muslime die Mitgliedschaft der Muslimbrudernahen „Deutsche Muslimische Gemeinschaft e. V.“ (DMG, vormals IGD, Islamische Gemeinschaft in Deutschland e. V.) ruhen ließ.

Eine weitere Bewegung erlebt eine kleine Revitalisierung in dieser Dekade, und zwar die Organisation der Hizb ut-Tahrir. Seit ihrem Verbot 2003 war es etwas ruhiger geworden. War man bis in die 2000er Jahre eher auf die Verteilung von Flugblättern vor Moscheen, Publizieren von Zeitschriften, auf Dawa-Arbeiten an Universitäten oder Organisation von Konferenzen konzentriert, hat man neue erfolgreiche Formate wie „Realität Islam“ und „Generation Islam“ durch das Medium Internet etablieren können. Ebenso hat sich der Stil geändert. Nach wie vor hat die Bewegung zwar einen Anspruch, Akademiker mit ihrer Ideologie anzusprechen. Doch der mittlerweile vereinfachte sprachliche Stil wie bei einem ihrer populären Prediger, dem Konvertiten, Suhaib Raimund Hoffmann, zeigt die Bemühungen, einen größeren Kreis junger Menschen zu erreichen. Insbesondere im Raum Hamburg scheint die Organisation besonders große Resonanz zu genießen.

5 Ausblick: Islamistisches Konglomerat im muslimisch-religiösen Feld

Wie die Skizzierung der Historie des islamischen Fundamentalismus darlegt, handelt es sich überwiegend um Strukturen, die im muslimischen Herkunftskontext entstanden sind und sich in Deutschland verwurzelt haben. Ihre Entstehung, Entwicklung, Stagnation oder Revitalisierung hängt daher auch oft von den internationalen Dynamiken ab. Zum islamischen Fundamentalismus gab es immer unterschiedliche Bewertungen seitens der Experten. Oft werden die 1990er als Hochphase bezeichnet, wobei danach ein Niedergang prognostiziert wurde. Wie allerdings die Erfahrungen der letzten beiden Dekaden vor Augen führen, besteht in islamisch geprägten Ländern – auch wenn in unterschiedlicher Qualität und Quantität – historisch stark verwurzeltes Potenzial von fundamentalistischen Bewegungen. Symbolisch hierfür scheinen die Taliban zu sein, die mit dem 11. September durch die militärische Intervention der USA und ihren Verbündeten ihre Macht verloren, aber zwanzig Jahre danach wieder die Macht an sich reißen konnten. Die Großayatollahs sind im Iran weiterhin an der Macht, obwohl die wirtschaftliche Situation des Landes immer mehr in eine Misere abdriftet. In Tunesien wird gegenwärtig an den Grundfesten der Demokratie gerüttelt, da der Präsident Saied die Regierungsgeschäfte an sich gerissen und zugleich das Parlament – zunächst für 30 Tage, dann aber auf ungewisse Weile – außer Kraft gesetzt hat. Zwar steht noch die letzte Bastion des Arabischen Frühlings, doch führen diese Aktionen des höchsten Amtes die Fragilität des Systems vor Augen. Die Türkei hat sich unter Erdogan, insbesondere nach dem gescheiterten Putschversuch 2016, eine im besten Fall zu einer autoritär geführten „defekten Demokratie" entwickelt. Das System versucht seit Jahren mit einer islamisch-nationalistisch und neo-osmanisch gefärbten Identifikationsangebotes auf die Diaspora-Türken in Deutschland Einfluss auszuüben.

Man könnte reihenweise die politischen Rahmenbedingungen der Mitgliedsstaaten der „Organisation für Islamische Zusammenarbeit" analysieren und das islamistische Potenzial in den jeweiligen Ländern aufzeigen. Für die Schlussbetrachtung reicht es jedoch zu konstatieren, dass auch in Zukunft mit Hochphasen des Fundamentalismus zu rechnen ist. Einerseits sind diese Gesellschaften je nach Säkularisierung- und Individualisierungsprozessen, die ebenfalls stark mit wirtschaftlichen und sozialen (z. B. Bildung) Entwicklungen vor Ort korrelieren, Transformationsprozessen unterworfen. Andererseits ist ja der Fundamentalismus – auch wirkungsgeschichtlich – eine Antwort auf die Moderne. Aufgrund der personellen, virtuellen und strukturellen Verflechtungen zu Muslimen in

Deutschland ist daher auch in Zukunft mit Herausforderungen zu rechnen, die von fundamentalistischen Gruppen ausgehen werden. Die Entwicklungen für Deutschland zeigen, dass die Wurzeln bereits Ende der 1950er bzw. Anfang der 1960er Jahre gelegt worden sind. Im Laufe der sehr bunten Migrationsgeschichte haben immer mehr fundamentalistische Gruppen im islamisch-religiösen Feld Eingang gefunden. Ein Gemenge an unterschiedlichen islamistischen Gruppen ist entstanden, das von puristischen über politische bis hin zu gewaltbereiten Strömungen reicht.

Während die früheren Akteure primär in ihren Herkunftsländern sozialisiert wurden, treten immer mehr Fundamentalisten zutage, die hierzulande geboren und sozialisiert sind. Bezugspunkt ihrer Ideologie sind nicht mehr nur theologisch-politische Abgrenzungsnarrative gegenüber internationalen Entwicklungen, sondern Deutschland stellt einen Orientierungspunkt für ihre fundamentalistische Sichtweise dar. Allerdings lässt positiv stimmen, dass mittlerweile nicht nur Theologen für die Wissenschaft ausgebildet werden, sondern seit 2021 auch deutschsprachige Imame. Das lässt hoffen, dass zu mindestens die Imame aus den Mainstream-Gemeinden nicht mehr stumm bleiben in der Auseinandersetzung mit Fundamentalisten.

Literatur

Amirpur, Katajun. 2021. *Khomeini. Der Revolutionär des Islam. Eine Biographie.* München: C.H. Beck.

Azzam, Abdullah Yusuf. 1987. Join the Caravan. Abgerufen unter: https://archive.org/details/JoinTheCaravan/mode/1up. Zugegriffen: 30.09.2021.

Breuer, Rita. 2019. Die Muslimbruderschaft in Deutschland. Abgerufen unter: https://www.bpb.de/politik/extremismus/islamismus/290422/die-muslimbruderschaft-in-deutschland. Zugegriffen: 22.09.2021.

Bundesamt für Verfassungsschutz: Zahlen und Fakten. Abgerufen unter: https://www.verfassungsschutz.de/DE/themen/islamismus-und-islamistischer-terrorismus/zahlen-und-fakten/zahlen-und-fakten_node.html. Zugegriffen: 20.09.2021.

Bundeskriminalamt. 2021. Gründung der Abteilung „Islamistisch motivierter Terrorismus/Extremismus“ (TE). Abgerufen unter: https://www.bka.de/DE/DasBKA/OrganisationAufbau/Fachabteilungen/IslamistischmotivierterTerrorismusExtremismus/IslamistischmotivierterTerrorismusExtremismus_node.html. Zugegriffen: 20.09.2021.

Ceylan, Rauf. 2006. Ethnische Kolonien. *Entstehung, Funktion und Wandel am Beispiel türkischer Moscheen und Cafes*. Wiesbaden: VS Verlag.

Ceylan, Rauf. 2021. *Imame in Deutschland.* Freiburg i. B.: Herder.

Ceylan, Rauf und Michael Kiefer. 2013. Salafismus. *Fundamentalistische Strömungen und Radikalisierungsprävention*. Wiesbaden: Springer VS.

Esposito, John L. 1997. "Claiming the Center: Political Islam in Transition." *Harvard International Review* 19 (2): 8–61.

Farquhar, Michael. 2013. Expanding the Wahhabi mission: Saudi Arabia, the Islamic University of Medina and the transnational religious economy. PhD thesis, London School of Economics and Political Science. Abgerufen unter: http://etheses.lse.ac.uk/3289/1/Farquhar_Expanding_the_Wahhabi_Mission.pdf. Zugegriffen: 01.10.2021.

Fürtig, Henner. 2014. Historisch gewachsene Symbiose: Das Haus Saud und die Wahhabiyya. *Aus Politik und Zeitgeschichte*. Beilage zur Wochenzeitung „Das Parlament", 64 (46): 3–11.

Gorges, Michael. 2019. *Kleines Iran-Lexikon*. Wiesbaden: Springer-Gabler.

Hammed, Yousry. 2020. *Der Aufstieg und Fall der Muslimbruderschaft in Ägypten. Ziele, Methoden und Konflikte des politischen Islam.* München: StudyLap.

Heitmeyer, Wilhelm, Joachim Müller und Helmut Schröder. 1997. *Verlockender Fundamentalismus. Türkische Jugendliche in Deutschland.* Frankfurt am Main: Suhrkamp.

Islamisches Zentrum Aachen (Bilal Moschee) e.V. 2021. Geschichte, Entwicklung und Selbstverständnis des Islamischen Zentrums Aachen (Bilal Moschee) e. V. https://izaachen.de/geschichte/. Zugegriffen: 20.05.2022.

Islamisches Zentrum Hamburg. Geschichte des Islamischen Zentrum Hamburg, abgerufen unter: https://izhamburg.com/blog/2012/11/04/baugeschichte-des-islamischen-zentrum-hamburg/. Zugegriffen: 22.09.2021.

Kamp, Melanie und Jörn Thielmann. 2014. Germany: Islamische Gemeinschaft in Deutschland and Islamische Zentren. In *Islamic Movements of Europe*, hrsg. F. Peter und R. Ortega. I.B. Taurus: New York/London.

Kiefer, Michael. 2015. Die Selbsterhöhten. *Tausende Kämpfer aus Europa kämpfen für die Terrormiliz, aus: Das Parlament*. Nr. 16–17, Berlin.

Kreutz, Michael. 2019. Die Muslimbruderschaft, abgerufen unter: https://www.bpb.de/politik/extremismus/islamismus/286322/die-muslimbruderschaft. Zugegriffen: 22.09.2021.

Lohlker, Rüdiger. 2017. *Die Salafisten. Der Aufstand der Frommen, Saudi-Arabien und der Islam*. München: C.H. Beck.

Mohagheghi, Hamideh. 2007. Die Schiiten. In *Muslimische Gruppierungen in Deutschland. Ein Handbuch*, hsrg. I. Wunn, S. 114–128. Stuttgart: Kohlhammer.

Pfahl-Traughber, Armin. 2005. Vom Aufbau von Parallelgesellschaften bis zur Durchführung von Terroranschlägen. Das Gefahren- und Konfliktpotenzial des Islamismus in Deutschland. In *Unfriedliche Religionen? Das politische Gewalt- und Konfliktpotenzial von Religionen*, hrsg. M. Hildebrandt und M. Brocker. Wiesbaden: Verlag für Sozialwissenschaften.

Pfündel, Katrin, Anja Stichs und Kerstin Tanis. 2021. Muslimisches Leben in Deutschland 2020 – Studie im Auftrag der Deutschen Islam Konferenz. Forschungsbericht 38 des Forschungszentrums des Bundesamtes, Nürnberg: Bundesamt für Migration und Flüchtlinge.

Rashid, Ahmed. 2010. *Taliban. Afghanistans Gotteskämpfer und der neue Krieg am Hindukusch*. München: C.H.Beck.

Rammerstorfer, Thomas. 2018. *Graue Wölfe. Türkische Rechtsextreme und ihr Einfluss in Deutschland und Österreich*. Wien: Lit-Verlag.

Tibi, Bassam. 2017. *Islamische Geschichte und Deutsche Islamwissenschaft. Islamologie und die Orientalismus-Debatte*. Stuttgart: ibidem-Verlag.

Verfassungsschutz Hamburg. 2020. Verfassungsschutzbericht Hamburg 2020. Kurzbericht zu den extremistischen Phänomenbereichen. https://www.hamburg.de/contentblob/14991542/14db0ef1a869fc931eff64862080e0ed/data/vsb-2020-kurz-info.pdf. Zugegriffen: 20.05.2022.

Yilkin, Fatma, Recep Yilkin, Mira Hazaa und Yasemin Soylu. 2017. Die Islamische Gemeinschaft Milli Görüs. In *Muslimische Gemeinden. Geschichte, Gegenwart und Zukunft des Islam in Niedersachsen,* hrsg. R. Ceylan. Frankfurt am Main: Peter Lang.

Werenfels, Isabelle. 2015. Going "Glocal": Jihadism in Algeria and Tunisia. In *Jihadism in Africa. Local Causes, Regional Expansion, International Alliances,* hrsg. G. Steinberg und A. Weber, S. 51–67. Berlin: German Institute for International and Security Affairs.

Zavirovski, Milan and Daniel G. Rodeheaver. 2013. Modernity and Terrorism. From Anti-Modernity to Modern Global Terror. *Studies in Critical Social Sciences* 52: 101–160.

Rauf Ceylan, ist Professor für Gegenwartsbezogene Islamforschung an der Universität Osnabrück/Institut für Islamische Theologie. Er promovierte an der Ruhr-Universität Bochum in Soziologie (Dr. rer. soc.) und in Religionspädagogik (Dr. phil.) an der Universität Vechta. Im WS 2018/19 war er Gastprofessor an der Universität Zürich. Seine Forschungstätigkeiten sind Migrations- und Religionssoziologisch ausgerichtet. Er ist Mitglied im Institut für Migrationsforschung und Interkulturelle Studien (IMIS) und im Rat für Migration (RfM eV).

Michael Kiefer, Universität Osnabrück, studierte Islamwissenschaft, Politikwissenschaft und Philosophie in Köln. Dort promovierte er im Fach Islamwissenschaften zum Schulversuch Islamkunde in Nordrhein-Westfalen. Kiefer befasst sich seit mehr als 20 Jahren mit den Themenfeldern Antisemitismus, Islamismus und Radikalisierungsprävention und hat hierzu zahlreiche Publikationen vorgelegt. Michael Kiefer hat im April 2021 den Ruf der Uni Osnabrück für die Professur Soziale Arbeit in der Migrationsgesellschaft mit dem Schwerpunkt muslimische Wohlfahrtspflege angenommen. Derzeit vertritt er in Vollzeit die Professur.

Theorien über ein Phänomen des modernen Islam

Rüdiger Lohlker

Zusammenfassung

Die Idee der Exzeptionalität des Islams prägt viele Vorstellungen über den Islam in der Moderne. Bedenken wir aber den Einfluss des Kolonialismus ergibt sich ein anderes Bild. Durch diesen Einfluss in Verbindung mit inneren Veränderungen hat sich die vielgestaltige islamische Moderne herausgebildet. Die transnationalen Bewegungen des zeitgenössischen Islams werden als moderne Ausdrücke der Krisen der Moderne verstanden. Als Kategorie wird die des (Neo-)Fundamentalismus vorgeschlagen.

Schlüsselwörter

Kolonialismus · Islam in der Moderne · Transnationale Bewegungen · Glokalisierung

R. Lohlker (✉)
Universität Wien, Wien, Österreich
E-Mail: ruediger.lohlker@univie.ac.at

Der letztlich kolonial geprägte Blick des Westens[1] versucht immer wieder eine Exzeptionalität des Islams zu erkennen. Einige Ausdrücke finden bzw. fanden sich in der einschlägigen Diskussion immer wieder: Fundamentalismus, Islamismus, Extremismus, politischer Islam. Weitere Ausdrücke fallen immer wieder, sind aber quantitativ nicht so stark vertreten. Wie können wir eine adäquate Terminologie finden? Und noch viel wichtiger: Wie hat sich das Phänomen entwickelt, das wir benennen wollen? Reinhard Schulze hat in einem Aufsatz treffend von „der sogenannten gegenwartsbezogenen Orientforschung, die mit für das Verständnisdefizit von heute verantwortlich zu machen ist," gesprochen (1984, S. 104). An die von ihm angesprochene immer noch notwendige Debatte schließen diese Überlegungen an. Die zu behandelnden Phänomene sind Ausdruck der Modernisierung, des kolonialen Geworfenwerdens islamischer Gesellschaften in die Moderne. Ohne eine Berücksichtigung des kolonialen Momentes kann die aktuelle Situation der islamischen Welt nicht verstanden werden. Mit dieser historischen Ausweitung des Blickes fällt dieser auch auf die außerarabische islamische Welt. Dadurch wird es möglich, den arabozentrischen Blick von seinen Defiziten zu befreien.

Der Kolonialismus hat in der islamischen Welt unterschiedliche Formen angenommen. Angefangen in Marokko mit den spanischen und portugiesischen Überfällen bis hin zur Kapitulation der letzten muslimischen Reiche auf den Philippinen gegenüber den spanischen und dann den US-Eroberern. Diese kurze Bemerkung verweist uns darauf, dass der Islam in der Moderne (und der zeitgenössische Islam) durch Herrschaftsstrukturen geformt wurde, deren Grundlage in der modernen europäischen Ausformung eines politischen Systems liegt.

Um noch einmal Schulze aufzunehmen, können wir über dieses Politische, das sich bereits vor dem 19. Jahrhundert als eigenständige Sphäre minoritär in der islamischen Welt begonnen hat herauszubilden, sagen:

> „Der Begriff des Politischen ist keine universelle, sondern eine historische Kategorie. In den islamischen Ländern ist er unmittelbar mit dem Entstehen der kolonialen Gesellschaft verknüpft, deren Avantgarde, die europäisch gebildete Intelligenz, als Sachwalter des vom Kolonialismus geschaffenen status quo fungiert. Ihr ideologisch, und damit nicht theologisch vorgetragener Vertretungsanspruch

[1] An dieser Stelle wird nicht die Problematik des dominanten kolonialen oder postkolonialen Blickes und Handelns diskutiert. Festgehalten sei, dass auch einstmals nicht so starke Kolonialmächte des ‚Westens' an diesen Blick- und Handlungsregimes teilhaben – in Abstufungen.

> bezieht sich auf die postulierten Interessen der ideellen Gesamtnation, die es gegenüber der Herrschaft des europäischen Kolonialismus zu formulieren galt, und zwar stellvertretend für alle gesellschaftlichen Klassen" (1984, S. 105).

In organisatorische Form gegossen wird dieses Politische in den kolonialen Staat[2], dessen Abkömmlinge die modernen Nationalstaaten sind, getragen wird die Entstehung der Nationalstaaten von einem jeweils spezifischen Nationalismus, der die Entfaltung einer gegen die Herrschaft des Kolonialismus neuen Herrschaft von Eliten legitimierte.

Zentral für die neuere Entwicklung der islamischen Welt ist die Krise der Legitimation der alten Herrschaft durch die im 19. Jahrhundert entstandenen Institutionen, seien sie staatlich oder privat. Kombiniert mit dem sichtbar werdenden Einfluss der Kolonialmächte entstand ein Legitimationsdruck. Neue Begründungen der vorher grundsätzlich fraglosen Herrschaft mussten gefunden werden. Paradigmatisch ist die Wiederbelebung des Kalifats zum Ende des neunzehnten Jahrhunderts im Osmanischen Reich als Begründung der Herrschaft als islamisch. Unterstützt wurde dies durch die Heranziehung insbesondere sufischer Gemeinschaften mit ihren weitgespannten Netzwerken, die nicht an nationalstaatliche Grenzen gebunden waren, als Unterstützung der Legitimation der Herrschaftsstruktur des Osmanischen Reiches. Dies können wir als erste islamische Antwort auf die Moderne verstehen.

Die zweite Antwort entstand aus dem Konflikt der traditionalen Gesellschaft und der kolonialen – wirtschaftlich, geistig und auch institutionell. Es entstanden neue wirtschaftliche Sektoren, die in Konkurrenz zu den einheimischen standen.[3] Neben den eher den bestehenden Verhältnissen verhafteten islamischen Gelehrten trat eine neue Schicht von Intellektuellen und einigen Gelehrten, die versuchten, westliche Vorstellungen in eine kohärente islamische Vorstellungswelt einzubauen. Eine dritte Gruppe begann durch die Reaktivierung eines Stranges der islamischen Ideengeschichte zu versuchen, eine eigenständige umfassende islamische Weltsicht zu formulieren. Institutionell wurden diese geistigen Entwicklungen durch Lesezirkel, Clubs, die Gründung von in der ganzen islamischen

---

[2] Ich schließe mit den Begriffen an den gerade zitierten Aufsatz von Schulze an. Siehe auch Schulze (2002).

[3] Durchaus zum Nachteil der einheimischen wie sich z. B. an Südasien aber auch anderswo zeigen lässt (Davis 2004). Aber auch die Hungersnöte des 1. Weltkriegs in Westasien lassen sich als Spätfolge dieser Entwicklung und der Überordnung kolonialer Interessen über die einheimischen lesen.

Welt verbreiteten Zeitschriften und auch neuer Druckformen wie Flugschriften u. a. verbreitet.

Dazu traten Oppositionsbewegungen wie die Qadizadeli oder die wahhabitische (s. u.), aber auch diverse sehr aktive sufische Strömungen mit ganz anderer Orientierung als die der beiden genannten Bewegungen sind zu nennen, die zum Teil Modernisierungselemente aufnahmen und neue islamische Legitimationsmuster aufbauten. Es koexistierten also neben den Modernisierungsbestrebungen der alten Eliten, neue islamische Eliten, die eher in Anlehnung an die koloniale Gesellschaft oder an die ältere islamische Gedankenwelt ihre Islamideen reformulierten, und ein breites Spektrum an Oppositionsbewegungen mit wiederum eigenen Vorstellungen vom Islam.

Die Transformation des selbstverständlichen Muslimseins in eine islamisch zu begründende Existenz wurde durch die Binnenwanderung in islamischen Ländern in die Städte verstärkt, die den ruralen Islam direkt mit den Entwicklungen der kolonialen Sektoren der islamischen Gesellschaften konfrontierte. Aus dieser Konfrontation heraus entstanden neue islamische Bewegungen wie die Muslimbruderschaft aber auch z. B. bestehende südasiatische Bewegungen konnten ihre Präsenz ausbauen. Der Konflikt wird von Jacques Berque treffend beschrieben als 1937 in einem kosmopolitischen Klub in Kairo eine ungewöhnliche Person die Tribüne betrat, die ein gutturales, als ländlich erkennbares Arabisch sprach: Hasan al-Banna' (1967). Das ägyptische Dorf betritt also in neuer Gestalt die hauptstädtische Tribüne Ägyptens. Zugleich zeigt diese Gegenüberstellung, dass sich die neuen nationalstaatlichen Regime von den Veränderungen der Gesellschaften entfernt hatten, deren Weltsicht von neuen Strömungen artikuliert wurde.

Diese Spannung wurde insbesondere nach dem 2 Weltkrieg reformuliert als die nationalen Regime zum Teil von neuen Eliten ersetzt wurden, die einen gewissen Ausgleich mit der transformierten Gesellschaft versuchten und auch einen eigenes Islamverständnis verfolgten. Dagegen entwickelten sich aber die neuen religiösen Bewegungen weiter als zum Teil gewaltsame Opposition, die allerdings durch staatliche Repression marginalisiert wurden.

Durch die zunehmende Krisenhaftigkeit der modernen Welt – jedenfalls in der Welt außerhalb Europas – konnten sich marginalisierte islamische Strömungen weiter besonders in den Städten und in der Diaspora behaupten und seit den 1970er Jahren zu wichtigen oppositionellen Stimmen entwickeln. Es wäre allerdings falsch, diesen Prozess mit Geertz als rein kognitiven zu beschreiben (Asad 2009, S. 44). Die religiöse Praxis hat sich ebenfalls verändert und geht in den Prozess der Konstituierung neuer religiöser Praktiken ein. Religiös bedeutsam ist nicht mehr die Präsenz eines religiösen Lehrers (sie schadet nicht natürlich), die Lehren, die gedruckt, per Fernsehen oder Radio bzw. durch das Internet verbreitet werden, gewinnen andere Plattformen zur Verbreitung.

1 Kolonialismus und innere Transformation

Der Fokus der Betrachtung der Forschung und Publikationen zur islamischen Moderne auf die Dominanz kolonialer Herrschaft und deren Beeinflussung kolonisierter Gesellschaften geht häufig darüber hinweg, dass die Transformation der kolonisierten Gesellschaften auch Einflüsse durch innergesellschaftliche Entwicklungen erfuhr – teilweise sicherlich auch durch die koloniale Situation bedingt. An dieser Stelle ist natürlich nur ein kurzes Umreißen dieser Entwicklungen möglich. Auf einige Elemente haben wir bereits hingewiesen.

Gehen wir auch hier von einer globalgeschichtlichen Sichtweise aus, können wir von Familienähnlichkeiten mit Bewegungen in der islamischen Welt ausgehen.[4] Vergleichen wir die transformatorischen[5] islamischen Bewegungen mit europäischen pietistischen Bewegungen, finden wir ähnliche Elemente wie die Bedeutung der rechtgläubigen Gemeinschaft, des Versagens der Moral bei den Individuen als Quelle des Verderbens und auch die Betonung einer klaren und ungekünstelten Ansprache der Gläubigen ohne die Ausschmückungen und Kleinigkeitsverliebtheit des traditionellen Glaubens (Lohlker 2014, S. 139). Wir können hier Ansätze im sunnitischen Bereich im Osmanischen Bereich im 16. und 17. Jahrhundert mit den Qadizadeli (s. o.) finden, im zwölferschiitischen Bereich mit den Akhbaris im 17. Jahrhundert. Diese Transformationsbewegungen entfalteten sich entlang von Gelehrtennetzwerken in der islamischen Welt von Westafrika bis und von Südostasien, häufig vermittelt über Gelehrtenzirkel in Mekka und Medina, aber auch andere städtische Zentren spielten eine wichtige Rolle.[6] Über diese Netzwerke wurden auch koloniale Einflüsse spürbar, z. B. der holländische in Süd- und Südostasien oder der britische und französische in Westafrika.

Eine der auch heute bekanntesten Bewegungen, die in dieser Zeit entstanden sind, ist die der Wahhabiten[7] in dem, was später als Saudi-Arabien bekannt wurde. Die Texte und die Predigt des Begründers Muhammad b. ‚Abdalwahhab zeichnet sich durch einen niedrigen theologischen Anspruch aus, durch den

---

[4] Ein erster Ansatz des Verfassers findet sich in Lohlker (2014).

[5] Sie transformieren *und* werden transformiert.

[6] Siehe für einen ersten Ansatz einer solchen Analyse Lohlker (2008, S. 173 ff.).

[7] Unter dieser Bezeichnung bekannt und berüchtigt, ist es doch eine intern benutze Selbstbezeichnung. Es gibt auch andere, die hauptsächlich benutzte war schlicht ‚Muslime', eben die wahren Muslime, aber auch Salafisten (vgl. Lohlker 2017a, S. 33 f.).

sie unmittelbar zugänglich erschien.‘ In der Vor- und Frühgeschichte dieser Strömung finden wir zentralarabische, mekkanische, irakische, westafrikanische (vermittelt über den östlichen Sudan und Ägypten, angetrieben durch den französischen und britischen Kolonialismus) und südasiatische Einflüsse, später eben auch solche der Muslimbruderschaft, sodass sie als Produkt der islamischen Welt verstanden werden kann, nicht als eines der zentralarabischen Wüste, eine dem eurozentrischen – und vielleicht auch manchem osmanischen – Blick liebe Vorstellung. Auch diese Strömung zeigt die zuvor beschriebenen Merkmale einer pietistischen Bewegung auf.

Auch in Südasien finden wir einerseits einen arabischen Einfluss aus Mekka und Medina mit Schah Waliyullah (gest. 1762), die Entfaltung einer Gesellschaft, die schließlich im 19. Jahrhundert zu „Bürgern mit Turban" (Pernau 2008) führen sollte, die sich zunehmend von der traditionellen Moghul-Herrschaft emanzipierten, zu Bewegungen wie der *tariqa-yi muhammadiya* mit ihren mekkanischen und jemenitischen[8] Bezügen im 18. und 19. Jahrhundert, die sich u. a. auf die Ideen Schah Waliyullahs bezogen und zunehmend im vernakulären Urdu Texte produzierten, also wiederum die Zugänglichkeit ihrer Predigt dadurch sicherstellten (Metcalf 2009; Pearson 2008). Der Kampf gegen die Sikhs im Nordwesten Südasiens fand unter britischem Wohlwollen statt. Im 19. Jahrhundert selber kam es in Südasien unter Einfluss des unter wesentlich britischer Kontrolle stehenden Wirtschafts- und Handelsraumes des Indischen Ozeans zur Modernisierung des südasiatischen Islams besonders im damaligen Bombay u. a. durch das Vorbild christlicher Missionsgesellschaften. Es entwickelten sich ein neues Publikationswesen, dessen Produkte über das neu entstandene Eisenbahnnetz verbreitet wurden. Neue islamische Strömungen bestanden neben traditionellen, die sich ebenfalls modernisierten.[9] Nach dem gescheiterten antibritischen Aufstand von 1857 entstanden neue Bewegungen, die den Niedergang des südasiatischen Islams durch verstärkte Bildungsanstrengungen abwenden wollten.

Wenn wir also – auch nur umrisshaft – eine globalgeschichtliche Perspektive eröffnen wollen, finden wir in beiden Beispielen alle Elemente des oben umrissenen Pietismus wieder. Zugleich lässt sich eine Spezifität der islamischen

[8] Auf der Rückkehr von ihrer Pilgerfahrt nach Mekka machte die Gruppe um Sayyid Ahmed Barelwi im Jemen halt, um bei ‘Ali Shaukani zu studieren. Zu letzterem siehe Haykel (2003).

[9] Im Detail zu dieser Entwicklung Green (2011).

Welt feststellen, die eine vorschnelle Behauptung einer Identität dieser unterschiedlichen historischen Phänomene verbietet. Begrifflich wäre also nach einer Kategorie zu suchen, die einen solchen Vergleich in globalgeschichtlicher Hinsicht ermöglicht und Familienähnlichkeiten erkennen lässt. Dies lässt sich in das oben entwickelte Schema der Transformation einbetten. Zu fragen ist also, welche komparativ tragfähige Begrifflichkeit ist vorhanden, die eine Analyse über die Deskription hinaus erlaubt? Darauf werden wir noch einzugehen haben.

Weiten wir unseren Blick in die zeitgeschichtliche Gegenwart aus, werden wir ähnliche Beobachtungen machen können.

Auch wenn Saudi-Arabien keiner direkten Kolonialisierung unterworfen wurde, ist es doch Teil des kolonialen Weltsystems – spätestens seit Beginn der Ölförderung. Aber bereits in der Entstehung des dritten saudischen Reiches spielte das koloniale Interesse Großbritanniens an der Schwächung des Osmanischen Reiches eine wichtige Rolle.

Das so formal souveräne Saudi-Arabien wurde seit den 1970er Jahren zu einem wichtigen Faktor der globalen Politik, adaptierte zum einen koloniale Praktiken wie sie der Jemen-Krieg (siehe Lohlker 2018) zeigt, erweitert seinen Blick z. B. in die USA mit Einbeziehung in die saudische „Vision 2030“ (siehe Kenner und Al-Ahmad 2021) und betreibt eine bewusste Förderung seiner Version des „wahren Islam“ durch eine globalisierte religiöse Propagandapolitik. Damit ist Saudi-Arabien ein wichtiger Akteur der globalen islamischen Politik mit seiner Förderung wahhabitischer Vorstellungen, die breiten Einfluss in salafistischen und dschihadistischen ausüben.

Ein wichtiger islamischer globaler Akteur ist die Türkei, die einerseits in und durch die im Zuge der Arbeitsmigration seit den 1960ern entstandenen türkischen Minderheiten in Westeuropa wirkt, zuerst in Opposition zum türkischen Staat, soweit andererseits durch internationale politische Initiativen seit den 2000ern in die islamische Welt wirkt – für die arabische Welt zum Teil durch Kreise u. a. aus dem Kontext der Muslimbruderschaft und getragen von geopolitischen Interessen. Andererseits ist die Türkei nicht ohne den westlichen Einfluss und damit auch der Konkurrenz des westlichen Blocks mit dem vormals sowjetischen, jetzt russischen denkbar.

Eine andere Art der Politisierung des Islams können wir in Indonesien feststellen. 1926 gründete sich infolge des Entsetzens über die saudisch-wahhabitische Politik in Mekka und Medina eine große traditionalistische Bewegung: die Nahdatul Ulama. Traditional im Inhalt wurde sie mehr und mehr zu einer effektiven Massenbewegung im neuen Indonesien. Gerade der arabische Einfluss aus Saudi-Arabien oder Kreisen der Muslimbruderschaft wird u. a. durch sie als Bedrohung des spezifisch indonesischen Islams begriffen und auch auf theologischer Ebene mit Widerstand begegnet (siehe Wahid 2011; Lohlker 2017b und 2021).

Zum einen sehen wir also, dass auch islamische Akteure weltweit in der Gestaltung dessen, was islamisch ist, aktiv sind. Zum anderen müssen wir auch festhalten, dass die Globalisierung allgemein – oder verwenden wir besser: Glokalisierung (siehe Smith 2007; Roudometof 2016), was uns ermöglicht den Variantenreichtum der Globalisierung zu erfassen – ein dominierender Faktor für diese Gestaltung ist. Diese neue Lage erzeugt eine neue Situation, in der die Individuen entwurzelt werden und ein Gefühl der Malaise[10] und des Unbehagen[11]s, das den Menschen nur eine konsumistische Weltsicht überlässt und sie zur ständigen Flexibilität zwingt. Diese Entwurzelung führt zur Rekonfiguration von Religion auf dem Markt der Sinnsuche, eine Suche, die von islamischen Angeboten ebenfalls bedient wird.[12]

Dabei verändert sich das islamische Imaginäre, die Bindekräfte der Riten, Konventionen, Suggestion und Imitation, die als Affekte auf einer unbewussten Ebene die Gesellschaft zusammenhalten.

> „Diese psycho-politische Ebene des Sozialen können wir – mit Deleuze/Guattari – eine molekulare Ebene der kollektiven oder individuellen Repräsentationen, Überzeugungen und Begehren nennen, eine Ebene, auf der die sozialen Unterscheidungen an Bedeutung verlieren. Es handelt sich auf dieser Ebene um Strömungen, die nicht mehr Individuen zuzuschreiben sind; sie werden vielmehr von kollektiven Bezeichnungssystemen strukturiert, die sie wiederum strukturieren. Während aber durch die großen Repräsentationssysteme umfassende gesellschaftliche Ensembles definiert werden, handelt es sich bei den Begehren und Überzeugungen um Ströme, die sich selber schaffen, erschöpfen[…]" (Lohlker 2004, S. 120).

Die so hervorgebrachten Subjekte orientieren sich an dekontextualisierten Modellen wie denen des Salafismus und Dschihadismus oder denen von Organisationen wie denen der Hizb ut-Tahrir, der Tablighi Jama'at oder der Da'wat-e Islami oder transnationalen sufisch inspirierten Bewegungen bzw. an solchen die glokal verankert sind aber auch transnational agieren wie die Muslimbruderschaft, Hizbullah oder türkische Organisationen. Die durch diese Situation

[10] Dieses Gefühl wurde bereits in den USA der 1940er festgestellt. Siehe Löwenthal (2021). Es ist eher eine Verschärfung eingetreten.

[11] Ich entwickele hier meine Gedanken in Lohlker (2004) weiter.

[12] Ein bekanntes Beispiel dieser Art von Religiosität dürfte die Osho-Bewegung sein.

erzeugten Spannungen können so stark werden, dass der Tod als sog. Märtyrer als attraktiver Ausweg erscheint.

Für die Subjekte, die so entstehen, sind verschiedene Faktoren wichtig: die Selbstermächtigung, durch die Diskriminierungen in Gesellschaften mit nicht-muslimischer Mehrheit ausgeglichen werden können, die Betonung der eigenen Maskulinität[13], die in diesem Zusammenhang ebenfalls der Ermächtigung des Selbst dient, bei Frauen heißt dies zum Teil die Möglichkeit öffentlich tätig zu werden. Im Zuge der zunehmenden Migration transformiert sich die Identität der früheren Herkunftsgesellschaft in eine akkulturierte oder auch in eine separierte, erstarrte Identität, die auch von islamischen Bewegungen adressiert werden kann. Vormalige ethnische Trennungen werden in einer gemischten (mit bestimmten Betonungen je nach Gruppe) Jugendkultur aufgehoben, die immer Kontakte zur Herkunftsgesellschaft ihrer oder ihrer Eltern aufrechterhalten und zum Teil alte Kämpfe in neuer Form weiterführen. Denken wir an tschetschenische Jugendliche, die in Syrien den Kampf ihrer Eltern gegen ‚die Russen‘ kämpfen.

In den Ländern des globalen Südens und den dort steigenden Spannungen und Zerfallserscheinungen bilden transnationale Bewegungen ein attraktives Angebot, das seiner eigenen Logik nach erfolgreich wirkt. In der islamischen Welt sind dies islamische Bewegungen bis hin zu dschihadistischen, die sowohl ein neues Gemeinschaftsgefühl wie die Aufhebung des empfundenen Gefühls der Erniedrigung ermöglichen. Dazu reicht, banal gesagt, ein *takbir* rufen, aus.

Zeitgenössische islamische Bewegungen zeichnen sich als modern durch ihre aus der glokalisierten Konfiguration entstandene Individualisierung des Glaubens, der sich deterritorialisiert, nicht mehr in traditionelle Kulturalität eingebunden ist, eine Krise der religiösen Autorität, eine Zerlegung des traditionellen in bruchstückhafte Bausteine eines vorgeblich alten Wissens, die rekombiniert werden und in der islamischen Abteilung des religiösen Supermarktes feilgeboten werden, damit das potentielle Publikum den Regalen entnehmen kann. Dazu kommt der alles durchwirkende Einfluss des Internet, das gerade von neueren islamischen Bewegungen effizient genutzt wird, ein Ausdruck der Jugendkultur, die sich darin wie ein Fisch im Wasser bewegt.

[13] Für das australische Beispiel siehe (Roose 2016).

2 Erwägungen zur Begriffsdiskussion

Betrachten wir in chronologischer Reihenfolge[14] eine Serie von Begriffen bzw. Ausdrücken, die in der wissenschaftlichen Diskussion verwendet werden. Die politisch-mediale Diskussion lassen wir beiseite, da sie sich durch einen Mangel an Reflexion über die verwendeten Begriffe auszeichnet. Wenn Wissenschaftler*innen sich durch die Zuweisung der Expert*innenrolle in die politisch-mediale Diskussion einbinden lassen, ist bei ihnen ein deutliches Sinken des Reflexionslevels zu bemerken, der sie für die wissenschaftliche Diskussion untauglich macht. Wir können an dieser Stelle aus Raumgründen nur eine kursorische Betrachtung einschieben.

Fundamentalismus ist ein bereits länger geläufiger Begriff, der durch das *Fundamentalism Project* der American Academy of Arts and Sciences von 1987 bis 1995 eine Fülle von empirischen Erhebungen ermöglichte, die über verschiedene religiöse Traditionen die als Fundamentalismus bezeichneten Phänomene vergleichbar machte.[15] Aus dieser wissenschaftlichen kontrollierten Untersuchung ließ sich ein Fundamentalismusbegriff ableiten. Zusammenfassen lässt sich dieser damit, dass es sich um keine Variante traditionaler Religiosität handelt, eher politisch ist, wenn auch manchmal eher ‚schlafend', und auch totalitär.

Der Begriff Fundamentalismus verkam allerdings später zu einem medial und politischen Schimpfwort, mit dem unliebsame Vorstellungen und Praktiken versucht wurden zu diskreditieren. Diese Vermengung zeigt das Problem wissenschaftlicher Debatten über religiöse Fragen, deren Beantwortung wegen der Verwirrung über den Begriff wissenschaftlich nahezu unmöglich wird. Die zunehmende Verwirrung des Begriffes führte zur Suche nach alternativen Begrifflichkeiten, die die oben beschriebenen Phänomene fassen könnten. Ein Versuch ist die Anwendung des Begriffes Islamismus. Mit dem der Versuch die mit Fundamentalismus bezeichneten Phänomene einem reinen Antimodernismus zuzuschlagen, scheint Islamismus eine Alternative zu sein (siehe als ein Beispiel Lohlker 2004).

Ein Nachteil dieses Begriffes ist die Fokussierung allein auf islamische Traditionen, in denen aber nicht versucht wird, das Umschlagen von Islam

---

[14] Der Verfasser dieser Zeilen folgt der Chronologie seines eigenen Experimentierens mit diesen Ausdrücken.

[15] Siehe. Die von Martin E. Marty und R. Scott Appleby herausgegebene Buchreihe.

in Islamismus zu analysieren. Zumeist wird versucht, dies durch das Einschieben des Ausdruckes ‚Ideologisierung des Islam' zu lösen.[16] Ähnlich konstatiert Nezda, dass die mangelnde Reflexion der Glaubenslehre in der Salafismusdefinition von Wiktorowicz, die ihn zur Annahme einer einheitlichen Glaubenslehre führt, die historischen und lokalisierten Vorstellungen unmöglich macht (Nezda 2020, S. 7). Durch die Fokussierung geht der komparative Gehalt des Fundamentalismusbegriffs verloren. Es wird einem verschämten theologischen Anspruch der Weg bereitet, der nicht erkenntnisfördernd ist.

Der Begriff Neofundamentalismus wird von Roy als „spezifische Form des Fundamentalismus" (2004, S. 229) bezeichnet. Damit ist ein Anschluss an die vergleichende Betrachtung religiöser Traditionen möglich, die das *Fundamentalism Project* begründet hat. Wir wollen hier der Konzeptualisierung von Roy folgen. Er schreibt über diese Form der Religiosität, die sich als Trend in vielen religiösen Milieus wiederfindet:

> „Unter Neofundamentalismus verstehe ich eine gemeinsame geistige Matrix, die sich trotzdem in ganz unterschiedlichen politischen Verhaltensweisen zeigen kann. [...] Neofundamentalisten weisen die Vorstellung grundsätzlich zurück, dass es verschiedene Denkschulen geben könnte, betrachten sich als die einzig echten Muslime und legen es demzufolge ab, als eine spezifische Gruppe unter anderen betrachtet zu werden. [...] Warum nun aber ‚neo'? Der Ruf nach einer Rückkehr zu den wahren Lehren des Islams ist ja nun nicht neu. Die Ablehnung sektiererischer Gruppen und der verschiedenen Rechts-, theologischen und philosophischen Schulen zugunsten einer strikten Rückkehr zum Korn und zur Sunna ist eine ständige Charakteristik des islamischen Fundamentalismus. Aber es gibt hier doch einige neue Elemente, die einen entscheidenden Unterschied darstellen: Einmal muss der gegenwärtige Neofundamentalismus mit der Entterritorialisierung [...] fertig werden. Selbst wenn er eine traditionelle Terminologie beibehält, hat es der Neofundamentalismus doch mit einer ganz neuen Lage zu tun. [...] Er hat die sich wandelnden Formen der Religiosität verinnerlicht und sich darauf eingestellt" (ebd., S. 229–231).

Dazu kommen für Roy weitere Faktoren wie die Individualisierung von Religion, die Krise religiöser Autorität und religiösen Wissens sowie der immer direkter

[16] Paradigmatisch lässt sich dies bei Nagel (1993) sehen, wo im Anschluss an Nolte einer spezifischen Ideologie-Genealogie gefolgt wird, die an totalitarismustheoretische Vorstellungen anknüpft. Dabei wird der Islam als Ideologie wegen seiner Verankerung im Islam als Religion als hoffnungsloser Fall qualifiziert. Offenkundig liegt hier eine Anknüpfung an europäische Versionen von Ideologien vor, die sich wandelnde Formen von Religiosität lediglich in Assimilation an europäische Vorstellungen vorzustellen vermag. Die Berücksichtigung historischer Kontexte ist dieser Auffassung fremd.

wahrgenommene Einfluss des Westens.[17] Ein solcher Begriff kann komparativ die Entwicklung über den historischen Fundamentalismus hinaus erfassen und es ermöglichen, eine globale Perspektive zu entwickeln. Er enthält zudem eine Vielzahl der Elemente, die im historischen Überblick benannt worden sind.

Exklusivismus als Begriff ist eine weitere Möglichkeit die beschriebenen Phänomene begrifflich zu fassen. Der Begriff ist religionswissenschaftlich gut durchgearbeitet.[18] Im vorliegenden Zusammenhang bezieht er sich auf die Ideen, mit denen ausschließende Praktiken legitimiert werden (Lohlker 2017c). Damit sind sie durchaus als neofundamentalistisch zu bezeichnen. Da der Begriff Neofundamentalismus umfassender definiert ist, erscheint er anwendbarer als der des Exklusivismus, der für spezielle Untersuchungsgegenstände anwendbar ist.

Gewisse Akzeptanz hat der Begriff Politischer Islam in gesellschaftlichen Diskursen gefunden. Betrachten wir die öffentliche Debatte darüber, können wir recht schnell eine Ausweitung auf den Islam allgemein feststellen (Lohlker 2019). Lassen wir einmal die Annahme einer historischen Identität von Religion und Staat im Islam als Zeugnis mehrfach mangelnder Reflexion beiseite, hat dieser Begriff den Nachteil, einen islamischen Exzeptionalismus zu versuchen festzuschreiben, der in religionsvergleichender Perspektive nicht erkennen kann, dass in anderen religiösen Traditionen auch politische Effekte der Religion festzustellen ist, was bereits in den Untersuchungen des *Fundamentalism Project* deutlich analysiert wurde, können wir leicht feststellen, dass der Begriff Politischer Islam schon von Ayubi (2002) als Strömung nicht definiert wurde, hat Cesari lediglich die Definition als „vielfältiger religiöser Nationalismus" (2018, S. 2), was zutreffend auf den National- bzw. Kolonialstaat als Rahmen verweist, worüber bereits zuvor gesprochen wurde. D*as* rezente *Routledge Handbook of Political Islam* hat keine essentialistische Definition[19], argumentiert vielmehr historisch kontextualisiert:

> „Politischer Islam ist ein modernes Phänomen, das danach strebt Religion zu benutzen, um das politische System zu gestalten. Seine Ursprünge liegen in dem als gescheitert wahrgenommenen säkularistischen Ideologien des Nationalismus und Sozialismus ihre Versprechen des Antiimperialismus und Wohlstands zu erfüllen" (Akbarzadeh 2021, S. 1).

---

[17] Vertieft und komparativer in Roy (2010).

[18] Für einen Einblick in die Diskussion siehe Moser (2011).

[19] Auch andere neuere Forschungen sprechen davon, dass „das Konzept des Politischen Islam ausgeweitet werden muss, um in angemessener Weise mit neuer politischer Aktivität im Namen des Islam umzugehen, die wenig Ähnlichkeit mit traditionellen islamischen Bewegungen haben." (Roose 2016, S. 13; Übersetzung R. L.).

Die Vorstellung einer negativ bewerteten politischen Religion nun impliziert einen Religionsbegriff, der politische Einflussnahme von Religionen *per definitionem* ausschließt, was nur unter den Prämissen einer längst erledigten Modernisierungstheorie der 1950er und 1960er Jahre denkbar war. Zugleich impliziert dieser Begriff, dass es eine Grenze gäbe, an der die reine Religion des Islam in eine politische Variante, die inakzeptabel ist[20], umschlage. Das Rüstzeug für eine solche theologische Aussage dürfte bei den meisten Diskutierenden nicht vorhanden sein und ist in den sonstigen Wissenschaften nicht tragfähig. Generell ist der Begriff in vielen Buchtiteln zu finden.[21] Daraus die Durchsetzung eines *Begriffes* abzuleiten, mutete merkwürdig an. Generell ist der Begriff Politischer Islam wegen seiner mangelnden komparativen Leistungsfähigkeit für die Analyse eines Sets an Phänomenen der Moderne, die sich eben nicht auf eine religiöse Tradition beschränken lassen, untauglich. Die Herausforderung, „Politischer Islam zu definieren," (Akbarzadeh 2021, S. 9) ist eine verzichtbare.[22]

In wissenschaftlicher Perspektive scheint also der Begriff des Neofundamentalismus brauchbar, da er eine komparative Betrachtung ermöglicht, die die hier behandelten Phänomene in globalhistorischer Hinsicht verstehbar macht.

3 Conclusio

Führen wir die beiden Stränge unserer Argumentation, die deskriptiv-historische und die begriffliche, zusammen, müssen wir zuerst noch einmal die beschriebene Entwicklung zusammenfassen.

Es lässt sich also aus der kolonialen und postkolonialen[23] Entwicklung ein dynamisches Kraftfeld von Anziehung und Abstoßung erkennen, aus denen sich je unterschiedliche Ausformungen des Islams herausschälen. Dies ist auch abhängig von der Einwirkung internationaler und transnationaler Mächte, die sich im Irak anders gestaltet als in Libyen, in Pakistan anders als im südphilippinischen Raum, in Europa anders als im subsaharischen Afrika.

---

[20] Dass z. B die Hizb ut-Tahrir mit dem Begriff Politischer Islam kein Problem hat, verwundert nicht.

[21] Siehe als Beispiel die sehr lesenswerte Studie von Wolf (2017).

[22] Auch Begriffe wie Extremismus und Exklusivismus (Lohlker, „Excluding the Other") haben ihre Schwächen, sind aber unter gewissen Umständen brauchbar.

[23] Auch die postkoloniale Gesellschaft trägt die Muttermale der kolonialen Gesellschaft (auch in den Metropolen).

Auf der zitierten „molekulare[n] Ebene der kollektiven oder individuellen Repräsentationen, Überzeugungen und Begehren" bilden sich Weltsichten[24], die auch zur Gewaltanwendung führen können. Denken wir an nationale Entwicklungen wie in Ägypten, in Syrien oder auch in Minderheitengebieten wie Südthailand. Hier sind auch die Entwicklungen auf religiösem-theologischen Gebiet im weitesten Sinne zu beachten.

Das extreme Resultat der beschriebenen Entwicklung der islamischen Welt ist ein Set gewaltförmiger Subkulturen neofundamentalistischer Prägung, die eine eigene Theologie entwickeln, die u. a. legitimiert andere Muslim*innen zu töten, die als Nichtmuslime für den Angriff freigegeben werden. Es sind globale entterritorialisierte Bewegungen, die selektiv aus den islamischen Traditionen Bruchstücke für ihr Denken herausbrechen, die allerdings je nach Ort und Zeit unterschiedliche Neuzusammensetzungen finden.

Ein wichtiger Faktor für die Anziehungskraft solcher Subkulturen ist ihre Stilisierung zu Vertretern einer neuen Weltordnung, die für das Heil der Welt erforderlich ist. Getragen wird dies von einer kämpfenden Gemeinschaft, die den Anschein vermittelt, die Spannungen des Daseins in der Moderne zu lösen – und sei es durch den Tod. Die Individuen, die sich solchen Bewegungen anschließen tun es aus einer rein individuellen Entscheidung heraus, was durch und durch modern ist, zugleich aber als Resultat der neueren Geschichte der islamischen Welt zu denken ist. Dass auch Teile der islamischen Diasporagemeinden[25] diesen Subkulturen anschließen ist allerdings ein Randphänomen.

Auch für muslimische Minderheiten können wir eine Verbindung zwischen ihrer marginalisierten – individuell oder sozial – in den Mehrheitsgesellschaften und ein Abtreiben von kleinen Teilen dieser Minderheiten in die Gewalt hinein feststellen. Der sich mit der gesellschaftlichen und wirtschaftlichen Krise verstärkende Trend gesellschaftlicher Spaltung und bewirkt eine Rückkoppelung mit muslimischen Mehrheitsgesellschaften und deren Krisen. Hinzutreten aus gesellschaftlichen Spaltungstendenzen erwachsene Diskriminierungen und Verbindungen zu Regimen mehrheitlich muslimischer Staaten.

Es handelt sich bei den beschriebenen Entwicklungen um eine Moderne, die Ausdruck auch der Krisen der Moderne ist. Deshalb muss jede angemessene Analyse einen komparativen Blick auf moderne Entwicklungen werfen, um nicht den Fehler der Konstruktion eines islamischen Exzeptionalismus zu verfallen, der den Blick auf die heutigen globalisierten Gesellschaften vernebelt.

---

[24] Siehe zur Analyse Sheikh (2019).

[25] Hier ist der Hilfsbegriff tatsächlich schlagend, denn diese verstehen sich in diesem Falle vehement als Vertreterinnen der globalen islamischen Gemeinschaft.

Literatur

Akbarzadeh, S. (2021). Political Islam under the spotlight. In S. Akbarzadeh (Ed.), *Routledge handbook of political Islam* (pp. 1–10). New York: Routledge.

Asad, T. (2009). *Genealogies of Religion: Discipline and Reasons of Power in Christianity and Islam.* Baltimore/London: Johns Hopkins University Press.

Ayubi, N. (2002). *Politischer Islam: Religion und Politik in der arabischen Welt.* Freiburg i. Br.: Herder, (zuerst 1991).

Berque, J. (1967). *L'Égypte: Impérialisme et Révolution.* Paris: Gallimard, (e-book).

Cesari, J. (2018). *What is Political Islam?* Boulder/London: Lynne Rienner.

Davis, M. (2004). *Die Geburt der Dritten Welt: Hungerkatastrophen und Massenvernichtung im imperialistischen Zeitalter.* Berlin u. a.: Assoziation A.

Green, N. (2011). *Bombay Islam: The Religious Economy of the West Indian Ocean, 1840–1915.* Cambridge u. a.: Cambridge University Press.

Haykel, B. (2003). *Revival and Reform in Islam: The Legacy of Muhammad al-Shawkānī Shaukani.* Cambridge u. a.: Cambridge University Press.

Kenner, D. & Al-Ahmad, K. (2021). *The US-Saudi-Economic Relationship: More than Arms and Oil.* Riyadh: King Faisal Center for Research and Islamic Studies.

Lohlker, R. (2004). Islamismus und Globalisierung. In Six, C. u. a. (Hrsg.), *Religiöser Fundamentalismus: Vom Kolonialismus zur Globalisierung* (S. 117–133). Innsbruck u. a.: Studien Verlag.

Lohlker, R. (2008) *Islam: Eine Ideengeschichte*, Wien: facultas/wuv.

Lohlker, R. (2014). Salafismus als Teil der Globalgeschichte: Zur systematischen Betrachtung einer neuen religiösen Bewegung. In Schneiders, T. G. (Hrsg.), *Salafismus in Deutschland. Ursprünge und Gefahren einer islamisch-fundamentalistischen Bewegung* (S. 137–147). Bielefeld: transkript Verlag.

Lohlker, R. (2017a). *Die Salafisten: Der Aufstand der Frommen, Saudi-Arabien und der Islam.* München: C. H. Beck.

Lohlker R. (2017b). Rewiring the Islamic Net? Creating an Alternative to the Online Propaganda of IS (Islamic State). In Hofkirchner, W. & Burgin, M. (Hrsg.), *The Future Information Society: Social and Technological Problems* (pp. 307–313). Singapur: World Scientific.

Lohlker, R. (2017c). Excluding the Other: Wahhabism, Salafism, Jihadism, and Political Islam. *Totalitarismus und Demokratie* 14 (2), 265–289.

Lohlker, R. (2018). Representation with/out Representation: Saudi Arabia as a Hidden Face of Globalization. *Interdisciplinary Journal for Religion and Transformation in Contemporary Society* 4(2), 110–123.

Lohlker, R. (2019). Politischer Islam: Eine historisch-aktuelle Betrachtung eines Nicht-Begriffes. In IGGÖ (Hrsg.), *Politischer Islam: Versuch einer Definition* (S. 62–94). Wien: IGGÖ.

Lohlker, R. (2021). Islamic fiqh reconsidered: An Indonesian approach. *Interdisciplinary Journal for Religion and Transformation in Contemporary Society* 7, 188–208.

Löwenthal, L. (2021). *Falsche Propheten: Studien zur faschistischen Agitation.* Berlin: Suhrkamp.

Metcalf, B. D. (2009). The Taqwiyyat al-Iman (Support of the Faith) by Shah Isma'il Shahid. In Metcalf, B.D. (Hrsg.), *Islam in South Asia in Practice* (pp. 201–211). Princeton/Oxford: Princeton University Press.

Moser, P.K. (2011). Religious Exclusivism. In Meister, C. (Hrsg.), *The Oxford Handbook of Religious Diversity* (S. 77–88). Oxford u. a.: Oxford University Press.

Nagel, T. (1993). Abkehr von Europa: Der ägyptische Literat Ṭāhā Ḥusain (1889–1973) und die Umformung des Islams in eine Ideologie, *Zeitschrift der Deutschen Morgenländischen Gesellschaft* 143(2), 383–398.

Nezda, J. (2020). *Takfīr im militanten Salafismus: Der Staat als Feind*. Leiden/Boston: Brill.

Pearson, H. O. (2008). *Islamic Reform and Revival in Nineteenth-century India: The Tariqah-i Muhammadiyah*. New Delhi: Yoda Press.

Pernau, M. (2008). *Bürger mit Turban: Muslime in Delhi im 19. Jahrhundert*. Göttingen: Vandenhoeck & Ruprecht.

Roose, J. M. (2016). *Political Islam and Masculinity: Muslim Men in Australia*. New York, NY: Palgrave Macmillan.

Roudometof, V. (2016). *Glocalization: A Critical Introduction*. New York, NY: Routledge.

Roy, O. (2004). *Der islamische Weg nach Westen: Globalisierung, Entwurzelung und Radikalisierung*. München: Pantheon.

Roy, O. (2010). *Heilige Einfalt: Über die politischen Gefahren entwurzelter Religionen*. München: Siedler.

Schulze, R. (1984). Die Politisierung des Islam im 19. Jahrhundert. *Die Welt des Islams* 22, 103–116.

Schulze, R. (2002). *A Modern History of the Islamic World*. London/New York: I. B. Tauris.

Sheikh, M. K. (2019). Worldview Analysis. In Juergensmeyer, M. u. a. (Hrsg.), *The Oxford Handbook of Global Studies* (S. 157–171). Oxford u. a.: Oxford University Press.

Smith, M. (2007). Glocalization. In Ritzer, G. (ed.), *The Blackwell Encyclopedia of Sociology* (1994–1995). Malden, MA u. a.: Blackwell.

Wahid, A. (ed.) (2011). *The Illusion of an Islamic State: how an alliance of oderates launched a successful jihad against radicalization and terrorism in the world's largest Muslim-majoority country*. Jakarta u. a.: LibForAll Foundation Press.

Wolf, A. (2017). *Political Islam in Tunisia: The History of Ennahda*. Oxford u. a.: Oxford University Press.

Rüdiger Lohlker ist Professor für Islamwissenschaften, Institut für Orientalistik, Universität Wien seit 2003, diverse akademische Tätigkeiten und Zugehörigkeiten; auch Titularprofessor an der Northwest University Xi'an (PR China). Aktuelle Forschungsfelder: Moderne Islamische Phänomene, Dschihadismus, Geschichte des Islamischen Denkens, Sufismus, Wissenschaftsgeschichte der islamischen Welt.

Theoretische Perspektiven auf (islamistischen) Terrorismus: Versuche, Terrorismus zu definieren, zu verstehen und zu erklären

Eva Herschinger

Zusammenfassung

Auch wenn heute Einigkeit herrscht, dass Terrorismus eine der größten Bedrohungen des 21. Jahrhunderts ist, so wenig einig sind sich WissenschaftlerInnen, ExpertInnen und PolitikerInnen darüber, wie Terrorismus zu definieren, zu verstehen und zu erklären ist. Der Beitrag stellt die seit Jahrzehnten andauernden Versuche, den Terrorismus zu definieren vor und erläutert die Hintergründe zu diesem Kampf um Deutungshoheit. Eng mit der Definition verknüpft, so zeigt der Beitrag auf, ist allerdings die Frage nach den Ursachen und den theoretischen Perspektiven zum Verständnis und zur Erklärung des Terrorismus. Insbesondere die Frage nach der Rolle von Religion wird in der Forschung stark thematisiert und der Beitrag adressiert diese Diskussion mit Blick auf den islamistischen Terrorismus. Der Beitrag zeigt, dass es heute eine Vielfalt an Definitionen und theoretischen Perspektiven gibt und sich Terrorismus- und Radikalisierungsforschung angenähert haben, diese Beziehung aber gerade mit Blick auf Ursachen des Terrorismus noch vertieft werden sollte.

Schlüsselwörter

Internationaler Terrorismus · Ursachen · Theorien · Definition · Radikalisierung

E. Herschinger (✉)
Universität der Bundeswehr, München, Deutschland
E-Mail: eva.herschinger@unibw.de

1 Einleitung

Terrorismus, sind sich Sicherheitsbehörden weltweit einig, ist eine der größten Sicherheitsbedrohungen des 21. Jahrhunderts. Gerade dann, wenn Terrorismus internationale, globale oder transnationale (je nach Definition) Dimensionen erreicht, wie der Generalsekretär der Vereinten Nationen (VN) bereits im September 1972, wenige Tage nach dem Attentat auf die israelischen Athleten bei den Olympischen Spielen in München, erklärte: „I feel strongly that we in the United Nations should face up to the international – I repeat – international, aspects of this very difficult problem and that, if we do not so, the climate of fear, which is already an ominous feature of our times, will inevitably become worse" (UN General Assembly 1972, S. 2).

Allerdings herrscht bis heute keine Einigkeit, wie Terrorismus zu definieren ist. Die Äußerung des VN-Generalsekretärs war – auf internationaler Ebene – der Startschuss für das seither unvollendete Unterfangen der VN, eine global akzeptierte Terrorismusdefinition zu verabschieden. Von Beginn an standen zwei Fragen im Zentrum: Erstens, wie kann Terrorismus definiert werden? Zweitens, welche Ursachen hat Terrorismus? Beide Fragen waren und sind höchst umstritten, und ihre Verknüpfung kurz nach Beginn der Debatten auf VN-Ebene machte eine Antwort auf die ein und/oder andere Frage noch schwieriger. Aber nicht nur im politischen Raum, sondern auch im wissenschaftlichen Diskurs hat dieser Streit um Deutungshoheit (man nehme nur die schwierige Abgrenzung zwischen „FreiheitskämpferInnen" und „TerroristInnen" oder die Unterscheidung in „alten" und „neuen" Terrorismus) Spuren hinterlassen und in der Terrorismusforschung zu vielen Debatten über die Bedeutung von Ursachen und theoretischen Perspektiven auf Terrorismus geführt.

Diesen Kampf um Deutungshoheit mit Blick auf Definition, Ursachen des und theoretischen Perspektiven auf Terrorismus stehen im Zentrum des vorliegenden Beitrags. Denn wie im politischen Raum, so wird auch in der Forschung die Definition mit der Ursachensuche und der Reichweite von Terrorismustheorien immer wieder verbunden. Da ein weiterer Fokus des Beitrags auf dem islamistischen Terrorismus liegen wird, erhält die Frage nach Religion als Ursache für Terrorismus besondere Bedeutung und wird im Beitrag entsprechend adressiert.

2 Never ending story? Die Definition des Terrorismus – politische und wissenschaftliche Versuche

Gemäß der allgemeinen Lesart wurde der Begriff Terrorismus im Zuge der französischen Revolution „geboren“, jedoch entwickelte sich das moderne Verständnis von Terrorismus im Verlaufe des 2. Weltkriegs (Lacqueur 1987, S. 11). Auf politischer Ebene wurde der erste globale (gescheiterte) Versuch, den internationalen Terrorismus zu definieren und internationale Verträge zu seiner Bekämpfung zu verabschieden, in den 1930er Jahren vom Völkerbund unternommen (vgl. Dubin 1991). Nach Jahrzehnten der Stille beförderte erst der Anschlag im Olympiajahr 1972 den Terrorismus wieder auf die internationale Agenda und in der Folge begannen die Verhandlungen um eine umfassende Terrorismuskonvention, als deren Herzstück eine Terrorismusdefinition gedacht war (United Nations 1972). Jene Verhandlungen wurden im Ad Hoc Committee On International Terrorism geführt, das erfolglos bis 1979 tagte (UN Ad Hoc Committee on International Terrorism 1979). Zentrale Streitpunkte waren, inwieweit eine Terrorismusdefinition das Recht auf Selbstbestimmung einschränken könnte und ob nationale Befreiungsbewegungen darunterfallen sollten.

In den folgenden Jahren verlegten sich die VN auf den „induktiven Ansatz“ (Weigend 2006, S. 919): bis heute wurden 14 Konventionen gegen die unterschiedlichsten Aspekte von Terrorismus verabschiedet (bspw. gegen Finanzierung oder gegen Nuklearterrorismus).[1] Allerdings ist es trotz dieser Vielzahl an Verträgen nicht gelungen, ein geteiltes Verständnis des „Terrorismusproblems“ zu erzielen (vgl. Gioia 2006). Das Ende des Ost-West-Konfliktes ließ Hoffnung auf eine Einigung aufkommen, sichtbar in der Resolution 49/60 der Generalversammlung von 1994, da die Differenzen mit Blick auf das Recht auf Selbstbestimmung und die Befreiungsbewegungen in den Hintergrund getreten waren. 1999 wurde auch das Ad Hoc Commitee On Terrorism wiederbelebt. Obwohl nach dem 11. September 2001 ein Durchbruch in Sicht erschien, kam es zu keinem Definitionserfolg, unter anderem, da sich inzwischen die Frage des Staatsterrorismus als Streitpunkt herausgeschält hatte (Friedrichs 2006, S. 76). Und trotz weiterer Resolutionen diverser VN-Organe (bspw. die Resolution 1556 (2004) des Sicherheitsrats, deren Terrorismusdefinition viel Unterstützung erfahren hat); trotz der 2006 von der Generalversammlung initiierten

[1] Vgl. https://www.un.org/counterterrorism/international-legal-instruments (13.05.2022).

Global Counter-Terrorism Strategy (die erste Vereinbarungen über gemeinsame Strategien sowie einen operationalen Antiterroransatz enthielt) und trotz der Tatsache, dass eine beträchtliche Anzahl an Staaten den globalen „war on terror" sowie die Interventionen in Afghanistan und Irak unterstützen,[2] haben diese Entwicklungen keine gemeinschaftlich getragene VN-Definition des Terrorismus erbracht (vgl. Herschinger 2011). Seit 2014 hat das Ad Hoc Committee nicht mehr getagt, die Verhandlungen finden nun im Rahmen einer Working Group des 6. Komitees der Generalversammlung statt. Aber auch hier konnte bislang keine Definition vereinbart werden. Allerdings machen langjährige Beobachtende der Debatte vor allem die Positionen der Mitglieder der Organisation für Islamische Zusammenarbeit und in geringerem Maß die der Arabischen Liga zur Situation in Palästina verantwortlich, „anstatt wie auch immer geartete intrinsische Probleme mit dem Konzept des Terrorismus an sich" (Schmid 2013, S. 17).

Damit ist nicht gesagt, dass es nicht Institutionen gibt, die sich auf eine Terrorismusdefinition verständigt haben. So vereinbarte bspw. die Shanghai Cooperation Organization 2001 eine Definition und die Europäische Union einigte sich 2002 auf eine verbindliche Definition (Europäische Union 2002).[3] Daneben gibt es zahlreiche Länder, die über eigene Terrorismusdefinitionen verfügen – in den USA haben zudem verschiedene Behörden ihre jeweils eigenen Definitionen (die sich zum Teil deutlich unterscheiden) (Schmid 2004, S. 377).

In der Forschung wird die Frage der Definition ebenfalls verhandelt. In ihrem Beitrag identifizieren Spencer und Daase (2017) drei Wege der Begriffsbestimmung, die sich in der Terrorismusforschung etabliert haben und die die Autoren als „Pragmatismus, Moralismus und Positivismus" bezeichnen (2017: 832). Pragmatisch bedeutet sehr pointiert gefasst, die Idee einer allgemeingültigen und umfassenden Definition des Terrorismus aufzugeben und ihn nicht zu eng oder zu spezifisch zu definieren. Lacqueur, wesentlicher Vertreter dieser Ansicht, definiert Terrorismus als „eine der vielen Manifestationen politischer Gewalt" (2018, S. 31). Auch wenn das unbefriedigend sei, so bleibt eine allgemeingültige Definition des Terrorismus, die seine Nuancen und seine Varietäten umfasst, doch so unwahrscheinlich wie unerreichbar (2018: 31). Auch wenn Lacqueur zuzustimmen ist, dass Terrorismus viele Formen hat (es also viele Terrorism*en* gibt), so ist doch die Definition als politische Gewalt immer

---

[2] 39 Staaten unterstützen den „war on terror". http://georgewbush-whitehouse.archives.gov/news/releases/2003/03/20.030.319–17.html (13.05.2022).

[3] https://eng.sco-russia2020.ru/images/17/25/172503.pdf (13.05.2022).

mit der Frage nach Rechtfertigung und Legitimität verbunden. Deshalb ist „Laqueurs Terrorismusbegriff wenig mehr als ein Hilfsmittel zur Delegitimierung nichtstaatlicher politischer Gewalt“ (Spencer und Daase 2017, S. 831) und der pragmatische Weg letztlich kaum gangbar.

Moralisch konnotierte Terrorismusdefinitionen finden sich vor allem im Bereich des Völkerrechts, da es hier um den normativen Gehalt des Terrorismusbegriffs geht. Das Konzept des „gerechten Krieges“ dient als Anknüpfung, um die Frage nach der Legitimität des Terrorismus zu stellen (Crenshaw 1983). Jedoch sind völkerrechtliche Kriterien wenig geeignet, um das Verhalten nicht-staatlicher Akteure wie die meisten TerroristInnen zu bestimmen. Schließlich haben letztere zum Ziel, die bestehende normative Ordnung – symbolisiert durch das Völkerrecht – zu überwinden, sodass ihr Handeln kaum mit den Kriterien ebenjener Ordnung beurteilt werden kann (Spencer und Daase 2017, S. 831).

Positivistische Definitionen gehen davon aus, dass sozialwissenschaftliche Phänomene analog den naturwissenschaftlichen behandelt und daher genauso klar und eindeutig definiert werden können. Diese Annahme haben Forschende u. a. dazu genutzt, durch einen Überblick über bestehende Definitionen einen Kern zu destillieren, der alle Begriffsbestimmungen vereint (Schmid und Jongman 1998; Weinberg et al. 2004; Schmid 2013). Allerdings sind die daraus entstandenen Definitionen entweder über- oder unterkomplex, zu detailliert oder zu unspezifisch, um die Analyse anleitend zu sein. „Das gemeinsame Problem (…) [der, EH] Definitionen liegt aber in der Vorstellung, man könne den Terrorismus begrifflich auf wesentliche Merkmale reduzieren, die ewige Geltung hätten“ (Spencer und Daase 2017, S. 832). Insofern löst auch eine positivistisch orientierte Herangehensweise die zentralen Fragen der Definitionsproblematik nicht, da sie keine Unterscheidung zwischen TerroristInnen und FreiheitskämpferInnen, zwischen Terrorismus als symbolischer oder „tatsächlicher“ Gewalt, noch zwischen Terrorismus als Krieg oder Terrorismus als Verbrechen treffen kann.

Spencer und Daase (2017, S. 832) schlagen daher einen vierten Weg vor, den sie als konstruktivistisch bezeichnen. Entscheidend sei dabei, den Anspruch aufzugeben, Terrorismus auf eine wie auch immer gearteten Kerninhalt reduzieren zu können, und ihn „im Sinne von Familienähnlichkeiten politischer Gewalt [zu, EH] verstehen“. In Anlehnung an das Clausewitzsche Verständnis von Krieg konzeptualisieren die Autoren „Terrorismus als die Situation (…), in der ein nichtstaatlicher Akteur gezielte manifeste Gewalt gegen Zivilisten einsetzt (Mittel), um Angst und Schrecken zu verbreiten (Ziel) und einen Staat zur Veränderung seiner Politik zu zwingen (Zweck)“ (Spencer und Daase 2018, S. 832–833). Obwohl die Autoren argumentieren, dass sich so – wenngleich in „abgeleiteter Form“

aufgrund der Familienähnlichkeit – auch „Staatsterrorismus“ oder „religiöser Terrorismus als Terrorismus fassen lassen, so bleibt doch die Frage bestehen, warum eine Orientierung am Kriegs- und nicht am Konfliktbegriff erfolgt. Letzterer würde die noch immer dominante Terrorismusbekämpfungsstrategie des „war on terror“ nicht gegenüber anderen in einer Begriffsbestimmung privilegieren. Zudem scheint der konstruktivistische Anspruch der Definition nicht weit zu reichen. Denn wenn der Kern des Terrorismusbegriffs in seinem Gebrauch liegt, „und zwar in der designatorischen Praxis, Formen der politischen Gewalt zu delegitimieren“ (Spencer und Daase 2017, S. 833), dann fehlt gerade das Element der Zuschreibung in der Definition.

Ein fünfter Weg wird daher seit etwa 15 Jahren von den Critical Terrorism Studies (CTS) verfolgt (Jackson 2007a, b). Während unten noch genauer von dieser Strömung zu schreiben ist, so ist doch mit Blick auf die Definition des Terrorismus gerade die Skepsis der CTS gegenüber der Verwendung des Begriffs relevant. Es handelt sich beim Begriff Terrorismus (gerade in der politischen Praxis) um einen pejorativen, nicht um einen analytischen Begriff und seine Verwendung ist eine machtgeladene Abqualifizierung der Legitimität der als TerroristInnen bezeichneten Akteuren und ihrer Handlungen. CTS definieren Terrorismus daher als ein soziales Faktum: So wird das, was extreme physische Gewalt ist, erst durch ihre kulturell-politische Bedeutung aufgrund sozialer Übereinkunft sowie intersubjektiver Zuschreibung und Praktiken entschieden (Jackson 2007b, S. 247).

Aus diesem Grund lehnen es die CTS ab, Terrorismus zu definieren. Stattdessen betrachten sie Terrorismus grundsätzlich als eine Strategie oder Taktik politischer Gewalt, die sowohl von staatlichen als auch von nicht-staatlichen Akteuren und in Zeiten des Krieges und des Friedens eingesetzt werden kann und häufig auch wird (Jackson 2007b, S. 248). Damit ist Terrorismus kein eigenständiges Phänomen mehr: Es gibt keinen Terrorismus als solchen, sondern nur den instrumentellen Einsatz von Terror, einer als terroristisch zugeschriebenen Praxis durch Akteure. Dies impliziert, dass das Etikett „TerroristIn“ keine feste Identitätszuschreibung ist und dass „TerroristInnen“ sich dafür entschieden haben, Terrorismus als Taktik zur Erreichung ihrer politischen Ziele zu nutzen (Jackson 2007b, S. 248).

3 Von der Definition zu den Ursachen: Verbindungslinien

Zwischen diesen politischen und forschungstheoretischen Perspektiven auf die Definition des Terrorismus und der Frage nach den Ursachen des Terrorismus finden sich einige Verbindungslinien, die darauf verweisen, dass Definition und Ursachen nicht vollkommen unabhängig voneinander betrachtet wurden.

Auf der politischen Ebene, genauer in den bereits zitierten Debatten der Vereinten Nationen zu einer umfassenden Terrorismuskonvention seit 1972, zeigt sich diese Verknüpfung besonders deutlich, als sich eine Spaltung auftat zwischen denen, die *zuerst* den internationalen Terrorismus definieren und dann die Ursachen eruieren wollten und denen, die *zuerst* eine Ursachenanalyse vorschlugen, auf deren Basis dann eine adäquate Definition gefunden werden könne. Dass letztere Fraktion obsiegte, zeigt sich am Titel des Tagungspunktes auf der Agenda des zuständigen VN-Komitees, der von „Measures to prevent terrorism and other forms of violence which endanger or take innocent human lives or jeopardize fundamental freedoms“ in die folgende langatmige Formulierung abgeändert wurde:

> „Measures to prevent international terrorism which endangers or takes innocent human lives or jeopardizes fundamental freedoms, and study of the underlying causes of those forms of terrorism and acts of violence which lie in misery, frustration, grievance and despair and which cause some people to sacrifice human lives, including their own, in an attempt to effect radical changes“ (UN Sixth Committee 1972a, S. 1).

Diese Assoziation von Terrorismus mit potenziell „unschuldigen“ Ursachen und einer Reihe anderer Probleme machte Terrorismus nach Ansicht einiger Kommentierender zu einem (ernstlichen) Problem unter anderen. Im Zuge der Debatten eröffnete sich daraus die Möglichkeit, Gewalt mit Blick auf die schwierigen Situationen zu rechtfertigen, die Einzelne durch sie zu verändern suchen. Terrorismus wurde so zum „last resort“ derer, die keine anderen Mittel zur Verfügung haben (UN Sixth Committee 1972b, S. 296; 2008, S. 5). Eine Haltung, die gen Ende der 1990er wieder verschwunden war, sichtbar daran, dass man wieder zur ursprünglichen Formulierung des Tagungspunktes zurückkehrte, die bis heute verwendet wird (UN Sixth Committee 1997).

Nach den Anschlägen des 11. September 2001 wurde diese Verbindungslinie zwischen der Definition des Terrorismus und seinen Ursachen auch deshalb wieder schwieriger, weil einige politische KommentatorInnen die Rede von den „root causes“ oder den „underlying causes“ als den Versuch empfanden, terroristische Gewalt gegen ZivilistInnen zu entschuldigen und zu rechtfertigen. Trotzdem war es offensichtlich, dass es dringender einer Diskussion über die zugrunde liegenden Faktoren bedurfte, die zu diesem scheinbar neuen Phänomen islamistischer Terrorismus geführt hatten. Man begann sich auf den Begriff „Radikalisierung“ zu beziehen, wann immer über die Prozesse gesprochen werden sollte, bevor ein terroristischer Anschlag passierte.

> „In the highly charged atmosphere following the September 11 attacks, it was through the notion of radicalisation that a discussion about the political, economic, social and psychological forces that underpin terrorism and political violence became possible again“ (Neumann 2008, S. 4).

Zwei wichtige Schlussfolgerungen lassen sich aus diesen Entwicklungen ziehen. Erstens, die Verbindung zwischen der Definition des Terrorismus und seinen Ursachen ist durch den Begriff der Radikalisierung gelockert worden. Die Debatte um die Definition des Terrorismus ist dabei nicht zu einem Ergebnis gekommen, aber der Begriff der Radikalisierung hat die Frage nach den Ursachen für Terrorismus auf die Prozesse *vor* der Anwendung terroristischer Gewalt gelenkt. Damit, zweitens, haben Überlegungen zur Radikalisierung – gerade im Bereich des islamistischen Terrorismus – die theoretischen Perspektiven auf Terrorismus bereichert.[4]

4 Theoretische Perspektiven auf Terrorismus

Es existiert ein langer und etablierter Diskurs über die „root causes“ von Terrorismus und politischer Gewalt, der bis in die frühen 1970er Jahre datiert. In dieser interdisziplinären Debatte war die Frage, wie sich die Entstehung von Terrorismus erklären und verstehen lässt, naturgemäß zentral. Der folgende Überblick orientiert sich an der gängigen Einteilung in Mikro-, Meso- und Makro-Ebene zur Darstellung der Theorien. Während durchgängig ein Fokus auf islamistischen Terrorismus und Radikalisierung gelegt wird, steht neben den CTS als jüngste

[4] Dabei gilt es auch zu bedenken, dass die Debatte um die „root causes“, die Ursachen des Terrorismus schon immer eine Referenz zu dem Wortstamm „radikal“ enthielten, ist doch das lateinische „radix“ mit Wurzel, dem englischen „root“ zu übersetzen.

Forschungsrichtung abschließend die Frage der Religion als Ursache des Terrorismus noch einmal gesondert im Blick.

4.1 Das Individuum im Fokus

Perspektiven der Mikro-Ebene nehmen das Individuum in den Blick: Es gilt das Verhalten eines Einzelnen zu erklären, der oder die zu terroristischer Gewalt gegriffen hat. Ursachen können dabei materieller Natur sein oder in den Persönlichkeitsmerkmalen von Menschen begründet sein. Ted Gurr entwickelte in den 1970er Jahren mit seiner Theorie der relativen Deprivation dazu eine Perspektive, die das terroristische Verhalten eines Einzelnen auf seine Frustration aufgrund der Enttäuschung sozialer Werteerwartungen zurückführt (Gurr 1970). Genauer: Menschen werden gewalttätig, weil sie die gemeinsame Wahrnehmung teilen, dass ihnen ungerechterweise wirtschaftliche oder politische Vorteile oder Möglichkeiten vorenthalten werden, die andere Gruppen genießen. Steigende Erwartungen, gepaart mit abnehmenden Erfolgen, schaffen Unmut und Unterstützung für gewalttätiges Handeln (Gurr 2006, S. 88). Gurrs Forschungen legen zudem nahe, dass neben der relativen, auch die fraternale Deprivation auftritt: Wenn Gruppenmitglieder das Gefühl haben, dass ihnen der Weg zu einem gewünschten Ziel versperrt wurde, das aus ihrer Sicht ihre Gruppe aber verdient und das andere besitzen (Moghaddam 2005, S. 163). Terrorismus wird hier zu einer rationalen Wahl, um seine eigene Position in der Welt zu verbessern. D. h. es geht um die Analyse der Anreize oder Negativanreize, die die Entscheidung eines Individuums beeinflussen, terroristische Taktiken zu wählen (oder nicht) und sich terroristischen Gruppen anzuschließen, sie zu meiden oder zu bekämpfen. Individuen treffen demnach eine rationale Entscheidung auf der Grundlage einer Kosten-Nutzen-Analyse (Crenshaw 1990).

Auch in den psychologischen und sozialpsychologischen Perspektiven zur Erklärung von Terrorismus spielt der Ansatz der rationalen Wahl eine Rolle. Taylor (1988) und später Horgan (2005) haben argumentiert, dass es weniger die antizipierten Konsequenzen von Handlungen, sondern individuelle Entscheidungen sind, die wiederum die Entscheidungen für terroristische Taten beeinflussen. Ein Großteil der psychologischen Literatur versucht jedoch durch die Beschreibung bestimmter *Mindsets* im Sinne einer durch Persönlichkeitseigenschaften, kognitive Schemata und affektive Zustände zu beschreibenden Haltung oder Mentalität zu analysieren, um herauszufinden, welche Faktoren dazu beitragen, dass Personen terroristische Taten begehen oder sich extremistischen Überzeugungen zu Eigen machen (vgl. Srowig et al. 2019).

Allerdings haben die am Individuum ausgerichteten Perspektiven auf Terrorismus neben einem Empiriedefizit (der Zugang zum Forschungsgegenstand ist notorisch schwierig), auch eine Tendenz zur Pathologisierung von Terrorismus. So konnte bis heute keine terroristische Persönlichkeit definiert werden, gelten doch die meisten TerroristInnen als klinisch normal (Schmid 2013, S. 20; Post 1990, S. 26). Zudem leiden die individuellen Ansätze an einem „Hang zur Übergeneralisierung" (Spencer und Daase 2017, S. 841). Liegt doch der Nachteil der auf das Individuum fokussierenden *rational-choice* Theorien in der Annahme für aller gleiche oder zumindest ähnliche Präferenzen – konkret bedeutet das auch, dass unter bestimmten Bedingungen jeder und jede zum Terrorist, zur Terroristin werden könnte. Die Ausrichtung an der individuellen Rationalität hilft hier nicht weiter.

Ein Weg, diese Nachteile zu umgehen, schlägt die Radikalisierungsforschung ein, indem sie die Dynamiken des Individuums mit seinem sozialen Umfeld in den Blick nimmt (sich also analytisch zwischen Mikro- und Meso-Ebene ansiedelt). So heben sozialpsychologische Erklärungsansätze den Einfluss von Sozialisation und gruppeninterner Interaktion, geteilten Deutungsmustern, Realitäten und Wahrnehmungen hervor und bringen u. a. *rational-choice* Theorien mit der Frame Analyse aus der Forschung zu sozialen Bewegungen zusammen (vgl. Wiktorowicz 2005; Pisoiu 2011). Die klassische Forschung zu politischer Gewalt in sozialen Bewegungen betont die Wechselwirkung von Emotionen und Ideologie. So argumentiert della Porta (1992), dass soziale Netzwerke, emotionale Bindungen, politische Identitäten und die prä-radikale/präterroristische Sozialisation entscheidend sind für den Beitritt zu einer radikalen oder terroristischen Gruppe. Bindungen in sozialen Netzwerken spielen auch in den Studien von McCauley und Moskalenko (v. a. 2008) eine wichtige Rolle.

Die in der Tradition der französischen Soziologie stehenden Ansätze u. a. von Roy (2004), Keppel (2004) und Khoroskhavar (2005) ziehen klassische soziologische Faktoren wie sozioökonomische Marginalisierung, mangelnde Bildung und/oder Nachbarschaftssolidarität und Gruppendruck zur Erklärung individueller Radikalisierung heran. Sie haben sich in ihren Arbeiten auf die islamistische Radikalisierung konzentriert und argumentieren in Bezug vor allem auf junge, männliche Muslime, dass gewalttätige Radikalisierung aus den besonderen Herausforderungen einer zunehmend verwestlichten Generation junger MuslimInnen in Europa resultiert, die auf der Suche nach einer eigenen Identität sind. Besonders akut sei die Suche für muslimische EinwandererInnen der zweiten oder dritten Generation: Auf der einen Seite steht die Anverwandlung westlicher Lebensweisen und die Entfremdung von den elterlichen Heimatländern, auf der anderen Seite erlebte Diskriminierung und sozioökonomische

Benachteiligung (bspw. durch die Lebenssituation in den „Vorstadtghettos" in Frankreich) – Ergebnis ist ein „doppeltes Gefühl der Nichtzugehörigkeit" (Khosrokhavar 2005, S. 185; Roy 2004, S. 193). Der militante Islamismus bietet mit seinem festen Wertesystem, einer alternativen Gemeinschaft (der „neo-Ummah"[5]) und einer „gerechten Sache", d. h. die gewaltsame Verteidigung von MuslimInnen auf der ganzen Welt gegen den vermeintlichen Angriff eines verunglimpften Westens, eine Antwort auf die daraus resultierende Suche nach Identität, Würde und Sinn. Indem der militante Islamismus die europäischen Gesellschaften als korrupt und dekadent darstellt, erlaubt er dem Individuum zudem, den gefühlten Ausschluss nicht als Ergebnis eigenen Versagens zu sehen, sondern als Ergebnis einer feindseligen westlichen Kultur, in der es keinen Platz für MuslimInnen gibt (Kepel 2004, S. 250; Khosrokhavar 2005, S. 174; Roy 2004, S. 15).

Den theoretischen Perspektiven auf individuelle Radikalisierung in ihrem sozialen Umfeld mangelt es allerdings an einer Antwort auf die Frage, warum sich nur eine kleine Minderheit von Individuen, die denselben strukturellen Einflüssen ausgesetzt sind, gewalttätigen Gruppen zuwendet. Unklar bleibt also, was manche Individuen empfänglicher für oder widerständiger gegen die Teilnahme an terroristischen Gruppierungen und terroristischer Gewalt macht (Spezifitätsproblem) (vgl. Dalgaard-Nielsen 2010).

4.2 Die Ebene der Gruppe

Aus diesem Grund setzen einige Terrorismustheorien auf der Meso-Ebene an und wenden sich teils den kollektiven Radikalisierungsprozessen zu. Erschließt sich die Rationalität terroristischen Handelns doch erst im Kontext (politischer) Gruppenziele (Hegemann und Kahl 2018, S. 78–79; Neumann 2016, S. 34). Insofern findet auch hier die *rational-choice* Theorie ihre Anwendung: Crenshaw (1990, S. 8) argumentiert, dass eine „Gruppe, die kollektive Präferenzen und Werte teilt und aus einer Reihe wahrgenommener Alternativen Terrorismus als Handlungsoption wählt". So werden Handlungen auf der kollektiven Ebene rational, da es für eine Gruppe durchaus sinnvoll sein kann, Selbstmordattentate oder Anschläge mit Messern und LKWs zu verüben, um ihre jeweiligen politischen Ziele zu erreichen – und in diesem Zusammenhang wird

[5] Die Neo-ummah ist eine konstruierte, imaginäre globale Gemeinschaft aller Muslime.

dann auch die individuelle Bereitschaft, sich für die Gruppe zu opfern, wieder rational (Pape 2005; Wintrobe 2006). Jedoch haben auch die kollektiv-rationalen Erklärungen von Terrorismus ihre Schwächen. Zahlreiche Fragen bleiben offen: Wie kann der Wandel in den Präferenzen und Werten einer terroristischen Gruppe erfasst werden? Wann und unter welchen Bedingungen greifen Gruppen zu terroristischer Gewalt? Wann nehmen sie von Gewalt Abstand?

Daher lohnt es erneut, in die Forschung zu schauen, die den Prozess der Hinwendung einer Gruppe zum Terrorismus in den Blick nimmt. Einige dieser Prozessmodelle gehen davon aus, dass es formale, immer gleiche Mechanismen gibt, die auf die Gruppenbildung und -entwicklung wirken. „Identisch bei der Entstehung von Terrorismus ist stets der Rahmen des Radikalisierungsprozesses, in dem sich aus einer größeren Basis ideeller Sympathisant*innen kleinere Kreise von Aktivist*innen herausbilden, die bereit sind, immer exzessivere Formen von Gewalt organisiert anzuwenden" (Quent 2016, S. 44). Weiterer Vorteil der Meso-Ebene ist, dass der Zusammenhang von gesellschaftlichen Strukturen und individueller Einstellung sowie Handlung erklärt werden kann, da hier „kollektive Identitäten [entstehen, EH], die Deutungs- und Handlungsoptionen strukturieren, kanalisieren und radikalisieren können" (Meiering et al. 2019, S. 94–95).

Mit Blick auf gruppenexterne Dynamiken hat einerseits das Feld der Sozialen Bewegungsstudien (vgl. Della Porta und LaFree 2012) als auch die Terrorismus- und Radikalisierungsforschung gezeigt, dass in erster Linie soziale Interaktion zentral für Radikalisierung und Hinwendung zum Terrorismus ist. Della Porta (2013) betont Eskalationsmechanismen sowohl zwischen staatlichen als auch innerhalb der Gruppe, während Malthaner und Hummel (2014) am Beispiel der „Sauerland-Gruppe" den Zusammenhang islamistisch-terroristischer Gruppen und ihrer Unterstützungsmilieus untersuchen. Soziale Interaktion als zentrales Movens stützen auch die bereits erwähnten Arbeiten von Wiktorowicz und Sageman. Letzterer hat mit seiner Studie „Leaderless Jihad" (2008) die Stärke eines informellen und horizontalen globalen Netzwerks militanter Islamisten, die durch eine gemeinsame Ideologie und durch das Internet miteinander verbunden sind, analysiert. Sageman argumentiert, dass Rekrutierung und Radikalisierung von unten nach oben verlaufen, und dass der individuelle Beitritt zu einem terroristischen Netzwerk auf der Wahrnehmung eines wahrgenommenen Krieges gegen die eigene Gruppe, der moralischen Empörung über eine Ungerechtigkeit, die Resonanz mit persönlichen Erfahrungen und die Mobilisierung durch ein bereits politisch aktives Netzwerk beruht. Die Hinwendung zur Gewalt kommt erst dann ins Spiel, wenn eine Gruppe bereits gewalttätige Ansichten vertritt – denn dann erst versuchen die Mitglieder, Kontakt mit anderen Gruppen mit gleichen Ansichten aufzunehmen. Oder sie versuchen, trotz fehlender operativer

Erfahrung oder Ausbildung auf eigene Faust zu handeln, wobei sie sich von den Ideologien von Organisationen wie Al-Qaida inspirieren lassen (Sageman 2008, S. 71–88, 125–146). Dieser Prozess wird durch staatliche Repression befeuert (Sageman 2014: 568). Insofern greift Sageman – wenn auch nicht im gleichen Maß wie v. a. ältere Studien (vgl. Stohl 1988; Herrmann und O'Sullivan 1989) – auf externe Einflüsse wie staatliche Unterdrückung oder Asymmetrien zwischen den beteiligten Akteuren (Waldmann 1998; Crenshaw 2003) als Erklärung zurück.

Die Auseinandersetzung mit der Staatsmacht ist einer der Faktoren, die auch McCauley und Moskalenko (2011) auf der Ebene der Gruppe identifizieren. Daneben verweisen sie auf die generelle Bedeutung von persönlichen Beziehungen, die ideologische Einkapselung einer Gruppe durch Ausscheiden moderater Mitglieder, Bedrohungswahrnehmungen, die auf eine bestimmte *ingroup* bezogen werden (bspw. im Falle von IslamistInnen auf das al-walāʾ wa-l-barāʾ-Prinzip (Loyalität und Lossagung)) und die Ko-Radikalisierung, d. h. wie Gruppen sich in ihren Interaktionen zu ihrer gegenseitigen Radikalisierung beitragen. Zusammenfassend kann die „Forschung zu gruppendynamischen Prozessen erklären, wie Radikalisierung an Dynamik gewinnt, wenn der Zugang zu entsprechenden Gruppen, Netzwerken oder Bewegungen einmal besteht" (Meiering et al. 2019, S. 101). Während viele dieser Dynamiken bereits herausgearbeitet werden, fehlt es allerdings noch am Verständnis, wie die Prozesse der Wahrnehmung in Gruppen ablaufen. Neben den Framing-Prozessen haben Meiering et al. (2019) den Vorschlag gemacht, den Begriff Narrative verstärkt zu nutzen, auch um die Ähnlichkeiten verschiedener ideologischer Gruppen sichtbar zu machen (die AutorInnen nutzen dazu den Begriff „Brückennarrative").

4.3 Die systemische oder Makro-Ebene

Terrorismus wie Radikalisierungsprozesse werden in der Forschung auch auf der Makro-Ebene angesiedelt, d. h. es werden systemische Faktoren als verantwortlich betrachtet. Darunter fallen soziale Prozesse, deren Produkt Terrorismus oder Radikalisierung sein können – in jüngerer Zeit wird bspw. gesellschaftliche Polarisierung als ein solcher Prozess diskutiert (Herschinger et al. 2019). Während es einige Faktoren auf der systemischen Ebene gibt, so sind zwei von besonderem Interesse. Erstens lautet die immer wieder aufs Neue diskutierte Frage, ob Armut und soziale Ungleichheit zu Terrorismus führen. Zweitens wird vermutet, dass zerfallende Staaten eine begünstigende Wirkung auf die Entstehung des Terrorismus haben.

Die erste Frage, ob Armut und soziale Ungleichheit Terrorismus befördern, wird seit geraumer Zeit diskutiert. Armut, so scheint jedoch klar zu sein, ist eher indirekt relevant. Zum einen, da nicht nur die meisten TerroristInnen aus gebildeten und wohlhabenden Schichten stammen (wie Osama Bin Laden und einige der Attentäter des 11. September 2001 oder auch Ulrike Meinhof), sondern auch die Forschung zeigt, dass Terroristen tendenziell besser ausgebildet sind und eher der Mittelschicht angehören als die allgemeine Bevölkerung, aus der sie stammen (Krueger und Maleckova 2002; von Hippel 2002; Merari 2005; Sageman 2008, 2014). In Deutschland ist der Anteil gewaltaffiner IslamistInnen, SalafistInnen und islamistischer TerroristInnen mit Universitätsausbildung fünf Mal so hoch wie in der Gesamtheit der Muslime (Heerlein 2014).

Zum anderen, wäre Armut entscheidend, müssten wesentlich mehr Menschen aus den ärmsten Regionen der Welt wie bspw. Subsaharisch Afrika terroristisch aktiv sein, bzw. dort mehr Terrorismus existieren. Allerdings schafft ein niedriges Entwicklungsniveau sehr viele (junge) Menschen mit wenigen Alternativen, die leicht zum Ziel der Rekrutierung von Terrorgruppen werden können. Insgesamt ist daher eher soziale Ungleichheit der plausiblere Faktor. So berufen sich TerroristInnen in der Regel auf Ungleichheiten, Missstände und Ungerechtigkeiten, um ihre Ziele zu rechtfertigen, nicht auf Armut an sich (Gurr 2006, S. 87). Dies passt zu der bereits erwähnten der Theorie der relativen Deprivation: Terrorismus entsteht in gesellschaftlichen Gruppen, die sich aufgrund unterschiedlicher Charakteristika benachteiligt fühlen und/oder werden und zeigt sich am häufigsten in Ländern mit mittlerem Aufschwung. Zudem können sich in Ländern, die einen raschen wirtschaftlichen Wandel erleben, bestehende Ungleichheiten verschärfen, wodurch die Wahrscheinlichkeit für separatistische oder revolutionäre Bewegungen steigt (Gurr 2006, S. 89).

Zweitens wird in dem Zerfall von Staaten eine Ursache für Terrorismus gesehen (Schneckener 2004). Die Annahme lautet, dass Staaten mit einem kaum funktionierenden Gewaltmonopol von Terrorgruppen als sicherer Rückzugsort genutzt werden, von dem aus Anschläge geplant werden können. Auch wenn allein die ersten drei Plätze des Fragile States Index 2021[6] mit Jemen (Al-Qaida), Somalia (Al-Shabaab) und Syrien (ehemals Islamischer Staat) mit Staaten besetzt ist, in denen und aus denen heraus Terrorgruppen agieren (Piazza 2008; Simons und Tucker 2007), und es für Terrorgruppen attraktiver ist, sich in stabilen Staaten mit starker Führung einzurichten, stellt sich der Zusammenhang

[6] https://fragilestatesindex.org/ (13.05.2022).

wie im Falle von Armut komplizierter dar. Bspw. zeigt sich gerade mit Blick auf den transnationalen Terrorismus, dass gescheiterte Staaten deutlich mehr Terrorismus erleben, wenn die Täter aus dem Heimatland stammen. Aber diese Staaten bringen keine Terroristen hervor, die Grenzen überschreiten und Anschläge in anderen Ländern verüben (George 2018).

4.4 Kritische Ansätze in der Terrorismusforschung: die CTS

Abschließend sollen eine der jüngsten Entwicklung in den theoretischen Ansätzen der Terrorismusforschung betrachtet werden. Die bereits erwähnten *Critical Terrorism Studies* sind auch deshalb besonders interessant, da sie sich stark von den bisher vorgestellten Ansätzen unterscheiden und so eine eigene Position bzgl. des politischen Umgangs mit den Themen Terrorismus, religiös motivierte Gewalt und islamistischer Terrorismus entwickelt hat. Zudem liegen die CTS quer zu der obigen Einteilung, weil ihre Analysen sich nicht zwingend immer einer Ebene zuordnen lassen – auch wenn es eine gewisse Präferenz für die Makro-Ebene gibt.

CTS entwickelte sich aufgrund einer wachsenden Unzufriedenheit mit dem Zustand der Terrorismusforschung Mitte der 2000er Jahre. Wesentliche Aspekte der Kritik (die nicht nur von den CTS geteilt wurden) richteten sich auf die einseitig positivistisch ausgerichtete Forschung, auf deren mangelnde historische Kontextualisierung, dass hauptsächlich Sekundärinformationen als Grundlage dienten und die einseitige westliche und staatszentrierte Ausrichtung der Perspektiven auf Terrorismus (Jackson 2007b). Vor diesem Hintergrund entwickelten die CTS ein eigenes Forschungsprogramm, das sich auf eine Reihe von epistemologischen, ontologischen und ethischen normativen Verpflichtungen stützt (Gunning 2007).

Mit Blick auf die epistemologische Selbstverpflichtungen beruht CTS auf einem Verständnis von Wissen als einem sozialen Prozess, der durch Sprache, Diskurs und intersubjektive Praktiken konstruiert wird. Terroristisches Wissen spiegelt immer den sozial-kulturellen Kontext wider, in dem es entsteht, was u. a. die Eurozentrik der positivistischen Forschung begründete. Die CTS argumentieren, dass Wissen immer eng mit Macht verbunden ist, dass Wissen „immer für jemanden und für einen bestimmten Zweck" ist (Jackson 2007b, S. 246). Der Zweck einer solchen Forschung ist nicht einfach deskriptiv, und es geht auch nicht darum, die „richtige" oder „wirkliche Wahrheit" über den Terrorismus zu ermitteln; ihr Ziel ist es vielmehr, die vorherrschenden Interpretationen zu destabilisieren und die inhärent umstrittene und politische Natur des Terrorismusdiskurses aufzuzeigen (Jackson 2007b, S. 246).

Ontologisch zeichnet sich CTS durch eine generelle Skepsis gegenüber dem Etikett „Terrorismus" aus, weil erkannt wird, dass es sich in der Praxis immer eher um einen pejorativen als um einen analytischen Begriff gehandelt hat. Wie bereits erwähnt, unterlässt es die CTS, Terrorismus zu definieren und betrachtet Terrorismus grundsätzlich als eine Strategie oder Taktik politischer Gewalt. Deshalb kann auch der Staat potenziell terroristisch agieren (Jackson 2007b, S. 248). Die ethische Kernverpflichtung der CTS besteht in einer weit gefassten Konzeption von Emanzipation, die als Verwirklichung größerer menschlicher Freiheit und menschlicher Potenziale sowie Verbesserungen der individuellen und sozialen Verwirklichung und des Wohlbefindens verstanden wird. Ziel ist, einen positiven sozialen Wandel herbeizuführen – unter anderem durch eine aktive Auseinandersetzung mit dem politischen Prozess und den Machthabern in der Gesellschaft (Jackson 2007b, S. 249–250).

Inzwischen gibt es eine ganze Reihe von Arbeiten, die mit den kritischen Ansätzen eine große Bandbreite von Themen aus der Terrorismusforschung bearbeiten (Jackson 2016; Jackson et al. 2019). Um die Unterschiede der CTS-Perspektive zu den übrigen theoretischen Ansätzen weiter herauszuarbeiten, eignet sich der Blick in die Analyse des islamistischen Terrorismus durch die CTS, wie der folgende Abschnitt abschließend darlegt.

4.5 Religion als Ursache des (islamistischen) Terrorismus?

Für viele markiert der 11. September 2001 den Beginn der religiös motivierten Gewalt. Sie ist nicht so neu, wie sie oft scheint, das haben verschiedene ForscherInnen seit Mitte der 1980er Jahren (Rapoport 1984; Kepel 1991; Hoffman 1995) hervorgehoben -und dabei auch betont, dass es sich bei religiös motivierter Gewalt nicht um eine Engführung auf islamistischen Terrorismus handelt, sondern grundsätzlich alle Religionen eingeschlossen sind.[7]

> „Entscheidend für die Klassifizierung als religiöser Terrorismus ist, dass es nicht primär um die politische Reform von bzw. Übernahme der Macht in bestehenden

[7] Nichtsdestotrotz nimmt dieser Abschnitt seine Beispiele aus dem islamistischen Terrorismus.

oder die Errichtung neuer säkularer Staaten geht, sondern um die grundlegende Transformation der Gesellschaft entlang religiöser Prinzipien“ (Hegemann und Kahl 2018, S. 42).

Dabei ist es nicht ein entweder/oder mit Blick auf die Unterscheidung zwischen politischer und religiös motivierter Gewalt. Vielmehr handelt es sich um ein Miteinander, haben doch zahlreiche islamistisch motivierte Gruppen auch politische Ziele (bspw. Al-Qaida den Abzug der US-Präsenz in Saudi-Arabien oder der IS die Errichtung eines Kalifats). Insbesondere Juergensmeyer hat in diesem Sinne argumentiert, dass „Religion is not the problem but it is problematic“ (2006, S. 141–143). Diese Mittelposition wird von den BefürworterInnen und den GegnerInnen von Religion als Ursache des Terrorismus nicht geteilt. Mit Blick auf den islamistischem Terrorismus sehen einige in der Religion Islam nicht nur einen Aspekt unter anderen zum Verständnis von Terrororganisationen, sondern im Islam selbst liegt die Erklärung für die Entstehung der gewaltbereiten Gruppen (Fair und Shepherd 2014; Holbrook 2010; Stern 2003). Dies gilt, so die BefürworterInnen, für das Individuum – hier stelle die Religion eine entscheidende Variable im Radikalisierungsprozess dar (Goertz 2020, S. 192), aber auch für die Gruppe, da gerade „die islamistisch-salafistische Gruppe prinzipiell der sozialen Umgebung gegenüber feindlich gesonnen ist und sich somit im dauernden Kampf mit ihr befindet“ (Goertz 2020: 194). Dazu kommt, dass die Möglichkeiten der weltweiten Vernetzung durch das Internet eine islamistische, dschihadistische Umma auf globaler Ebene geschaffen hat, die zu der Verbreitung ihrer religiösen Inhalte entscheidend beigetragen hat und die über ein hohes Mobilisierungs- und Rekrutierungspotential verfügt (Goertz 2017, S. 120).

Einer der Gegner des Arguments, dass Religion Ursache des islamistischen Terrorismus sei, ist Pape (2005). In seinen Arbeiten über Selbstmordterrorismus zeigt er, dass die Anschläge durch eine blinde religiöse Inbrunst ebenso motiviert sind wie durch politische Motive – primäres Motiv ist meist die Verteidigung von Territorium. Als Beispiel dient ihm u. a. die säkulare Gruppe Tamil Tigers in Sri Lanka die 2003 die meisten Selbstmordattentate verübte. Basierend auf einer Datenbank von 460 TerroristInnen argumentiert Pape, den AttentäterInnen sei das Gefühl gemeinsam, dass ihr Territorium und ihre Kultur von einer fremden Macht überfallen wurde. Um diese Macht zu stürzen, wenden sie Gewalt an (Pape 2005, S. 32).

Angesichts dessen und auch der Tatsache, dass eher säkular ausgerichtete Gruppen (wie etwa die PLO) das große Mobilisierungspotential von religiöser Symbolik erkannt haben und diese für ihre Zwecke nutzen (Eposito 2006, S. 155–156) und islamistisch-terroristische Gruppen auch politische Ziele haben (siehe oben), hat Crone (2016, S. 588) den Vorschlag gemacht, die Radikalisierung von Individuen nicht als die schlichte Übernahme und spätere Umsetzung von extremistischen Ideen, sondern vielmehr als Politisierung zu verstehen. Damit werden Radikalisierung und Hinwendung zum Terrorismus zu einem sozialen Prozess (und eine Analyse auf der gruppenspezifischen oder diskursiven Ebene möglich). Politisierung deshalb, da die jeweiligen ideologischen Angebote zuallerst einen politischen Charakter haben. Mit Blick auf Religion argumentiert Crone, dass die Idee einer apolitischen Form von Religion zu sehr auf säkularen Konzepten von Religion als privat und depolitisiert beruht. Diese Politisierung ist auch deshalb ein sozialer Prozess, da die Radikalisierung in Isolation – gerade angesichts dauerhaft und global verfügbarer Netzwerke – ein Mythos sei (Crone 2016, S. 588; vgl. auch Herschinger 2020).

Daneben verweisen einige u. a. darauf, dass gerade für das Individuum die Religion, in deren Namen es Anschläge verübt, nur in geringem Maße versteht.[8] Dass islamistische TerroristInnen vor ihrer Ausreise nach Syrien Bücher wie „Koran für Dummies" orderten, gilt als Beleg für ihre große Ahnungslosigkeit bezüglich ihrer Religion, aber auch für deren Irrelevanz (Batrawy et al. 2016). Differenzierter hat diese Frage die Arbeit von Kiefer et al. (2017) zur salafistischen Radikalisierung einer Jugendgruppe bearbeitet. Als eine der ersten empirischen Untersuchungen gruppeninterner Dynamiken und Radikalisierungsverläufe im deutschen Kontext, ist die Studie auf Basis der Chatprotokolle einer salafistischen Jugendgruppe entstanden. Das AutorInnenteam geht unter anderem auch der Frage nach, inwieweit es zutreffend ist, dass „Radikalisierungsprozesse das Proprium einer breiten religiösen Basis sind" (Kiefer et al. 2018, S. 5). Gerade mit Blick auf die Bedeutung von Religion im Prozess der Radikalisierung zeigen die Analysen jedoch, dass es sich im Falle der militanten Gruppe vielmehr um einen „je nach (mal stärker ideologischem, mal willkürlich-persönlichem) wechselndem Interesse konstruierten ‚Lego-Islam'" handelt (Kiefer et al. 2018, S. 5).

Diese Positionen gehören bereits zu denen, die von multifaktoriellen Erklärungen ausgehen, d. h. es gibt nicht *den* einen Grund, die *eine* Ursache, die die Entstehung von Terrorismus erklärt. Reizvoll ist daher die bereits erwähnte

[8] Der Vollständigkeit halber sei erwähnt, dass manche darauf verweisen, die Ansicht, Salafismus/Dschihadismus als Jugendkultur zu beschreiben (wie es im deutschen Kontext häufiger getan wird, vgl. u. a. El-Mafaalani 2014), gehöre ebenfalls zur Position, die in Religion keine Ursache für Terrorismus und Radikalisierung sieht. Vgl. u. a. Goertz 2020, S. 181–183.

Mittelposition, die unter anderem Juergensmeyer einnimmt, der darauf verweist, dass die Ursachen für Terrorismus, d. h. die Konfliktbedingungen in der Regel ökonomischer und sozialer Natur sind. Jedoch kann es an einem Punkt im Konflikt zu einer Formulierung desselben in religiösen Begriffen kommen, meist dann, wenn Momente der Frustration und Stagnation erreicht werden (Juergensmeyer 2006, S. 140; Weinberg und Richardson 2004). Angesichts der zunehmenden Globalisierung teilen terroristische Gruppen die Wahrnehmung, dass die moderne Welt in politischer, moralischer und sozialer Hinsicht unzureichend ist, und erleben einen Identitäts- und Kontrollverlust innerhalb dieser Welt. Religion wird zu ihrer Protestideologie, da religiöse Bilder benutzt wurden, um den Feinden der traditionellen Kultur und Identitäten, d. h. der säkularen Welt und den säkularen Staaten zu widerstehen (Juergensmeyer 2006, S. 141; Esposito 2006, S. 155–156).

Der Konflikt wird zunehmend in der Form eines „kosmischen Krieges" (Juergensmeyer 2003, Kap. 8, 9) formuliert: Es ist die Idee der großen Begegnung zwischen zwei Universen, dem Bösen und dem Heiligen, Ordnung gegen Chaos, Wahrheit gegen Falschheit – es geht um metaphysische Begegnungen, um eine spirituelle Konfrontation. Problematisch ist, dass TerroristInnen solche Bilder eines göttlichen Kampfes – des kosmischen Krieges – in den Dienst weltlicher politischer Kämpfe stellen und das macht die religiöse Gewalt so besonders unbarmherzig (Juergensmeyer 2003, Kap. 7). Um Juergensmeyers Argumentation zusammenzufassen: Es gibt Missstände, die zu Konflikten führen, aber sie werden oft in religiösen Begriffen artikuliert, durch religiöse Bilder gesehen und der Protest wird von religiösen Führern organisiert. Religion ist nicht das ursprüngliche Problem, aber sie ist das Medium, durch das die Missstände ausgedrückt werden (Juergensmeyer 2006, S. 143). Was an der Religion problematisch ist, ist das, was sie in den Konflikt einbringt: Sie personalisiert Konflikte, schafft eine „Wir-gegen-Sie"-Sicht auf die Welt und neigt zur Dämonisierung des Konflikts; sie befördert soziale Mobilisierung, da ihr ein organisatorisches Netzwerk von Kirchen, Tempeln, Moscheen usw. zur Verfügung steht; sie dient der Legitimierung von Gewalt und mit dem komischen Krieg universalisiert sie den Konflikt, verabsolutiert und verewigt ihn (Juergensmeyer 2006, S. 142; Juergensmeyer 2018).

Auch die Studie von Frindte et al. (2016), die sich auf den Salafismus in Deutschland bezieht, zeigt, dass die Antwort auf die Frage nach der Rolle von Religion komplexer ist. Sie halten fest, dass zum einen es entscheidend ist, ob „der" Islam das zentrale Referenzsystem zur Wahrung traditioneller Religiosität ist und zum anderen, ob es eine „Identifikation mit ‚der' (konstruierten) sozialen und religiösen Gemeinschaft der Musliminnen und Muslime" (Frindte et al. 2016, S. 133) gibt. Wenn Referenzsystem und Identifikation die Basis einer eigenen sozialen Identität bilden, dann „ist der Weg in den islamistischen Fundamentalismus beschritten“ (Frindte et al. 2016, S. 133) – und islamistischen Fundamentalismus definiert das AutorInnenteam als eine gewaltbereite Ideologie. Zudem wächst die Bedeutung der „religiös verbrämten Ideologieangeboten“ (Frindte et al. 2016, S. 150) erst im Laufe der Zugehörigkeit zu einer Gruppe, Religion ist also weniger bedeutsam für die Phase des Einstiegs.

Dies sind Ergebnisse, die auch von jüngeren Studien untermauert werden (vgl. Dawson 2018; Egger und Magni-Berton 2021). Egger und Magni-Berton (2021, S. 599) zeigen mittels Umfragedaten, dass in Ländern, in denen Muslime einer Minderheit angehören, die Rechtfertigung politischer Gewalt im Zusammenhang mit der Rolle steht, die die Befragten der Religion in ihrem Leben zuweisen. Daraus schlussfolgern sie, dass eine starke religiöse Identität in Kombination mit einem Minderheitenstatus dazu führt, dass die Menschen eher mit Formen des Dschihad sympathisieren, die als eine Möglichkeit zur Verteidigung ihrer Gemeinschaft wahrgenommen werden. Im Gegensatz dazu scheint es, wenn Muslime eine Mehrheit bilden, keine Beziehung zwischen dem Grad der Bedeutung von Religion im Leben der Befragten und der Wahrscheinlichkeit besteht, Terrorismus zu rechtfertigen (Egger und Magni-Berton 2021, S. 599–600).

Abschließend sei die CTS-Perspektive auf Religion als Ursache noch erwähnt, da sie noch einen ganz anderen Blick auf den religiösen, insbesondere islamistischen Terrorismus wirft. Konkret geht es darum, den Begriff, die dahinterstehenden Annahmen und Narrative zu sezieren, und über die politischen und normativen Konsequenzen der Sprache und Wissensproduktion des „religiösen“ und/oder „islamistischen Terrorismus“ zu reflektieren. So kritisieren Gunning und Jackson (2011), dass das Konzept des „religiösen Terrorismus“ von der Annahme ausgeht, dass religiöse Überzeugungen mit spezifischen Radikalisierungsmustern verbunden sind oder sogar zu diesen führen. Sie zeigen, dass der „religiöse Terrorismus“ oft ununterscheidbar von seinem „säkularen“ Gegenpart ist, dass der Begriff ohne weitere Qualifizierung wenig Bedeutung hat und gleichzeitig wichtige Aspekte sowohl der „religiösen“ als auch der „säkularen“ Gewalt verschleiert (Gunning und Jackson 2011, S. 369). Der Begriff, so die CTS-Forscher weiter, ist in einem bestimmten, historisch situierten Verständnis von Religion und einer Reihe von Machtstrukturen verwurzelt und dient so „als Disziplinierungsinstrument (…), indem er bestimmte Akteure delegitimiert und gleichzeitig eine Reihe höchst umstrittener Praktiken der Terrorismusbekämpfung legitimiert“ (Gunning und Jackson 2011, S. 385).

Ähnlich argumentiert Jackson (2007c) in seiner Studie zum Begriff und Diskurs des „islamistischen Terrorismus“. Beides sei wenig hilfreich, weil beides hochgradig politisiert, intellektuell anfechtbar, schädlich für und weitgehend kontraproduktiv im Kampf gegen subalterne Gewalt ist (Jackson 2007c, S. 395). Vielmehr sei es notwendig, aufzuzeigen, wie, erstens, der islamistische Terrorismus als existenzielle Bedrohung interpretiert und sozial konstruiert wird, und, zweitens, mit welchen Mitteln der Diskurs eine bestimmte Art von politischer und sozialer Ordnung stützt. Die Aufdeckung dieser ideologischen Effekte und politischen Technologien des Diskurses hat, so Jackson (2007c, S. 429), das Potential, einen Raum für die Artikulation von alternativen und potentiell emanzipatorischen Formen des Wissens und der Praxis zu eröffnen. Ganz im Sinne der CTS zur Ermöglichung von sozialem Wandel.

Deutlich wird, dass die Debatte um die Rolle von Religion für (islamistischen) Terrorismus keinesfalls abgeschlossen ist. Daher bedarf die Frage, wann genuin religiöse Motive relevant sind und wann es eher um Religion als Rechtfertigungsinstrument handelt, der genauen Betrachtung des Einzelfalls (Hegemann und Kahl 2018, S. 43).

5 Fazit

Auf die in der Einleitung genannten zentralen Fragen der Forschung nach Definition und Ursachenklärung gibt es heute eine breite Vielfalt von Definitionsversuchen und eine Reihe theoretischer Perspektiven, um den Terrorismus zu verstehen und/oder zu erklären. Dabei zeigt sich, dass neben die Terrorismusforschung die Forschung zu den Radikalisierungsprozessen getreten ist. Obwohl beide heute bereits im Austausch stehen, so gibt es noch einige Verbindungslinien zu ziehen, so wie es dieser Beitrag mit einer integrativen Perspektive auf beide Forschungsbereiche versucht hat. Die Möglichkeiten, die Ursachen des Terrorismus – und insbesondere die Frage der Religion – grundlegend besser zu verstehen und zu kontextualisieren (wie von den CTS bspw. gefordert), könnte durch einen intensiveren Austausch zwischen Terrorismus- und Radikalisierungsforschung gestärkt werden. Denn letztere zieht den Kreis des Untersuchungsgegenstandes wesentlich weiter, indem auch die Prozesse vor der terroristischen Gewalt einbezogen werden. So kann die Forschung auch weniger ausschließlich darauf schauen, was einen Menschen zum Terrorismus greifen lässt, sondern eher darauf, was verhindert, dass Terrorismus als eine echte Wahl zur Durchsetzung politischer Ziele erscheint.

Literatur

Avalos, Hector. 2005. *Fighting Words. The Origins of Religious Violence.* New York: Prometheus Books.

Batrawy, Aya; Paisley Dodds; Lori Hinnant. 2016. Leaked ISIS documents reveal recruits have poor grasp of Islamic faith. In: The Independent,16.08.2016. https://www.independent.co.uk/news/world/middle-east/isis-documents-leak-recruits-islam-sharia-religion-faith-syria-iraq-a7193086.html. Zugegriffen: 29.06.2021.

Crenshaw, Martha. 1983. *Terrorism, legitimacy, and power: The consequences of political violence*. Middletown: Wesleyan University Press.

Crenshaw, Martha. 1990. The logic of terrorism: Terrorist behavior as a product of strategic choice. In *Origins of terrorism: Psychologies, ideologies, theologies, states of mind*, hrsg. Walter Reich, 7–24. Washington, DC: Woodrow Wilson Center Press.

Crenshaw, Martha 2000. The Psychology of Terrorism: An Agenda for the 21st Century. *Political Psychology* 21, 2, S. 405–20.

Crenshaw, Martha. 2003. Coercive diplomacy and the response to terrorism. In *The United States and coercive diplomacy*, hrsg. v. Robert J. Art und Patrick M. Cronin, 305–357. Washington, DC: United States Institute of Peace Press.

Crone, Manni. 2016. Radicalization revisited: violence, politics and the skills of the body. In *International Affairs* 92(3): 587–604.

Dalgaard-Nielsen, Anja. 2010. Violent Radicalization in Europe. What We Know and What We Don't Know. *Studies in Conflict & Terrorism* 33(9): 797–814.

Dawson, Lorne L. 2018. Debating the Role of Religion in the Motivation of Religious Terrorism. *Nordic Journal of Religion and Society* 31(2): 98–117.

Della Porta, Donatella. 1992. *Social movements and violence: participation in underground organizations*. Greenwich, CN: JAI Press.

della Porta, Donatella 2013: *Clandestine Political Violence*, Cambridge: Cambridge University Press.

Della Porta, Donatella und Gary LaFree. 2012. Guest Editorial: Processes of Radicalization and De-Radicalization. *International Journal of Conflict and Violence* 6(1): 4–10.

Dubin, Martin David. 1991. *International Terrorism: Two League of Nations Conventions, 1934–1937*, Millwood.

Egger, Clara and Raùl Magni-Berton. 2021. The Role of Islamist Ideology in Shaping Muslims Believers' Attitudes toward Terrorism: Evidence from Europe. *Studies in Conflict & Terrorism*, 44(7): 581–604.

El-Mafaalani, Aladin. 2014. Salafismus als jugendkulturelle Provokation. In *Salafismus in Deutschland. Ursprünge und Gefahren einer islamisch-fundamentalistischen Bewegung* hrsg. v. Thorsten Gerald Schneiders, 355–362. Bielefeld: transcript.

Esposito, John. 2006. Terrorism and the Rise of Political Islam. In: *The Roots of Terrorism*, hrsg. Louise Richardson, 145–158. London: Routledge.

Europäische Union 2002: Council Framework Decision on Combating Terrorism (2002/47/JHA). *Official Journal* 164 (2002): 3–7.

Fair, C. Christine, and Bryan Shepherd. 2014. Who supports terrorism? Evidence from fourteen Muslim countries. Studies in Conflict & Terrorism, 29(1): 51–74.

Friedrichs, Jörg. 2006. Defining the International Public Enemy: The Political Struggle behind the Legal Debate on International Terrorism. In *Leiden Journal of International Law* 19: 69–91.

Frindte, Wolfgang, Brahim Ben Slama, Nico Dietrich, Daniela Pisoiu, Milena Uhlmann und Melanie Kausch. 2016. Motivationen und Karrieren salafistischer Dschihadistinnen und Dschihadisten. In *Salafismus und Dschihadismus in Deutschland. Ursachen, Dynamiken, Handlungsempfehlungen*, Hrsg. Janusz Biene, Christopher Daase, Julian Junk, Harald Müller, 117–158. Frankfurt am Main: Campus.

George, Justin. 2018. State Failure and Transnational Terrorism: An Empirical Analysis. In *Journal of Conflict Resolution* 62(3): 471–495

Gioia, Andrea. 2006. The UN Conventions on the Prevention and Suppression of International Terrorism. In *International cooperation in counter-terrorism: the United Nations and regional organizations in the fight against terrorism*, hrsg. v. Guiseppe Nesi, 3–23. Aldershot: Ashgate.

Goertz, Stefan. 2017. *Der neue Terrorismus. Neue Akteure, neue Strategien, neue Taktiken und neue Mittel.* Wiesbaden: Springer VS.

Goertz, Stefan. 2020. *Terrorismusabwehr. Zur aktuellen Bedrohung durch den islamistischen Terrorismus in Deutschland und Europa.* Wiesbaden: VS Springer.

Gunning, Jeroen. 2007. Babies and Bathwaters: Reflecting on the Pitfalls of Critical Terrorism Studies. In *European Political Science* 6(3): 236–243.

Gunning, Jerome and Richard Jackson. 2011. What's so 'religious' about 'religious terrorism'? In *Critical Studies on Terrorism* 4(3): 369–388.

Gurr, Ted Robert .1970.: *Why men rebel.* Princeton: Princeton University Press.

Gurr, Ted Robert. 2006. Economic Factors, in *The Roots of Terrorism*, hrsg. Louise Richardson, 85–101. London, Routledge.

Heerlein, A. 2014. Salafistische Moscheen: Ort des Gebets oder eine Brutstätte für dschihadistische Muslime? In *Gefährliche Nähe: Salafismus und Dschihadismus in Deutschland*, hrsg. v. Klaus Hummel und Michael Logvinov, 155–182. Stuttgart: ibidem-Verlag.

Hegemann, Hendrik und Martin Kahl. 2018: *Terrorismus und Terrorismusbekämpfung: Eine Einführung.* Wiesbaden, VS Springer.

Herman, Edward S., und Gerry O'Sullivan. 1989. The *„terrorism" industry*. New York: Macmillan Company.

Herschinger, Eva. 2011. *Constructing Global Enemies. Hegemony and Identity in International Discourses on Terrorism and Drug Prohibition.* Abingdon: Routledge.

Herschinger, Eva. 2020. Radikalisierung als weibliche Subjektwerdung? Die Bedeutung von Geschlecht im Kontext von Politisierung und Entpolitisierung. In *Leviathan: Berliner Zeitschrift für Sozialwissenschaft*, Sonderheft 35: 121–145.

Herschinger, Eva; Kemal Bozay; Oliver Decker; Magdalena von Drachenfels; Christian Joppke. 2019. Die Dynamiken gesellschaftlicher Radikalisierung: Welche Gefahr besteht für die offene Gesellschaft? In *Gesellschaft Extrem. Was wir über Radikalisierung wissen*, hrsg. Christopher Daase, Nicole Deitelhoff und Julian Junk, 131–169. Frankfurt a. M.: Campus.

Hoffman, Bruce. 1995. „Holy terror": The implications of terrorism motivated by a religious imperative. Studies in Conflict & Terrorism 18(4): 271–284.

Holbrook, Donald. 2010. Using the Quran to justify terrorist violence: Analysing selective application of the Quran in English-language militant Islamist discourse. In Perspectives on Terrorism, 4(3): 15–28.

Horgan, John. 2005. *The Psychology of Terrorism*, London: Routledge.

Jackson, Richard. 2007a. Introduction: The Case for Critical Terrorism Studies. *European Political Science* 6, 225–227.

Jackson, Richard. 2007b. The Core Commitments of Critical Terrorism Studies. *European Political Science* 6, 244–251.

Jackson, Richard. 2007c. Constructing Enemies: 'Islamic Terrorism' in Political and Academic Discourse. In *Government and Opposition* 42(3): 394–426.

Jackson, Richard. 2016. (Hrsg.) *Routledge Handbook of Critical Terrorism Studies*. Abingdon: Routledge.

Jackson, Richard, Harmonie Toros, Lee Jarvis and Charlotte Heath-Kelly. 2019. *Critical Terrorism Studies at Ten: Contributions, Cases and Future Challenges*. Abingdon: Routledge.

Juergensmeyer, Mark. 2003. *Terror in the Mind of God: The Global Rise of Religious Violence*. Berkeley: University of California Press.

Juergensmeyer, Mark. 2006. Religion as a Cause of Terrorism. In: *The Roots of Terrorism*, hrsg. v. Louise Richardson, 133–144. London: Routledge.

Juergensmeyer, Mark. 2018. The Global Rise of Religious Violence. In *Nordic Journal of Religion and Society* 31(2): 87–97.

Kepel, Gilles. 1991. *Die Rache Gottes. Radikale Moslems, Christen und Juden auf dem Vormarsch.* München: Piper Verlag.

Kepel, Gilles. 2004. *The war for Muslim minds. Islam and the West.* Cambridge, MA: Belknap Press.

Khosrokhavar, Farhad. 2005. *Suicide bombers. Allah's new martyrs.* London: Pluto Press.

Kiefer, Michael; Jörg Hüttermann; Bacem Dziri; Rauf Ceylan; Viktoria Roth; Fabian Srowig; Andreas Zick. 2018. *„Lasset uns in sha'a Allah ein Plan machen": Fall-gestützte Analyse der Radikalisierung einer WhatsApp-Gruppe*, Wiesbaden: Springer VS.

Krueger, Alan B., und Jitka Maleckova. 2002. *Education, poverty, political violence and terrorism. Is there a causal connection?* (NBERWorking Paper No. 9074). Princeton: Little & Brown.

Lacqueur, Walter. 1987. *The Age of Terrorism*, Boston: Little & Brown.

Lacqueur, Walter und Christopher Wall. 2018. *The Future of Terrorism: ISIS, Al-Qaeda, and the Alt-Right.* New York: Thomas Dunne Books.

Malthaner, Stefan und Klaus Hummel. 2014. Die „Sauerland-Gruppe" und ihr soziales Umfeld. In *Radikale Milieus: Das soziale Umfeld terroristischer Gruppen*, hrsg. v. Stefan Malthaner und Peter, 245–278. Frankfurt am Main, New York: Campus.

McCauley, Clark and Sophia Moskalenko. 2008. Mechanisms of Political Radicalization. Pathways toward Terrorism. *Terrorism and Political Violence* 20 (3): 415–433.

McCauley, Clark und Sophia Moskalenko. 2011. *Friction: How Radicalization Happens to Them and Us*. New York: Oxford University Press.

Meiering, David; Aziz Drizi; Naika Foroutan (mit Simon Teune; Esther Lehnert; Marwan Abou-Taam). 2019. Radikalisierung von Gruppen. Brückennarrative als verbindende Erzählstrukturen. In *Gesellschaft Extrem. Was wir über Radikalisierung wissen*, hrsg.

v. Christopher Daase, Nicole Deitelhoff und Julian Junk, 91–130. Frankfurt a. M.: Campus.

Merari, Ariel. 2005. Social, organizational and psychological factors in Suicide Terrorism. In *Root causes of terrorism. Myths, reality and ways forward*, hrsg. Tore. Bjørgo, 88–104. London, New York: Routledge.

Moghaddam, Fathali M. 2005: The Staircase to Terrorism. A Psychological Exploration, in: American Psychologist 60: 2, 161–169.

Neumann, Peter R. 2008: *Introduction to Perspectives on Radicalisation and Political Violence: Papers from the First International Conference on Radicalisation and Political Violence*, London 17–18 January 2008. London: International Center for the Study of Radicalisation and Political Violence.

Neumann, Peter R. 2016: *Der Terror ist unter uns: Dschihadismus, Radikalisierung und Terrorismus in Europa*. Berlin: Ullstein Verlag.

Pape, Robert A. 2005. *Dying to Win. The Strategic Logic of Suicide Terrorism.* New York: Random House.

Piazza, James A. 2008. Incubators of Terror: Do Failed and Failing States Promote Transnational Terrorism? In *International Studies Quarterly* 52(3): 469–488

Pisoiu, Daniela. 2011. *Islamist Radicalization in Europe. An occupational change model.* London: Routledge.

Post, Jerrold M. 1990. Terrorist psycho-logic: Terrorist behavior as a product of psycological forces. In *Origins of terrorism: Psychologies, ideologies, theologies, states of mind*, Hrsg. Walter Reich, 25–40. Washington, DC: Woodrow Wilson Center Press.

Quent, Matthias. 2016. *Rassismus, Radikalisierung, Rechtsterrorismus. Wie der NSU entstand und was er über die Gesellschaft verrät*. Weinheim: Beltz.

Rapoport, David C. 1984. Fear and Trembling: Terrorism in Three Religious Traditions. The *American Political Science Review* 78(3): 658–677.

Roy, Olivier. 2004. *Globalised Islam: The search for a new Ummah*. Syracuse: Syracuse University.

Sageman, Marc. 2008. *Leaderless Jihad: Terror Networks in the Twenty-First Century*. Philadelphia: University of Pennsylvania Press.

Sageman, Marc. 2014. The Stagnation in Terrorism Research, In *Terrorism and Political Violence* 26(4): 565–580.

Schmid, Alex P. 2004. Terrorism – The Definitional Problem. *Case Western Reserve Journal of International Law* 36 (1/2): 377.

Schmid, Alex P. 2013. *Radicalisation, De-Radicalisation, Counter-Radicalisation: A Conceptual Discussion and Literature Review* (ICCT Research Paper), https://bit.ly/2JstvFi, 13.05.2022.

Schmid, Alex, und Albert Jongman. 1988. Political terrorism: A new guide to actors, authors, concepts, data bases, theories and literature. Amsterdam: Transaction Publishers.

Schneckener, Ulrich. 2004. *Transnationale Terroristen als Profiteure fragiler Staatlichkeit* (Stiftung Wissenschaft und Politik, SWP-Studie 2004/S 18, Mai 2004), Berlin. https://www.swp-berlin.org/publikation/terror-und-fragile-staaten/ (15.06.2021).

Simons, Anna und David, Tucker. 2007. The Misleading Problem of Failed States: A 'Socio-geography' of Terrorism in the Post 9/11 Era. *Third World Quarterly* 28(2): 387–401

Spencer, Alexander und Christopher Daase. 2017. Terrorismus und internationale Politik. In *Handbuch Internationale Beziehungen*, hrsg. v. Frank Sauer und Carlo Masala, 829–860. Wiesbaden: VS Springer.

Srowig, Fabian, Viktoria Roth, Daniela Pisoiu, Katharina Seewald und Andreas Zick. 2019. Individuelle Faktoren der Radikalisierung zu Extremismus, Gewalt und Terror: Zur Forschungslage. In *Gesellschaft Extrem. Was wir über Radikalisierung wissen*, hrsg. v. Christopher Daase, Nicole Deitelhoff und Julian Junk, 45–90. Frankfurt a. M.: Campus.

Stern, Jessica. 2003. *Terror in the name of god. Why religious militants kill.* London: Harper.

Perennial Stohl, Michael. 1988. *The politics of terrorism*. New York: Marcel Dekker.

Taylor, Maxwell. 1988. *The Terrorist*, London: Brassey's Defence Publishers.

UN Ad Hoc Committee on International Terrorism 1979: *Summary Record of the 19th Meeting* – A/AC.160/SR.19, New York, NY.

UN General Assembly 1972 Organization of the twenty-seventh session of the General Assembly: memorandum by the Secretary General United Nations New York

UN Sixth Committee 1972a: *A/C.6/418,* New York, NY.

UN Sixth Committee 1972b: *A/C.6/SR.1363*, New York, NY.

UN Sixth Committee 1997: *A/C.6/52/SR.27,* New York, NY.

UN Sixth Committee 2008: *A/C.6/63/SR.4*, New York, NY.

United Nations 1972: *Draft convention*, New York, NY.

von Hippel, Karin. 2002. The roots of terrorism: Probing the myths. In *The Political Quarterly* 73(1): 25–39.

Waldmann, Peter. 1998. *Terrorismus. Provokation der Macht.* München: Gerling Akademie.

Weigend, Thomas. 2006: The Universal Terrorist. *Journal of International Criminal Justice* 4(5): 912–932.

Weinberg, Leonard, Ami Pedahzur, und Sivan Hirsch-Hoefler. 2004. The challenges of conceptualizing terrorism. In *Terrorism and Political Violence* 16(4): 777–794.

Weinberg, Leonard and Louise Richardson. 2004. Conflict Theory and the Trajectories of Terrorist Campaigns in Western Europe. In *Research on Terrorism. Trends, Achievements and Failures*, hrsg. v. Andrew Silke, 138–160. London, New York: Routledge.

Wiktorowicz, Quintan. 2005. *Radical Islam Rising: Muslim Extremism in the West.* Oxford: Rowman & Littlefield.

Wintrobe, Ronald. 2006. *Rational extremists: The political economy of radicalism.* Cambridge: Cambridge University Press.

Eva Herschinger ,PD Dr. habil, forscht und lehrt am Center for Intelligence and Security Studies (CISS) an der Universität der Bundeswehr München. Ihre Forschung beschäftigt sich schwerpunktmäßig und phänomenübergreifend mit Fragen rund um Gender, Radikalisierung, gewaltbereitem Extremismus und Terrorismus. Sie hat u.a. in Terrorism and Political Violence, Security Dialogue und International Journal of Conflict and Violence publiziert, jüngst „Radikalisierung als weibliche Subjektwerdung? Die Bedeutung von Geschlecht im Kontext von Politisierung (Leviathan: Berliner Zeitschrift für Sozialwissenschaft, Sonderband 35, 2020). Ihre Monographie zum Thema „Constructing Global Enemies. International Discourses on Terrorism and Drug Prohibition“ ist 2011 bei Routledge erschienen.

Gruppen, Strategien und historische Entwicklungen in westlichen Gesellschaften

Hizb ut-Tahrir – Comeback einer verbotenen Organisation

Patrick Möller

Zusammenfassung

Seit einigen Jahren verzeichnen die deutschen Sicherheitsbehörden im Bereich des religiös begründeten politischen Extremismus islamistischer Prägung deutlichen Zulauf bei einer kleinen, aber seit langem aktiven Organisation: der *Islamischen Befreiungspartei,* der *Hizb ut-Tahrir.* Da sie im Jahr 2003 mit einem Betätigungsverbot belegt wurde und daher staatlicher Repression ausgesetzt ist, hat die Hizb ut-Tahrir neue Wege finden müssen, um ihre Botschaft zu verbreiten und Anhänger zu gewinnen. Während die Partei innerhalb der muslimischen Community und auch im Spektrum des Islamismus kaum bekannt und isoliert ist, ist es ihr doch in den letzten Jahren gelungen durch die Etablierung von Tarnorganisationen, der Nutzung von Sozialen Medien und der Ansprache von Themen, die auf Resonanz auch in der breiten muslimischen Community stoßen, gelungen, in wenigen Jahren ihre Anhängerschaft zu verdoppeln. Gleichwohl ist die Hizb ut-Tahrir in Deutschland bisher nur wenig erforscht worden. Der nachfolgende Text soll einen Überblick über Geschichte, Ideologie und die internationale Verbreitung der Hizb ut-Tahrir geben; der Schwerpunkt liegt auf ihren Strukturen in Deutschland und den Entwicklungen in den letzten Jahren.

P. Möller (✉)
Hessen, Deutschland
E-Mail: moeller.patrick89z@gmail.com

Schlüsselwörter

Hizb ut-Tahrir · Hizb · Tahrir · Al-Tahrir · Nabhani · Islam · Islamismus · Islamism · Panislamismus · Panislamism · Deutschland · Germany · Salafismus · Salafism · Muslimbruderschaft · Muslimbrüder · Muslim Brotherhood · Extremismus · Extremism · Generation Islam · Realität Islam · Muslim Interaktiv · Hamburg · Politischer Islam · Political Islam · Verfassungsschutz

In der seit den Anschlägen des 11. September 2001 intensiv geführten Debatte über religiös begründeten Extremismus islamistischer Prägung richtet sich in Deutschland seit einigen Jahren der gesellschaftlich-politisch-mediale Blick neu aus; fort vom gewaltbereiten Islamismus und Salafismus, hin zum *‚legalistischen Islamismus‘*, der häufig auch schlicht als *‚politischer Islam‘* bezeichnet wird und zunehmend ins Zentrum politischer und medialer Debatten rückt. So äußerte sich etwa Burkhard Freier, Präsident des Landesamtes für Verfassungsschutz (LfV) Nordrhein-Westfalen, dahin, dass der *„legalistische Islamismus"* – der ohne Gewalt und im Rahmen der Rechtsordnung versucht politische Ziele umzusetzen – *„gefährlicher als Salafismus oder gewaltbereiter Extremismus"* sei, da er versuche, *„in die Gesellschaft einzusickern und Politik und Gesellschaft für sich zu vereinnahmen und zu beeinflussen"* (Beres 2020). Kritiker etwa aus der Wissenschaft und muslimischen Religionsgemeinschaft beklagen hingegen, dass der Begriff *‚politischer Islam‘* nicht nur zu mangelhaft definiert sei, sondern in der Politik, Medien und von Interessengruppen in der Öffentlichkeit bewusst vage genutzt werde, um Personen und Organisationen, die sich gesetzestreu verhalten, mit dem Vorwurf des *‚politischen Islam‘* zu diffamieren, stigmatisieren und einem Generalverdacht auszusetzen (Meier 2021). Unterlegt mit der Forderung, dass sich der Islam *‚reformieren‘* müsse, werde in Wahrheit versucht, Maßnahmen zur Überwachung von muslimischen Gemeinden und Eingriffen in die Religionsfreiheit politisch durchzusetzen.

Plakatives Beispiel dafür ist die lange Debatte um das Kopftuch von muslimischen Frauen und Mädchen, sowie die 2018 erfolgte Debatte über ein Kopftuchverbot in der Schule. Nachdem Anfang April in Österreich die Regierung die Planung eines Verbotes des Kopftuchs für Mädchen in Kindertagesstätten und Grundschulen angekündigt hatte (Zeit.de 2018) forderte die nordrhein-westfälische Staatssekretärin für Integration, Serap Güler (CDU), ein Kopftuchverbot für Schülerinnen unter 14 Jahren. Während die von CDU/FDP geführte Landesregierung erklärte ein solches Verbot prüfen zu lassen, stieß Gülers Forderung in der Öffentlichkeit weitgehend auf Ablehnung. Erziehungs- und Lehrerverbände sprachen von einem real kaum existierenden Problem,[1] andere kritisierten, dass ein solches Verbot keine Integrationsprobleme löse und statt den betroffenen Mädchen zu helfen, ihnen vielmehr das Gefühl von Ausgrenzung und Diskriminierung vermittelt werde (Gökkaya und Sadigh 2018). Weiter gab es Zweifel, ob ein solches Gesetz überhaupt verfassungskonform wäre – der Wissenschaftliche Dienst des Bundestages hatte bereits 2017 in einem Gutachten ein generelles Kopftuchverbot an Schulen als *„verfassungsrechtlich wohl nicht zulässig"* bezeichnet (Wissenschaftliche Dienst des Bundestags 2017, S. 17).

Viele Muslime ihrerseits waren empört und wütend über die Debatte, da die Forderung nicht nur einen Eingriff in die Erziehungsfreiheit der Eltern und die Religions- und Entscheidungsfreiheit ihrer Töchter darstellte, sondern sie sich auch öffentlich stigmatisiert und diskriminiert fühlten. Als kurz nach Beginn der Debatte unter dem Hashtag *#NichtOhnemeinKopftuch* im Internet eine Petition gegen das Kopftuchverbot startete, sammelte diese innerhalb von vier Wochen mehr als 100.000 Unterschriften, bis zum Ende der Laufzeit im Herbst 2018 gar mehr als 170.000 (OpenPetition.de 2018). Die wenigsten Unterzeichner, so Torsten Voß, Präsident des LfV Hamburg, dürften dabei jedoch gewusst haben, wer die Initiatoren der Petition waren, die vielen Muslimen ein Ventil für ihre Wut und Frustration bot (NDR.de 2018). Tatsächlich handelte es sich um eine Tarnorganisation einer seit dem Jahr 2003 in Deutschland mit einem Betätigungsverbot belegten, aber nach wie vor aktiven, radikal-islamistischen Bewegung: um die Hizb ut-Tahrir, die seit einigen Jahren, aber vor allem seit der Kopftuchverbot-Debatte 2018, spürbar an Einfluss und Anhängern in Deutschland gewinnt. Dieser Artikel soll einen Überblick über die öffentlich wenig bekannte islamistische Organisation geben.

Zur besseren Lesbarkeit verzichte ich auf die Ausschreibung arabischer Namen gemäß der Transliteration der Deutsch-Morgenländischen Gesellschaft (DMG) und verwende eine vereinfachte Form, wie sie im englischsprachigen Raum verbreitet ist.

[1] Dies belegen auch Studien. Vgl. Haug et al. (2009, S. 196); vgl. Pfündel et al. (2021, S. 117 ff.).

1 Gründung, Ziele und Führungsfiguren

Die *Hizb ut-Tahrir al-Islami* (arabisch: حزب التحرير الإسلامي, zu Deutsch: *Islamische Befreiungspartei;* abgekürzt *HT,* in Deutschland geläufiger auch *HuT*) wurde 1953 in Ostjerusalem gegründet und entstand als Ergebnis der starken Politisierung der Palästinenser in den 1950er-Jahren in Folge der Staatsgründung Israels, des Krieges von 1948 und der Nakba – der Flucht und Vertreibung von rund 700.000 Palästinensern aus dem israelischen Staatsgebiet. Während die große Mehrheit der Palästinenser in dieser Zeit vor allem linken und panarabistischen Ideen anhing, wurde die HT zur ersten indigenen palästinensisch-islamistischen Bewegung (vgl. Milton-Edwards 1996, S. 64).

Obgleich der geschichtliche Hintergrund und Parteiname entsprechende Assoziationen erweckt, steht für die HT nicht primär die *Befreiung (al-Tahrir)* Palästinas von der israelischen Herrschaft im Fokus. Vielmehr bezieht sich der Parteiname auf das Ziel, die islamische Welt von einem System zu befreien, das schon lange vorher durch die Kolonialmächte in den muslimischen Gesellschaften implementiert worden sei: Der Säkularismus – die Trennung von Staat und Religion.[2] Die Aktivitäten der HT richten sich damit primär gegen die Regime in den arabischen Ländern, deren Sturz herbeigeführt und durch eine islamische Herrschaft ersetzt werden soll; letztlich soll die ganze muslimische Weltgemeinschaft in einem Kalifat vereinigt werden (vgl. Milton-Edwards 1996, S. 65). Ideologisch ist die HT somit innerhalb des Spektrums des Islamismus der Kategorie des Pan-Islamismus zuzuordnen.

Die politischen und ideologischen Konzepte der HT gehen fast ausnahmslos auf die Vorstellungen von Taqiuddin (Taqi al-Din) al-Nabhani (1909/1911–1977)[3] zurück, einem palästinensischen Theologen und Richter, welcher bis zu seinem Lebensende als autoritärer Führer an der Spitze der HT stand. Nachfolger wurde Abd al-Qadim Zallum (1924–2003), ein Parteimitglied der ersten Stunde und engster Vertrauter al-Nabhanis. Seit 2003 wird die Partei von dem Palästinenser Ata Abu Rashta (*1943) geführt.

---

[2] So im Vorwort zu al-Nabhanis Schrift *‚Die Lebensordnung des Islam‘* im arabischen Original von 1953. Vgl. Pankhurst (2016, S. 41); vgl. Milton-Edwards (1996, S. 65).

[3] Meist wird 1909, von al-Nabhanis Nachfahren 1911, als Geburtsjahr genannt. Vgl. Pankhurst (2016, S. 20).

2 Forschungsstand

Verglichen mit anderen Bewegungen des Islamismus und islamischen Fundamentalismus, wie etwa der Muslimbruderschaft, der Hamas oder des Salafismus war die HT über einen langen Zeitraum kaum oder nur sehr oberflächlich Gegenstand der Islam- und nahöstlichen Politikwissenschaft im transatlantischen-westlichen Raum, was wohl auf ihre geringe politische Bedeutung im Nahen Osten zurückzuführen ist.[4] Das Interesse wuchs erst in den 1990er-Jahren im Zuge der Ausbreitung der HT in Großbritannien; 1996 folgte eine erste umfangreiche Studie über die Geschichte, Ideologie und Struktur der HT (Taji-Farouki 1996). Nachdem die Partei im Zuge der Terroranschläge des 11. September 2001 wegen ihrer ideologischen Radikalität und öffentlichen Agitation zunehmend als Sicherheitsgefahr wahrgenommen wurde, folgte eine breitere Erforschung, sodass heute wissenschaftliche Arbeiten vorliegen, die sich diversen Themen zur HT, vor allem einzelnen nationalen Ablegern, widmen.[5] In Deutschland hingegen war die Partei auch danach und trotz ihres Verbotes im Jahr 2003 kaum Gegenstand der Forschung. Die wenigen Erwähnungen in der Literatur beschränken sich lediglich auf sehr rudimentäre Überblicke; auch in Bezug auf die hiesigen HT-Aktivitäten. Entsprechend besteht eine große Lücke im Forschungsstand, sodass auch der Autor dieses Artikels in Bezug auf Deutschland zu einem großen Teil auf Medienartikel sowie die Berichte der verschiedenen Verfassungsschutzämter[6] des Bundes (BfV) und der Länder (LfV) angewiesen ist. Die in Deutschland mangelhafte Aktualisierung des internationalen Forschungsstandes zur HT zeigt sich beispielhaft an der Frage, wo die eigentlichen Wurzeln der Hizb ut-Tahrir liegen.

[4] Thematisiert wurde die HT etwa bei Cohen (1982) und Mayer (1982).

[5] Zu nennen sind etwa Veröffentlichungen über die Geschichte der HT (Pankhurst 2016; Sankari 2010), zu Arbeiten über nationale HT-Ableger, siehe weiter unter: *Die HT im nicht-deutschsprachigen Raum.*

[6] In Fußnoten nachfolgend als BfV und LfV abgekürzt.

3 Programmatische und ideologische Wurzeln der HT

So wird in der deutschsprachigen Literatur weitgehend und insbesondere seitens der Sicherheitsbehörden noch immer die HT als eine Abspaltung der Muslimbruderschaft *(Ikhwan al-Muslimin,* abgekürzt *MB)* bezeichnet, wogegen man im englischsprachigen Raum von dieser Ansicht seit den 1990er-Jahren Abstand genommen hat.[7] Die Vertreter der *Ikhwan-These* stützen sich dabei auf die Tatsache, dass nicht wenige HT-Anhänger der ersten Stunde zuvor der MB angehörten,[8] und schreiben auch al-Nabhani selbst eine Mitgliedschaft zu, wenngleich sich kein Konsens findet, wann er Mitglied der MB gewesen sein soll.[9] Kritiker der These wie Engelleder und Taji-Farouki sehen mindestens starke Indizien dafür eine MB-Mitgliedschaft al-Nabhanis anzuzweifeln oder wie etwa Pankhurst gar entschieden zurückzuweisen,[10] und in al-Nabhanis Lebensbiographie, angesichts der übermächtigen Rolle, die er für die Partei und deren Inhalte spielte, den Beleg, dass die HT keine Abspaltung der MB ist. So verweisen die Kritiker auf al-Nabhanis intensive Kontakte in den Jahren 1947–1949

---

[7] Vgl. etwa Meier (1994, S. 205); vgl. Schulze (2016, S. 215, 628); vgl. Steinberg (2005, S. 40); vgl. Wöhler-Khalfallah (2013, S. 429). Die VS-Ämter kommen dabei zu diversen Einschätzungen. So bezeichnet der LfV Hamburg die HT als Abspaltung von der MB, während der LfV Baden-Württemberg sie gar als zum internationalen Netz der MB zugehörig deklariert. Vgl. LfV Baden-Württemberg (2019, S. 62); vgl. LfV Hamburg (2019, S. 44).

[8] Hierzu zählt auch der spätere Parteiführer Abd al-Qadim Zallum. Vgl. Pankhurst (2016, S. 54 ff.).

[9] Die genannten Zeiträume reichen von al-Nabhanis Jugend (Wöhler-Khalfallah 2013, S. 429) bis Ende der 1940er-Jahre (vgl. etwa Commins 1991, S. 194 f.; Mayer 1982, S. 105 f., S. 114).

[10] 1945 hatte der Gründer der Muslimbruderschaft (MB), Hassan al-Banna, eine Delegation unter Führung seines Schwiegersohns Said Ramadan nach Haifa entsandt, um die Mitglieder der Organisation *Al-I'tisam,* deren Vizevorsitzender al-Nabhani war, zum Eintritt in die MB zu bewegen, was al-Nabhani ablehnte. Vgl. Engelleder (2002, S. 49, 56); Pankhurst (2016, S. 38); Taji-Farouki (1996, S. 2).

Pankhurst beruft sich bei seiner Verneinung einer Mitgliedschaft unter anderem auf Abd al-Aziz al-Khayyat (1924–2011). Der Religionsgelehrte war ein unzufriedenes hochrangiges Mitglied der palästinensischen MB und stand in engem Kontakt mit al-Nabhani. 1952 verließ er die MB, um sich der sich formenden HT anzuschließen. 1958 überwarf er sich mit al-Nabhani und verließ die Partei. Auch der HT-Gründer selbst bestritt, je der MB angehört zu haben. Vgl. Pankhurst (2016, S. 49–53, 95).

zu nationalistischen Pan-Arabisten aus dem Umfeld der sozialistischen Baʿath-Partei, die von einem revolutionären Wandel in der arabischen Welt, dem Sturz der alten Regime und der Vereinigung der arabischen Welt und damit verbunden auch der Befreiung Palästinas träumten.[11] Während al-Nabhani die methodischen und konzeptionellen Vorstellungen von der Schaffung einer straff organisierten Partei von den Pan-Arabisten übernahm, wies er ihren Säkularismus entschieden zurück.[12] Die Wurzeln der islamistischen Ideologie der HT finden sich hingegen bereits in al-Nabhanis frühem Leben und seiner Familienbiographie.

Der HT-Gründer, geboren unweit von Haifa, entstammte einer angesehenen arabischen Familie, deren Söhne seit Generationen im Handwerk der islamischen Religionswissenschaften ausgebildet wurden und wegen ihrer weithin bekannten Loyalität gegenüber den Osmanen im öffentlichen Dienst Karriere machten (vgl. Pankhurst 2016, S. 19 f.; vgl. Sankari 2010, S. 13). Dies galt auch für Taqiuddins Großvater Yusuf al-Nabhani (1849–1932), einen weitbekannten Sufi-Gelehrten des Osmanischen Reiches in der Zeit von Sultan Abdülhamid II. (reg. 1876–1908). Der autokratisch herrschende Sultan, der sich bewusst als Kalif und Oberhaupt der islamischen Glaubensgemeinschaft inszenierte, hatte den Pan-Islamismus für seine politischen Zwecke erkannt und nutzte ihn nach außen als Drohmittel gegenüber den europäischen Kolonialmächten, die einen Aufstand ihrer muslimischen Untertanen fürchteten, während Abdülhamid nach innen, unterstützt von einem Patronage-Netzwerk von sufistischen Religionsgelehrten, seine Herrschaft legitimierte.

Auch Yusuf al-Nabhani war Teil dieses Netzwerks und ein glühender Verehrer des Sultans. Wie die meisten orthodoxen Gelehrten verstand er die Institution des Kalifats als Symbol und Exekutivgewalt des Islam und propagierte die Gehorsamkeit gegenüber dem Kalifen als religiöse Pflicht, während er den europäischen Kolonialmächten, aber auch muslimischen Reformern, die Abdülhamids Regime und das traditionelle Islamverständnis kritisierten, mit fanatischem Hass begegnete. Die Reformer waren für ihn nicht weniger als Agenten zur Zerstörung des Islam, durch den Satan manipulierte Werkzeuge der Europäer, um den Islam und das Osmanische Reich von innen heraus zu vernichten. Letztlich sollte Yusuf al-Nabhani erleben, wie Abdülhamid 1908 gestürzt wurde, das Osmanische Reich

[11] Al-Nabhanis Rhetorik habe sich in dieser Zeit, so al-Khayyat, zwischen Islamismus und Pan-Arabismus bewegt und er sei letzterem sogar zeitweise stärker zugeneigt gewesen. Vgl. Pankhurst (2016, S. 44 f.).

[12] Vgl. Engelleder (2002, S. 50); Pankhurst (2016, S. 29, 38–48); vgl. Taji-Farouki (1996, S. xi, 3 f.).

infolge des Ersten Weltkrieg unterging, der Nahe Osten und seine Heimat unter die Herrschaft der Kolonialmächte Großbritannien und Frankreich gerieten, die jüdische Zuwanderung nach Palästina immer mehr anstieg und im Jahr 1924 die Institution des Kalifats abgeschafft wurde. Diese für seinen Großvater und seine Eltern traumatischen Erfahrungen erlebte Taqiuddin al-Nabhani von Kindheit an mit und wurde noch zusätzlich durch sie geprägt, da sein Großvater ihn als sein Lehrer in den islamischen Religionswissenschaften ausbildete. Yusuf al-Nabhani *„played a central influential role in the upbringing and direction of his grandson, conceptually and politically“* (Pankhurst 2016, S. 29) und so verwundert es nicht, dass sich viele von Yusuf al-Nabhanis Vorstellungen, vor allem zur Bedeutung und Gestaltung des Kalifats, in den Schriften seines Enkels und der Hizb ut-Tahrir wiederfinden.[13] Taqiuddin al-Nabhani studierte von 1928–1932 in Kairo islamisches Recht. Zurück in Palästina arbeitete er als Lehrer und ab 1940 als Richter und begann sich in den späten 1940er-Jahren zunehmend der Frage zu widmen, wie die schwächelnde islamische Bewegung in Palästina neu belebt werden könne, wozu er sich mit Akteuren aus diversen unterschiedlichen Organisationen und politischen Spektren austauschte. Das Trauma des Krieges von 1948 und der *Nakba* – auch al-Nabhani und seine Familie erlitten das Schicksal der Vertreibung – bestärkte ihn in seinen Bemühungen und ab 1950 sammelte al-Nabhani einen stetig größer werdenden Kreis von Anhängern, aus dem 1953 die Hizb ut-Tahrir hervorging (vgl. Pankhurst 2016, S. 35–62).

4 Ideologie und Programm

Die auf den Schriften von al-Nabhani basierenden politisch-ideologischen Vorstellungen der HT sind in erster Linie eine Mischung aus Pan-Islamismus und Anti-Kolonialismus. Wie für andere Islamisten ist der Islam für die HT nicht einfach nur eine Religion, sondern eine von Gott gegebene alles umfassende *Lebensordnung*.[14] Da sie göttlichen Ursprungs ist, ist sie aus Sicht der HT nicht nur perfekt, sondern das einzig legitime System, dem sich der Mensch unterordnen dürfe, wozu es einen real existierenden Staat bedarf, durch den die islamische Lebensordnung verkörpert und umgesetzt wird. Anders als für viele

[13] Vgl. zu Y. al-Nabhani etwa: Ghazal (2016); al-Nabhani (1894, S. 27–38, 80–82, 108); Pankhurst (2016, S. 21–29).

[14] Das Wort *‚Lebensordnung‘* wird seitens der HT zur deutschen Übersetzung des arabischen Wortes *‚Niẓām‘* gebraucht; im englischsprachigen Kontext wird *‚System‘* verwendet.

andere Islamisten, die sich diese Ausübung auch in einem Nationalstaat vorstellen können, ist für die HT das einzige legitime politische System das Kalifat, in dem ein Kalif (wörtlich: *Nachfolger,* arab. *Khalifa*) in der Tradition des Propheten Muhammad über ein geeintes islamisches Weltreich herrscht.

Für die HT sind daher nicht nur sämtliche Gesellschaftsformen, die ihrem Verständnis der islamischen Lebensordnung entgegenstehen, Systeme des *Unglaubens,* die kompromisslos abgelehnt und letztlich beseitigt werden müssen, sondern auch alle vom HT-Kalifat-Modell abweichenden Staatsformen wie Monarchien und Republiken, selbst wenn in ihnen die Scharia, das islamische Recht, angewandt wird. Die Demokratie ihrerseits wird von der HT als *‚kapitalistische Ideologie'* (al-Nabhani 1953, S. 43) diffamiert und eine Schrift von al-Nabhanis Nachfolger Zallum trägt offen den Titel *‚Demokratie ist ein System des Unglaubens'* (Zallum 1990).

Anders als andere Islamisten, die sich an politischen und demokratischen Prozessen beteiligen und versuchen innerhalb des gesetzlich legalen Rahmens eine gesellschaftliche Veränderung oder Umwandlungen des Systems zu erreichen, lehnt die HT jede politische Partizipation am *‚ungläubigen'* System ab und erklärt entsprechend auch die Teilnahme von Muslimen an demokratischen Wahlen für verboten. Stattdessen soll das ungläubige System mittels eines politischen und gesellschaftlichen *Umwälzungsprozesses* beseitigt und schließlich durch das Kalifat ersetzt werden. Anders als etwa die Muslimbrüder, die sich in einigen Ländern des Nahen Osten wie Jordanien, in die bestehenden politischen Systeme (SystemE) einbinden ließen, wird die HT seit ihrer Gründung im Jahr 1953 im Nahen Osten in den meisten Ländern durch die Staatsgewalt bekämpft und verfolgt (vgl. Milton-Edwards 1996, S. 65).

Aus Sicht der HT ist der wirtschaftliche, politische und kulturelle Niedergang der islamischen Welt Resultat der Abschaffung des Kalifats und der Aggression nichtmuslimischer Mächte – primär westeuropäische Staaten und die USA – in Vergangenheit und Gegenwart. Angesichts von langen, realen Erfahrungen im Nahen Osten mit britischer, französischer und amerikanischer Kolonialherrschaft, Hegemonialpolitik, militärischen Interventionen und politisch erzwungenen Regimewechseln, ist dieses Feindbild zwar nachvollziehbar, gleichwohl zeigt sich bei der HT ein exzessiver Verschwörungsglaube, der mitunter zu skurrilen politischen Analysen führt.[15] Nach Ansicht der HT führen sowohl nichtmuslimische Staaten aber auch die *‚ungläubigen Regime'* in der muslimischen

[15] Vgl. zu Verschwörungstheorien aus der Frühzeit etwa Pankhurst (2016, S. 45, 106 f., 125–128). Als Beispiel der jüngeren Vergangenheit, vgl. Kalifat.com (2017).

Welt einen Krieg unter Einsatz unterschiedlichster Methoden, um den Islam zu vernichten. So wird auch die deutsche Islam- und Integrationspolitik als ein Versuch gewertet, die Muslime von ihrer Identität zu entfremden und einen dem Staat genehmen, säkularen, entstellten Islam zu schaffen (vgl. Realität Islam 2016, S. 22, 25).

Eine Lösung all der weltweiten Probleme der Muslime ist nach Überzeugung der HT nur durch die Wiederherstellung des Kalifats zu erreichen, welches, romantisch verklärt, als perfektes, überlegendes System propagiert wird. Auch wird es als einziger Garant dafür angesehen, dass der Islam vollständig und richtig praktiziert wird – ohne die Existenz des Kalifats werde der Islam als Lebensordnung verschwinden und nur noch in Form von spirituellen Riten und ethischen Vorstellungen fortbestehen (vgl. al-Nabhani und Zallum 1953, S. 13). Die Wiederherstellung des Kalifats ist daher oberstes Ziel, doch geht die HT noch einen Schritt weiter:

> *„Die gesamten Muslime haben eine gewaltige Sünde auf sich geladen, weil sie die Aufstellung des Kalifen vernachlässigt haben. [...] Werden einige von ihnen für die Aufstellung eines Kalifen tätig, während die anderen es weiterhin vernachlässigen, so fällt die Sünde von jenen ab, die sich für die Erfüllung dieser Pflicht einsetzen."* (al-Nabhani und Zallum 1953, S. 31).

Das Streben nach dem Kalifat wird von einer politischen Überzeugung zu einer individuellen, religiösen Pflicht erklärt, von der letztlich das eigene spätere Seelenheil des Muslims abhängig ist. Während die große Masse der Muslime wie auch die Anhängerschaft anderer islamistischer Bewegungen unabhängig von ihrer religiösen Praxis in schwerer Sünde lebt, können die Anhänger der Hizb ut-Tahrir durch ihr politisches Engagement für die Partei Buße tun und sich von ihrer Sünde reinwaschen, während sie gleichsam zur exklusiven Avantgarde des Islam aufsteigen.[16] Es ist diese Überzeugung, die nicht nur die Obsession erklärt,

[16] Ein anschauliches Beispiel dafür ist ein Video einer HT-Veranstaltung in Kopenhagen im Jahr 2015, in der sich ein junger Mann mit Fragen an den Referenten Muhammad Malkawi wendet. Er erklärt, dass einer seiner Hauptgründe für den Eintritt in die Partei gewesen sei, dass er sündig sei, wenn er nicht für das Kalifat arbeitet. Über die Jahre seinen ihm jedoch Zweifel gekommen, da die HT nur wenig Erfolg bei ihrer Arbeit in Dänemark habe und er frage sich, wie man die Muslime an die HT binden und überzeugen könne, sich ausgerechnet ihr anzuschließen. Malkawi erklärt, dass es nicht auf die Bewegung an sich ankomme, sondern die Absicht das Kalifat zu erreichen. Selbst wenn der Weg zum Kalifat andauern werde, sei er mit der HT auf dem Weg dorthin und er werde keinen anderen Weg

mir der die HT die Notwendigkeit des Kalifats propagiert, sondern ihr weniger den Charakter einer politischen Bewegung, als vielmehr einer religiös-politischen Sekte gibt (vgl. Gross 1996, S. 34–41).

5 Rekrutierung und Verhältnis zur Gewalt

Das klassische Rekrutierungsklientel der HT sind vor allem Menschen im jungen Erwachsenenalter. Die Rekruten durchlaufen in kleinen Zirkeln, den *Halaqat,* eine monate- oder gar jahrelange Schulung und Indoktrination in den Lehren, Regeln und Vorstellungen der HT, bevor sie offiziell in die Partei aufgenommen werden. Akademiker stehen im Fokus der Rekrutierung, da sie in gesellschaftlichen und staatlichen Schlüsselpositionen platziert werden sollen, um später den *Umwälzungsprozess* zu lenken und im späteren Kalifat wichtige Positionen einzunehmen. Entsprechend ist die HT vor allem an Hochschulen aktiv (BfV 2011, S. 247).

Letztlich läuft der *Umwälzungsprozesses* auf eine gewaltsame Beseitigung des politischen und gesellschaftlichen Systems hinaus. Bereits al-Nabhani war der Auffassung, dass die Macht durch einen Staatsstreich einer kleinen Gruppe ergriffen werden müsse, um anschließend die Gesellschaft von oben ihren Vorstellungen nach anzupassen.[17] Zwar will die HT dies offiziell versuchen, gewaltlos zu erreichen, doch schließt sie den Einsatz von Gewalt nicht aus und zeigt immer wieder eine fehlende Distanzierung und Verurteilung von terroristischen Gewalttaten (vgl. LfV Hamburg 2015, S. 62). So ordnet das LfV Berlin die HT in die Unterkategorie jener gewaltbereiten Islamisten ein, die Gewalt zur Durchsetzung ihrer Ziele befürworten, ohne sie selbst vorrangig ausüben (vgl. LfV Berlin 2016, S. 30).

Tatsächlich lehnt die HT den Einsatz von Gewalt als politisches Mittel nicht ab; sie wird vielmehr lediglich bis zum Umwälzungsprozess und der Gründung

---

finden, da die richtige Methode jene der HT sei. Andere muslimische Bewegungen würden ihn vielleicht dahin bringen, sich gut zu fühlen oder Afghanistan und Palästina zu befreien, nicht aber ihn von seiner Sünde zu erlösen, nicht für das Kalifat gearbeitet zu haben. Siehe: YouTube – carlito2278 (2018).

[17] So war die HT in den 60er- und 70er-Jahren an Putschversuchen in Jordanien, Ägypten, Syrien und Irak beteiligt und legitimierte gleichsam Selbstmordattentate, auch gegen Zivilisten. Vgl. Baran (2004, S. 22, 51).

des Kalifats aufgeschoben. Nach Etablierung des Kalifats ist es Pflicht mittels der politischen Missionierung *(Da'wa)* oder des kriegerischen Dschihads muslimische wie nichtmuslimische Länder in das Kalifat zu integrieren (vgl. al-Nabhani 1953, S. 186 f.). Aus den Schriften der HT ergibt sich dabei das Bild eines höchst aggressiven, auf kriegerische Expansion ausgerichteten Staates, in dem auch das Wirtschaftsleben völlig der Kriegspolitik unterworfen ist.[18] Weiter ist für die HT auch die Entwicklung und der Einsatz von chemischen und atomaren Massenvernichtungswaffen legitim (vgl. Zallum 1990, S. 35).

Obgleich die HT nicht offen zu Gewalt oder Straftaten aufruft, um die *‚ungläubigen'* Systeme zu stürzen, bietet ihre Ideologie und geistige Brandstiftung das Potenzial für eine weitere Radikalisierung ihrer Anhängerschaft. So haben in der Vergangenheit einige HT-Anhänger den Weg in dschihadistische Kreise gefunden, manche brachen auch die Kontakte zur Organisation nicht komplett ab (vgl. LfV Hamburg 2014, S. 53). In jedem Fall trägt die Agitation gegen Staat und Gesellschaft zu einer Desintegration von insbesondere jungen Muslimen bei, welche sich der nicht-muslimischen Mehrheitsgesellschaft entziehen sollen, um ihre *‚islamische Identität'* zu schützen.

6 Antisemitismus

Vor dem Hintergrund der Vertreibung der Palästinenser nach der israelischen Staatsgründung und dem Krieg von 1948–1949 ist die Feindschaft der HT gegenüber Israel als Nation nachvollziehbar; waren ihre Gründungsväter sowie alle bisherigen Führer der HT doch Opfer der *Nakba,* der Vertreibung der Palästinenser. Anders als andere palästinensisch-politische Gruppen lehnt die HT eine Anerkennung oder Friedensschließung mit Israel ab und propagiert unbeirrt das Ziel seiner Auslöschung als Nation. Behauptungen seitens vor allem europäischer HT-Vertreter, dass die Partei lediglich antizionistisch, nicht aber auch antisemitisch sei,[19] sind dagegen haltlos und eindeutige antisemitische Äußerungen

[18] Dazu zählt auch die Requirierung von Ressourcen aus eroberten Gebieten. Vgl. al-Nabhani (1953, S. 154, 175).

[19] So etwa Shaker Assem, HT-Sprecher für den deutschsprachigen Raum, in einem Interview im Jahr 2003 mit der *‚Deutsche Stimme'*, dem Partei-Journal der NPD. Vgl. Apfel (2003).

Abb. 1 Parteilogo der Hizb ut-Tahrir. https://en.wikipedia.org/wiki/Hizb_ut-Tahrir#/media/File:Hizb-ut-tahrir.png

der HT waren mit entscheidend dafür, dass die Partei im Jahr 2003 in Deutschland verboten wurde.[20]

7 Erkennungszeichen

Neben dem offiziellen Parteilogo (siehe Abb. 1[21]) ist das zentrale Erkennungszeichen der HT die Flagge der *Schahada* (z. D. *Glaubensbekenntnis*) in arabischer Kalligraphie wahlweise auf schwarzem oder weißem Grund. Als universelles islamisches Symbol ist die Schahada-Flagge in Deutschland nicht verboten, auch wenn sie in diversen Varianten von islamistischen und mitunter terroristischen Bewegungen genutzt wird.[22] HT-Anhänger können sich daher etwa auf Demonstrationen mit der Schahada-Flagge zu erkennen geben; obgleich die Gefahr besteht, mit anderen Gruppen, wie etwa den Salafisten, verwechselt zu werden.

[20] In Großbritannien hatte die HT Anfang der 1990er-Jahre Slogans wie *„Peace with Israel – A Crime against Islam"* und *„Battlefield – the only place for Muslims and Jews"* plakatiert, zum Dschihad aufgerufen und eine religiöse Überlieferung zitiert, mit der Prophezeiung alle Juden vor dem Jüngsten Gericht zu töten. (Taji-Farouki 1996, S. 172) Im Jahr 2002 waren in Berlin-Kreuzberg von der HT Flyer verteilt worden, in denen es etwa hieß: *„Die Juden sind ein Volk der Lügen, ein Volk des Verrats, das Abkommen und Verträge bricht. Sie ersinnen Unwahrheiten und verdrehen den Wortsinn. Sie verletzen ungerechterweise die Rechte anderer, töten Propheten und Unschuldige und sind die größten Feinde der Gläubigen …"* (Jungmann 2007, S. 350); sowie: *„Ihr sollt das hässliche Judengebilde vernichten und den Ruhm des Islam und die Geschichte der großen Führer wiederaufleben lassen."* Kandel (2011, S. 144).

[21] Bildquelle: Wikipedia.org.

[22] Lediglich eine spezielle Form der Schahada-Flagge, die auch von der Terrororganisation *‚Islamischer Staat'* und weiteren Terrorgruppen verwendet wird, ist gegenwärtig in Deutschland verboten.

8 Die HT im nicht-deutschsprachigen Raum

Die Hizb ut-Tahrir ist heute in über 40 Staaten aktiv, wobei sich die große Mehrheit ihrer Anhängerschaft außerhalb ihrer historischen Kern-Region, dem Nahen Osten, befindet. Da sie sich anders als andere islamistische Bewegungen (wie etwa die Muslimbrüder in Jordanien) aufgrund ihrer radikalen Ablehnung der bestehenden politischen Systeme in diese nicht einbinden ließ, ist sie seit Jahrzehnten in nahezu allen Staaten der arabischen Welt verboten und staatlicher Verfolgung und Gewalt ausgesetzt.[23] In der Folge suchte die HT einen sicheren Rückzugsraum in den demokratischen Staaten der westlichen Welt, wo sie geschützt durch die hohe Meinungsfreiheit etwa in Großbritannien, Deutschland und Österreich legal agieren konnte. Zunächst fokussierte sie sich darauf muslimische Migranten anzuwerben, die sich nur zeitweise im Land aufhielten und nach der Rückkehr in ihre Heimatländer dort eigene HT-Ableger aufbauen sollten. So kamen etwa der deutschen und australischen HT Schlüsselrollen bei der Gründung der HT Tunesien und HT Indonesien zu (vgl. Nef 2013, S. 187; vgl. Pankhurst 2016, S. 201). Ab den späten 1980ern ging die Partei dazu über, dauerhafte Strukturen für die heimisch gewordenen muslimischen Migranten zu schaffen (Taji-Farouki 1996, S. 171). Der größte und wichtigste europäische Ableger ist seit den 1980er-Jahren die HT Großbritannien,[24] von wo aus die HT in den 1990er- und 2000er-Jahren zunehmend den Versuch unternahm, in andere europäische Länder zu expandieren, etwa nach Belgien, die Niederlande, Spanien, Dänemark und Schweden.[25] Auch außerhalb Europas hat die HT in westlichen Staaten wie den USA und Australien Ableger (Hizb-America.org; Hizb-Australia.org). Deutschland ist das einzige westlich-europäische Land, in dem die HT heute verboten ist.

Außerhalb Westeuropas und des Nahen Ostens konnte die HT nach der Auflösung der Sowjetunion in den 1990er-Jahren im zentralasiatischen Raum

[23] Ausnahmen sind etwa seit 2005 der Libanon, wo sich auch die Medienzentrale der HT befindet, und seit 2012 Tunesien. Vgl. Johannsen (2008, S. 21 ff.); vgl. LfV Hamburg (2020, S. 58).

[24] Zur Geschichte und Strukturen der britischen HT siehe etwa Ahmed und Stuart (2009) und Hamid (2007).

[25] Vgl. zu Belgien etwa: Pas (2017); zu Niederlande etwa: Hizb-ut-Tahrir.nl; zu Spanien etwa: Alonso (2007). Im Jahr 2000 wurde in Dänemark mit Unterstützung aus Großbritannien ein Ableger der HT gegründet (vgl. Sinclair 2010, S. 76.), der seinerseits beim Aufbau von nachhaltigen Strukturen in Schweden half (vgl. Sveriges Radio.com 2014). Versuche seit den 1990er-Jahren in Norwegen festen Fuß zu fassen, sind bisher gescheitert (vgl. Norsk rikskringkasting 2017).

zunächst expandieren, ehe die autoritären Regime mit Verboten und gewaltsamer Repression reagierten (vgl. etwa Karagiannis 2010). In der Ukraine konnte die HT auf der Krim in den 1990er-Jahren legal Strukturen etablieren, welche nach der völkerrechtswidrigen Annexion der Halbinsel im Jahr 2014 durch Russland zerschlagen wurden, wo die HT seit 2003 als Terrororganisation eingestuft und starker Repression ausgesetzt ist.[26] In Süd- und Südostasien ist die HT in Pakistan, Bangladesch, Malaysia und insbesondere in Indonesien, dem Land mit der weltweit größten muslimischen Bevölkerung aktiv – hier hat sie auch die meisten Anhänger.[27] Die Türkei spielt für die HT eine Schlüsselrolle, da hier das Kalifat 1924 durch Mustafa Kemal Atatürk (1881–1938) als Institution offiziell abgeschafft und das Osmanische Reich, in dem der Islam eine wichtige gesellschaftliche und politische Rolle spielte, in den neuen laizistischen Staat Türkei umgewandelt wurde. Entsprechend groß ist die Abneigung der HT gegen die moderne Türkei und den Wunsch ihren Einfluss zu vergrößern. Während sich die HT generell in der jeweiligen Landessprache an ihr Publikum richtet, ist mitunter feststellen, dass sie auch dazu übergegangen ist, in Europa die große Zahl an Muslimen mit türkischen Wurzeln gezielt auf Türkisch anzusprechen.[28]

9 Die HT im deutschsprachigen Raum bis in die 2010er

In der Bundesrepublik Deutschland und Österreich wurden die ersten HT-Mitglieder bereits Ende der 1950er-Jahre bzw. in den 1960er-Jahren aktiv, wo sie an Universitäten und Hochschulen rekrutierten. Auch wenn die Anhängerschaft überschaubar gewesen sein muss und die Partei bis in die 1990er-Jahre die Öffentlichkeit scheute, kam der deutschen HT unter Führung von Taufiq Mustafa eine

[26] Menschenrechtler beklagen, dass auch andere Oppositionelle unter dem Vorwand der Mitgliedschaft in der HT verfolgt werden. Vgl. Fix (2015, S. 37, 40); vgl. Gesellschaft für bedrohte Völker (2017, S. 5); vgl. Halbach (2014).

[27] Vgl. Ahmed und Stuart (2009, S. 55 f.); vgl. Osman (2009). Bereits seit den 1980er-Jahren aktiv, konnte die HT nach der Demokratisierung 1998 wie andere islamistische Organisationen in Indonesien freier agieren und feste Strukturen etablieren. Die Zahl ihrer Anhänger wird auf mindestens einige Hunderttausend geschätzt (vgl. Nef 2013, S. 185). 2017 wurde die Partei wegen ihrer Agitation gegen die indonesische Verfassung verboten und ist seither Repression ausgesetzt (vgl. Al Jazeera.com 2017).

[28] Beispiele dafür finden sich etwa in Belgien und Deutschland (siehe unten im Beitrag unter *Nebevi Çözüm Cemiyeti;* vgl. Hizb ut-Tahrir.info (2019).

Schlüsselrolle bei der Gründung eines Ablegers in Tunesien zu. Erwähnenswert ist auch die skurril anmutende Episode der Entsendung einer Delegation im Herbst 1978, die den damals im Pariser Exil weilenden iranischen Revolutionsführer Ayatollah Ruhollah Khomeini dazu bewegen sollte, im Iran einen künftigen Staat nach Vorstellung der HT zu schaffen (vgl. Pankhurst 2016, S. 185–189, 201).

In den 1990er-Jahren ging die HT dazu über ihre Ansichten nunmehr offensiv nach außen zu tragen. Eine Schlüsselrolle kam dabei der HT in Wien zu, wo Shaker Assem, Sohn eines Ägypters und einer Österreicherin, zum offiziellen Mediensprecher der HT für den deutschsprachigen Raum aufstieg. 1992 erschien die erste Ausgabe des Magazins *Explizit,*[29] und die HT verstärkte ihre Aktivitäten an den Universitäten, auch die Versuche von anderen muslimischen Organisationen zu partizipieren oder diese gar zu unterwandern. Nachdem bekannt wurde, dass Assem im Oktober 2002 in einem Vortrag über den drohenden Irakkrieg das Kalifat gepriesen und zur Zerstörung Israels aufgerufen hatte, kam es zum öffentlichen Eklat und der Druck auf die Politik wuchs, gegen die HT vorzugehen.[30] Im Januar 2003 verhängte das Bundesinnenministerium gegen die Partei ein Betätigungsverbot, das insbesondere mit der Hetze der HT gegen Juden und den Staat Israel begründet wurde; juristische Klagen gegen das Verbot wurden 2012 in letzter Instanz vor dem Europäischen Gerichtshof für Menschenrechte abgewiesen (vgl. Bundesverwaltungsgericht 2005; vgl. European Court of Human Rights 2012).

Durch das Betätigungsverbot konnte die HT nicht mehr offen ohne strafrechtliche Konsequenzen agieren, wodurch sie in ihren Möglichkeiten zur Propagandaverbreitung und Rekrutierung stark eingeschränkt wurde. Gleichzeitig wuchs mit dem Salafismus ein neuer Rivale heran, dessen Strahlkraft auch nicht ohne Auswirkung auf die eigenen Mitglieder blieb.[31] Unter diesen schwierigen Bedingungen passte die HT sich an die neuen Gegebenheiten an und besann sich zunächst auf ihre Kernkompetenz: Unterwanderungsversuche in der muslimischen Community, bei gleichzeitiger Verschleierung der Zugehörigkeit

---

[29] Das vierteljährlich erscheinende Magazin erreichte bis 2002 eine Auflage von 5000 Exemplaren. Vgl. Micke (2007); vgl. Finke und Nibbrig (2003).

[30] Für weitere Empörung sorgte die Tatsache, dass hochrangige Rechtsextremisten im Publikum saßen (vgl. Günes und Yücel 2002). Auch in der muslimischen Community brachte dies die HT in erhebliche Erklärungsnot (vgl. Dantschke 2009, S. 426 ff.) doch ließ sich die HT davon nicht beirren, sondern intensivierte gar noch den Kontakt zur rechtsextremen Szene. Vgl. Apfel (2003); LfV Hamburg (2003); vgl. Spiegel.de (2006).

[31] So bewegten sich vor allem jüngere HT-Mitglieder ungeachtet ideologischer Unterschiede auch im salafistischen Spektrum. Vgl. LfV Berlin (2016, S. 62).

zur HT. Dabei nahm die Partei nun vor allem die Hansestadt Hamburg ins Visier, wo sie sich neu strukturierte, gegen andere muslimische Organisationen agitierte, Moscheen unterwanderte und erfolgreich neue Mitglieder anwarb.[32]

In der muslimischen Community selbst blieb die HT isoliert. Während sich moderate Muslime von ihrem aggressiven Auftreten abgestoßen fühlten, wurde ihr in der islamistischen Szene, insbesondere von den Salafisten, der Vorwurf gemacht, dass die HT zwar beständig die Notwendigkeit einer islamischen Lebensordnung predigte, in ihrem persönlichen Handeln aber inkonsequent sei und ketzerischen, falschen Glaubensvorstellungen anhing (vgl. etwa Kalifailed.wordpress.com 2008). Die Tatsache, dass die HT auch Rekrutierungsversuche in Shisha-Loungen unternahm, brachte ihr ferner die wenig schmeichelhafte Bezeichnung *‚Shisha-Islamisten‘* ein.[33] Während die salafistische Szene bis zum Jahr 2014 bundesweit auf 7000 von den Sicherheitsbehörden gezählte Personen anwuchs (vgl. BfV 2015, S. 92) konstatierte man für die HT eine Stagnation der Mitgliederzahlen bei 300, die sich bis heute in vier Ballungsräumen konzentriert – Berlin, dem Ruhr- und Rhein-Main-Gebiet und Hamburg. Die geringe Zahl an Anhängern ist auch darauf hinaufzuführen, dass das Parteileben streng geregelt ist und Verstöße rasch zum Ausschluss führen – entsprechend recht hoch ist die Mitgliederfluktuation.[34] Letztlich sollten es das Internet und vor allem die sozialen Medien sein, die der deutschen HT ab 2011 neuen Auftrieb gaben und einen Paradigmenwechsel einleiteten.

10 Neue Medien und Netzwerke der deutschen Hizb ut-Tahrir

Im Bereich der klassischen Internetseiten ist für die deutsche HT das wichtigste Format neben der deutschsprachigen Sektion des im Libanon sitzenden *Central Media Office (*www.hizb-ut-tahrir.info*)* die 2006 erstellte Webseite *Kalifat.*

[32] Zu den besonders angegriffenen Organisationen, gehörte die Schura Hamburg, ein Verband von 28 Moscheegemeinden in der Hansestadt, der die unterwanderten Gemeinden teilweise angehörten. Vgl. Klinkhammer (2012, S. 86); LfV Hamburg (2008, S. 48); LfV Hamburg (2011, S. 50); Schura Hamburg (2016); Kraetzer (2011).

[33] In Gesprächen mit dem Autor wurde der Begriff häufig von Personen verwendet, die Angehörige oder Bekannte im Umfeld der HT hatten. Vgl. Kalifailed.wordpress.com (2009); vgl. Sitzungsdienst Hamburg-Wandsbeck (2012).

[34] Vgl. BfV-Jahresberichte der Jahre 2005–2014, lediglich 2008 stieg die Zahl einmalig auf 350 (BfV-Berichte gesammelt einsehbar unter Verfassungsschutzberichte.de); vgl. LfV Hamburg (2016, S. 53).

com. Nachdem sie zwischen 2006–2010 kaum genutzt wurde, war seit 2011 ein deutlicher Anstieg von neuen Inhalten zu verzeichnen. Der Aufstieg der sozialen Netzwerke in den letzten 15 Jahren, bot politischen und gesellschaftlichen Akteuren aller Art erstmals die Möglichkeit außerhalb der klassischen Medien völlig neue Reichweiten zu erzielen. Das gilt insbesondere für die noch heute mit Abstand am meisten genutzte Social-Media-Plattform *Facebook,* sowie inzwischen vor allem auch für Formate wie *Instagram* und *TikTok.* Auch Islamisten nutzen seither intensiv die sozialen Medien zur Verbreitung ihrer Botschaften. Ab 2012 ließ sich eine deutliche Zunahme der Etablierung von deutschsprachigen islamistischen Facebook-Seiten beobachten, die wesentlich auf die sich zunehmend radikalisierende Salafistenszene zurückging, ein kleinerer Teil wies jedoch eine deutliche Nähe zum Gedankengut der Hizb ut-Tahrir auf, ohne sich offen zu dieser zu bekennen.[35] Neben zahlreichen *Laien*-Seiten etablierten sich schließlich auch hochprofessionelle Formate.[36]

10.1 Generation Islam & Realität Islam

Generation Islam (GI), gegründet 2013, ist das älteste und erfolgreichste der neuen HT-Formate. Im Internet ist GI mit einer eigenen Webseite, einem *YouTube-Kanal* mit über 45.000 Abonnenten und 4,5 Mio. Video-Aufrufen, einer Facebook-Seite mit mehr als 70.000 Abonnenten und Accounts auf Twitter (rund 5700) und Instagram (über 69.000 Abonnenten) vertreten.[37] Zentrale Gesichter von GI sind zwei unter den Namen *Ahmad Tamim* und *Umar Qadir* auftretende Prediger. Der Sitz von GI ist vermutlich in Hamburg.[38]

---

[35] Gleichwohl ließ sich die Zugehörigkeit zur HT anhand eindeutiger Bilder, Videos, Formulierungen oder gar ganzer Texte für Fachleute erkennen.

[36] Bei den professionellen Formaten finden sich nur eigens produzierte Inhalte, die mit einer hohen Fachkenntnis erstellt wurden und auch kleinste Bezüge zur HT vermeiden – dies fehlt den Laien-Formaten, die oft Material aus fremden Quellen nutzen und sich teils indirekt oder gar offen zur HT bekennen. Zu diesen Laien-Formaten zählen etwa die nachfolgend aufgeführten Quellen: Facebook – Die einzig wahre Lebensordnung; Facebook – La hawla wa la quwwata illah billah; Facebook – Verständnisse des Islam; Facebook – Vasallen des Westens.

[37] Alle Zahlen Stand 30.07.2021.

[38] In den Impressumspflichtangaben wird auf eine Rechtsanwaltskanzlei in Potsdam verwiesen.

Im November 2015 kam im Rhein-Main-Gebiet eine weitere Organisation namens *Realität Islam* (RI) hinzu, die sich als *„Zusammenschluss von gleichgesinnten Muslimen zur Ergreifung von Maßnahmen zum Aufbau einer starken und bewusst agierenden islamischen Gemeinschaft, die das Ziel verfolgt, die islamische Identität der Muslime in Deutschland zu wahren und zu festigen"* (Realität Islam 2016, S. 51), beschreibt. Im Internet ist RI ist auf YouTube mit 17.500 Abonnenten und rund 1,4 Mio. Videoaufrufen, auf Facebook mit 39.000 Followern und auf Instagram mit über 20.000 Abonnenten aktiv.[39] Eine eigene Internetseite (realitaet-islam.de) befindet sich seit geraumer Zeit im Wartungsmodus.[40] Anders als später auch GI, war RI von Anfang an auch außerhalb des Internets mit eigenen Räumlichkeiten präsent, welche sich in einem Industriegebiet in Mörfelden-Walldorf unweit von Frankfurt am Main befanden.

Öffentliche Gesichter der Bewegung sind der deutsche Konvertit Raimund Suhaib Hoffmann und der türkisch-stämmige Ali Kil. Beide waren Gesellschafter des Lebensmittelunternehmens *suessundclever®* in Mörfelden-Waldorf; die Firmenadresse (Waldecker Straße 4, 64546 Mörfelden-Walldorf) stimmte mit den Räumlichkeiten und Impressumsangaben von RI überein (letzter Zugriff am 25.06.2019). Inzwischen wird das Unternehmen nur noch von Hoffmann vertreten und sitzt in Hofheim am Taunus.[41] Die neue offizielle Adresse von *Realität Islam* ist in einem Bürogebäude im Zentrum von Frankfurt am Main untergebracht (vgl. Facebook – Realität Islam).

Während sich bei Vertretern von GI und Ali Kil keine direkte Verbindung zur HT aus dem Autor vorliegenden öffentlich zugänglichen Quellen nachweisen lässt, ist dies bei Raimund Suhaib Hoffmann der Fall. Im Jahr 2013 veröffentlichte die deutsche HT-Seite *Kalifat.com* in PDF-Form Hoffmanns im vorherigen Jahr verfasste Schrift *‚Das Leben der Nichtmuslime im islamischen Staat'*.[42] Da die HT sich von fast allen ihrer Ideologie nicht entsprechenden Organisationen und Personen distanziert, muss die Bewerbung von Hoffmanns Schrift als

[39] Alle Zahlen: Stand vom 30.07.2021.

[40] Letzter Zugriff des Autors vor Abschaltung in den seither bestehenden Wartemodus am 25.06.2019.

[41] Zugriff auf alte Adresse am 25.06.2019 unter suessundclever.de® – Webseite (a); neue Adresse Zugriff am 08.06.2021 unter: Suessundclever.de® – Webseite (b).

[42] Der Text wie auch seine Bewerbung wurden bei Kalifat.com zwischen Ende 2018 und Sommer 2019 gelöscht, nachdem der LfV Hamburg auf die Verbindung zwischen Suhaib Hoffmann, Kalifat.com und die Hizb ut-Tahrir hingewiesen hatte. Vgl. Hoffmann 2012; Kalifat.com 2013; vgl. LfV Hamburg (12/2018).

deutlicher Hinweis auf eine starke ideologische, wenn nicht gar organisatorische Nähe gedeutet werden. Auch finden sich in Schriften von RI eindeutige Parallelen zur HT, etwa in der Broschüre ‚*Realität Islam – eine Einführung*‘, in Form leicht abgewandelter Auszüge aus der Schrift ‚*Die Lebensordnung des Islam*‘ des HT-Gründers al-Nabhani (vgl. al-Nabhani 1953, S. 104; Realität Islam 2016, S. 33).

In ihren hochprofessionell produzierten Beiträgen wenden sich GI und RI vor allem an eine junge Zielgruppe, in der tagesaktuelle Themen, von nicht nur religiöser, sondern vor allem politischer und gesellschaftlicher Relevanz auf nationaler wie globaler Ebene thematisiert werden. Die Berichterstattung ist fast ausschließlich negativ konnotiert und nährt sich von realen Berichten über Anfeindungen und Gewalttaten gegen Muslime oder Ereignisse, in denen Muslime als unterdrückte Opfer wahrgenommen werden. Der Zuschauer und die Zuschauerin muslimischen Glaubens wird mit den eigenen realen Erfahrungen und Ängsten von GI und RI abgeholt und ernstgenommen; wobei die Netzwerke jedoch nicht darauf abzielen, mäßigend und beruhigend auf die Zuschauer zu wirken, sondern die bestehenden Gefühle von Angst, Ohnmacht und Wut noch zu verstärken, um sie dann subtil oder ganz offen gegen einen vermeintlichen Schuldigen und Feind zu richten und letztlich Muslime von der Mehrheitsgesellschaft und den öffentlichen Institutionen zu entfremden. Ein besonders eindrückliches Beispiel dafür ist das 2015 von GI veröffentlichte Video ‚*Der neue Jude: Der ewige Moslem*‘, in welchem GI versucht historische Parallelen zu real existierenden muslimfeindlichen Stimmungen in der Gesellschaft zu ziehen. So gebe es „*eine sehr große Ähnlichkeit der gegenwärtigen Hetzkampagne gegen die Muslime mit den Anfängen der systematischen Judenverfolgung im NS-Regime*“, ebenso vergleicht GI die gegenwärtige mediale Berichterstattung über den Islam und Muslime mit dem antisemitischen Propaganda-Film ‚*Der ewige Jude*‘ (1940) (vgl. YouTube – Generation Islam 2015).

Obgleich es sich bei den thematisierten Ereignissen um keine Fake-News handelt, bedienen sich GI und RI sehr wohl gezielter Manipulation, indem etwa Zitate kontextlos so wiedergegeben werden, dass sie zu einer maximal möglichen Empörung des Publikums führen. Weiter bedient man sich systematischer Übertreibung oder Geschichtsverfälschung, um ein Framing für ihr zentrales Narrativ zu schaffen: dass die nicht-muslimische Welt, wie auch die Regime in den islamischen Ländern, mit unterschiedlichen Methoden das Ziel verfolgen den Islam zu vernichten. In Deutschland versuche der Staat, unterstützt durch eine „*hetzerische Berichterstattung der Medien*“ (Realität Islam 2016, S. 20), einen ihm politisch genehmen, liberalen und säkularen, letztlich aber verstümmelten verfälschten Islam zu schaffen und damit langfristig die ‚*islamische Identität*‘ der Muslime auszulöschen (vgl. Realität Islam 2016, S. 22, 25).

Kritisch muss konstatiert werden, dass diese Propaganda aufbaut auf politischen Entwicklungen, Forderungen und Initiativen, die tatsächlich Eingriffe in das Leben von Muslimen in Deutschland darstellen und von einem Teil der insbesondere religiösen Muslime als Bedrohung wahrgenommen werden. Das wohl beste Beispiel dafür ist die zu Anfang geschilderte Kopftuchverbot-Debatte aus dem Jahr 2018, durch die es der HT gelang mit ihren Botschaften breite Teile der muslimischen Community anzusprechen.

10.2 Nebevi Çözüm Cemiyeti

Im Jahr 2016 wurde eine weitere professionelle Plattform gegründet: die *Nebevi Çözüm Cemiyeti* (NÇC, zu D. *Prophetische Lösung e. V.*), welche in Berlin ansässig ist und ausschließlich in türkischer Sprache agiert. Neben einer eigenen Internetseite ist NÇC auf den sozialen Netzwerken Facebook und Instagram sowie auf der Video-Plattform YouTube aktiv. 2018 wurde aufgedeckt, dass NÇC in Berlin mehrere Veranstaltungen mit hunderten Teilnehmern abgehalten hatte, bei denen hochrangige Vertreter der türkischen Hizb ut-Tahrir als Redner aufgetreten waren.[43] Der LfV Berlin, welcher zum Zeitpunkt der Aufdeckung die NÇC nicht der HT zuordnete, listet sie inzwischen als solche auf.[44]

10.3 Muslim Interaktiv

Seit dem 3. März 2020[45] agiert mit der in Hamburg ansässigen *Muslim Interaktiv* (MI) eine weitere professionelle HT-Tarnorganisation, die anders als GI und RI weit mehr in der Öffentlichkeit präsent und mit einer Reihe von Aktionen öffentlich aufgetreten ist, die von großer Professionalität, Organisation und

[43] Vgl. Kraetzer (2018). Allein dreimal wurde der Theologe Abdullah İmamoğlu eingeladen, bei einer weiteren Veranstaltung gemeinsam mit ihm auch der Autor Abdurrahim Şen. Beide traten in eindeutigen HT-Kontexten in der Vergangenheit auf. Siehe etwa: Hizb ut-Tahrir.info (2016); YouTube – Köklü Değişim Medya (2016).

[44] E-Mail vom LfV Berlin an Ulrich Kraetzer vom 07.09.2018, die dieser an den Autor weitergeleitet hat. Vgl. LfV Berlin (2019); ebender (2020, S. 110, 2021, S. 57).

[45] Das Datum bekommt Symbolkraft dadurch, dass es der Jahrestag der Abschaffung des Kalifats im Jahr 1924 ist.

Disziplin zeugen.[46] Erstmals erregte MI das öffentlich-mediales Aufsehen mit einer Kundgebung am 30. Oktober 2020 vor der französischen Botschaft am Berliner Brandenburger Tor.[47] Besondere Aufmerksamkeit erlangte eine MI-Kundgebung am 28. Mai 2021 in Hamburg, anlässlich der jüngsten militärischen Eskalation zwischen Israel und der islamistischen Hamas im Gazastreifen. Hierbei marschierten nach Polizeiangaben etwa 200 ausschließlich männliche Teilnehmer in schwarzer Kleidung mit dem Logo von MI auf dem Steindamm in Hamburg auf, wobei sie sich wie schon zuvor in Berlin vor der französischen Botschaft in martialisch-militärisch anmutenden Reihen aufstellten. Weiter wurden Flaggen mit dem MI-Logo, aber auch schwarze und weiße Schahada-Flaggen – die Flaggen der HT – geschwungen und in lauten Sprechchören Parolen gegen Israel gerufen. Es folgten empörte Reaktionen der Öffentlichkeit, mitunter wurde die Kundgebung auch als *‚antisemitisch'* gegeißelt (vgl. Meyer-Wellmann 2021). Die Oppositionsparteien CDU und AfD warfen der rot-grünen Landesregierung Versagen vor und forderten die Auflösung der Islam-Staatsverträge mit der Schura Hamburg. Damit griff insbesondere die CDU jedoch genau jene Kraft an, die seit langem der Agitation der HT ausgesetzt war; auch der LfV Hamburg bestritt eine Verbindung der HT zur Schura. Die HT ihrerseits konnte nun mit Recht behaupten, dass die Politik sogar jene Muslime angriff, die völlig unbeteiligt waren.[48]

11 Das Comeback der Hizb ut-Tahrir

Betrachtet man die Geschichte der HT in Deutschland seit ihrem Betätigungsverbot im Jahr 2003, lässt sich diese nach Ansicht des Autors in zwei Phasen unterscheiden, nämlich die Jahre 2003-2012 und 2012-2020/2021.

---

[46] Aktionen im Jahr 2020 waren ein Autokorso im März in Hamburg, eine Demonstration im Juli für die 2009 in Dresden bei einem anti-muslimisch-rassistischen Mord getötete Marwa El-Sherbini, die Kundgebung vor der französischen Botschaft am 03. November, sowie am 20. November vor der österreichischen Botschaft in Berlin. Vgl. YouTube-Muslim Interaktiv (2020-03-15); ebender (2020-07-15, 2020-11-03, 2020-11-29).

[47] YouTube – Muslim Interaktiv 2020-03-11; vgl. etwa Betschka und Fröhlich (2020) und LfV Hamburg (12/2020).

[48] Vgl. Meyer-Wellmann (2021). Bezüglich Agitation der HT gegen die Schura, vgl. LfV Hamburg (2011, S. 50).

Mit Inkrafttreten des Betätigungsverbotes wurden die bestehenden Strukturen und Mittel der HT von der Staatsgewalt zu einem wohl nicht zu unterschätzenden Anteil zerschlagen und das HT-Personenumfeld in den nächsten Jahren weiter aufgedeckt. Die HT benötigte einige Jahre, um sich neu zu formieren und setzte zur Gewinnung von neuem Einfluss auf ihre alte Kernkompetenz – die Unterwanderung. Speziell in Hamburg gelang es ihr, wenn auch mit Rückschlägen, wieder größere Strukturen zu etablieren. Wie andere islamistische Gruppen erkannte auch die HT schon bald die Möglichkeiten, die sich durch die Nutzung der aufkommenden sozialen Medien ergab und mit der sie weit mehr Menschen erreichen konnte, als durch ihre klassische direkte Arbeit vor Ort. Die Konsequenz war das zunehmende Agieren im Social-Media-Bereich und schließlich die Etablierung von hochprofessionellen Online-Formaten wie *Generation Islam.* Der Beginn der starken Nutzung von sozialen Medien um das Jahr 2011/2012 stellt daher aus Sicht des Autors einen deutlichen Paradigmenwechsel dar.

In dieser zweiten Phase begann die HT auch in der nicht-digitalen Welt wieder selbstbewusster aufzutreten. Während GI bis heute ein reines Online-Format ist, arbeitet die 2015 gegründete Initiative *Realität Islam* online wie offline, wenn auch die Internetarbeit in der Außendarstellung deutlich überwiegt. Mit der 2016 gegründeten *Nebevi Çözüm Cemiyeti* brach die HT auch mit ihrer klassischen Strategie, nur in der jeweiligen Landessprache zu agieren, und wandte sich nun auch an ausschließlich türkischsprachige Menschen in Deutschland. Was *Muslim Interaktiv* von den anderen Formaten unterscheidet, sind ihre kalkuliert provokativen öffentlichen Aktionen, die bewusst Reaktionen der nichtmuslimischen Mehrheitsgesellschaft und Öffentlichkeit provozieren. Für die HT ist dies auch riskant, da so auch der politische Druck steigt, auf die Partei und ihre Tarn- und Nachfolgeorganisationen zu reagieren. Die Aktion auf dem Hamburger Steindamm muss in jedem Fall als einschneidendes Ereignis gedeutet werden. Die Frage ist, ob die HT es riskieren wird, weitere derartige Aktionen durchzuführen und einen neuen Paradigmenwechsel einzuleiten oder aus Sorge vor staatlicher Reaktion in Zukunft unterlassen wird.

In jedem Fall zeigt sich, dass die HT ihre Anhängerschaft vergrößert. So hat sich die Zahl der von den Verfassungsschutzämtern der HT zugeordneten Personen, in den letzten drei Jahren trotz des Betätigungsverbotes von 350 (2018) auf 600 (bis Ende 2020) nahezu verdoppelt – allein 170 kamen 2020 hinzu (BfV 2021, S. 197, 244). Zwar ist die HT damit noch immer im islamistischen

Spektrum eine verhältnismäßig kleine[49] und nur in wenigen Regionen aktive Gruppe,[50] zeigt sich jedoch anders als andere islamistische Gruppen selbstbewusst zunehmend in der Öffentlichkeit, im Gegensatz zur weit größeren Salafistenszene, die seit Jahren kaum mehr öffentlich in Erscheinung tritt und ihre Arbeit in private, geschlossene Kreise verlagert hat.[51] Angesichts vieler Faktoren, die schon in der Vergangenheit das Wachstum der HT begrenzt haben, ist jedoch unwahrscheinlich, dass die HT in Zukunft eine ähnlich dynamische Entwicklung durchlaufen wird wie etwa die deutsche Salafistenszene in den Jahren 2005–2015. Auch ist nicht davon auszugehen, dass sie ihre gewaltlose Haltung aufgibt und zu einer Gefahr für die öffentliche Sicherheit wird.

Vielmehr besteht die Herausforderung für die Gesellschaft darin, dass die Hizb ut-Tahrir ohne sich selbst erkennen zu geben, systematisch und gezielt versucht Muslime in Deutschland mit ihrer radikal-islamistischen Ideologie zu beeinflussen, ihr Vertrauen in den deutschen Staat und seine Institutionen zu zerrütten und sie von der Gesellschaft zu entfremden. Damit fördert sie die Entstehung von staatsfeindlichen Parallelgesellschaften und die Orientierung an einem radikalen Islamverständnis, das die Teilnahme am demokratischen System und Wahlen, als einen im Islam verbotenen Akt des Unglaubens dämonisiert. Die Hizb ut-Tahrir greift somit die Grundpfeiler der freiheitlich-demokratischen Ordnung und Gesellschaft an und schafft einen Nährboden für antidemokratische und verfassungsfeindliche Einstellungen, auf dem noch radikalere und auch gewaltbereite Kräfte gedeihen könnten.

Unabhängig von der Frage, mit welchen rechtlichen, politischen oder zivilgesellschaftlichen Mitteln der Kampf gegen die neuen Netzwerke und Strukturen der Hizb ut-Tahrir geführt werden soll, muss ein öffentliches Bewusstsein dafür entstehen, dass der Erfolg der HT untrennbar mit dem gesellschaftlichen Klima und Diskurs und den realen Erfahrungen der deutschen Muslime mit Ausgrenzung, anti-muslimischen Rassismus und islamfeindlichen Bestrebungen

---

[49] Das Groß der insgesamt 28.715 Personen, die dem islamistischen Spektrum seitens des BfV zugerechnet werden, verteilt sich auf die salafistische Szene (12.150 Personen) und die türkische *Milli Görüş* (10.000). Auch die Anhängerschaft der Hizbullah und der Muslimbruderschaft ist nach Ansicht des BfV in Deutschland noch immer doppelt so hoch wie die Anzahl von Anhängern der HT. Vgl. BfV (2021, S. 196 f.).

[50] Allein die Hälfte der 600 Anhänger entfällt auf Hamburg. Vgl. LfV Hamburg (2021, S. 60).

[51] Dies ist wesentlich auch auf staatliche Repression in den Jahren 2012–2017 zurückzuführen. Vgl. BfV (2021, S. 194).

vonseiten der Mehrheitsgesellschaft verknüpft ist. Vor allem solange Muslime für sich die Erfahrung machen, dass die nichtmuslimische Mehrheitsgesellschaft sich in den innerislamischen Diskurs auf eine unzulässige Weise einmischt, in der sie versucht zu definieren, wie der Islam zu sein habe und traditionelle islamische Glaubenssichtweisen kriminalisiert, wird das Narrativ der HT immer wieder bestätigt werden. Ihr größter propagandistischer Erfolg – die Petition und Initiative #NichtOhneMeinKopftuch – wäre ohne die von politischer Seite begonnene Kopftuchverbot-Debatte 2018, die viele Muslime zu Recht als Angriff auf ihre persönliche Freiheit und Religion wahrnahmen, nicht möglich gewesen. Derartige Entwicklungen waren in der Vergangenheit und werden auch in Zukunft Wasser auf die Mühlen der Hizb ut-Tahrir sein.

Literatur

Al Jazeera.com (2017). *Hizb ut-Tahrir Indonesia banned 'to protect unity'*. Al Jazeera.com. https://www.aljazeera.com/news/2017/7/19/hizb-ut-tahrir-indonesia-banned-to-protect-unity. Zugriff am 06.06.2021.

Alonso, Antonio (2007). *Hizb ut-Tahrir (HuT) en España*. Athena Intelligence Journal 2/2007. Zürich: Center for Security Studies.

Ahmed, Houriya & Hannah Stuart (2009). *Hizb ut-Tahrir – Ideology and Strategy*. London: The Centre for Social Cohesion.

Apfel, Holger (2003). *Palästina von den Zionisten befreien*. Deutsche Stimme (02/2003). Riesa: Deutsche Stimme Verlag.

Baran, Zeyno (2004). *Hizb ut-Tahrir – Islam's Political Insurgency*. Washington D.C.: The Nixon Center.

Beres, Eric (2020). Verfassungsschützer warnen: „Legalistischer Islamismus" – die neue Gefahr. Tagesschau.de. https://www.tagesschau.de/investigativ/swr/politischer-islam-101.html. Zugriff am 11.06.2021.

Betschka, Julius & Alexander Fröhlich (2020). *Verfassungsschutz ist alarmiert: Demonstrierten Islamisten direkt vor dem Brandenburger Tor?*. Tagsesspiegel.de. https://www.tagesspiegel.de/berlin/verfassungsschutz-ist-alarmiert-demonstrierten-islamisten-direkt-vor-dem-brandenburger-tor/26609504.html. Zugriff am 06.06.2021.

Bundesamt für Verfassungsschutz (2011). *Verfassungsschutzbericht 2011*. Berlin: Bundesministerium des Innern.

Bundesamt für Verfassungsschutz (2015). *Verfassungsschutzbericht 2014*. Berlin: Bundesministerium des Innern.

Bundesamt für Verfassungsschutz (2021). *Verfassungsschutzbericht 2020*. Berlin: Bundesministerium des Innern.

Bundesverwaltungsgericht (2005). *BVerwG, Beschluss vom 08.08.2005 – 6 A 1.04*. https://www.bverwg.de/080805B6A1.04.0. Zugriff am 30.07.2021.

Cohen, Amnon (1982). *Politcal Parties in the West Bank under the Jordanien Regime*, 1949–1967, Cornell University Press, London.

Commins, David (1991). Taqi Al-Din an-*Nabhani* and Islamic Liberation Party. *The Muslim World* 31 (3), 194–211.

Dantschke, Claudia (2009). *Zwischen Feindbild und Partner: Die extreme Rechte und der Islamismus*. In Braun, Stephan, Alexander Geisler & Martin Gerster (Hrsg.), *Strategien der extremen Rechten: Hintergründe – Analysen – Antworten* (S. 440–460). VS Springer Verlag: Wiesbaden.

Engelleder, Denis (2002). *Die islamistische Bewegung in Jordanien und Palästina 1945–1989*. Wiesbaden: Otto Harrassowitz.

European Court of Human Rights (2012). *Application no. 31098/08 HIZB UT-TAHRIR and others against Germany*. European Court of Human Rights https://hudoc.echr.coe.int/eng#{"itemid":["001-111532"]}. Zugriff am 15.07.2021.

Facebook – Die einzig wahre Lebensordnung. *Facebook-Seite*. Facebook.com. https://www.facebook.com/dewl0. Zugriff am 08.06.2021.

Facebook – La hawla wa la quwwata illah billah. *Facebook-Seite*. Facebook.com. https://www.facebook.com/lhwlqib. Zugriff am 08.06.2021.

Facebook – Realität Islam: *Info*. Facebook.com, https://www.facebook.com/realitaetislam/about/?ref=page_internal. Zugriff am 29.07.2021.

Facebook – Vasallen des Westens: *Facebook-Seite*. Facebook.com. https://www.facebook.com/VasallendesWesten. Zugriff am 08.06.2021.

Facebook – Verständnisse des Islam. *Facebook-Seite*. Facebook.com. https://www.facebook.com/verst.des.islam. Zugriff am 08.06.2021.

Finke, Rüdiger & Hans Nibbrig (2003). *16 Wohnungen von Islamisten durchsucht: Aktion gegen Hizb ut Tahrir und Unigruppe*. Welt.de. https://www.welt.de/print-welt/article667688/16-Wohnungen-von-Islamisten-durchsucht-Aktion-gegen-Hizb-ut-Tahrir-und-Unigruppe.html. Zugriff am 07.06.2021.

Fix, Liane (2015). Grimmige Realitäten. In: Deutsche Gesellschaft für Internationale Politik e. V. (Hrsg.), *Väterchen Frust* (S. 36–41). Internationale Politik 1/2015. Berlin.

Gesellschaft für bedrohte Völker (2017). *Drei Jahre Annexion der Krim (2014–2017)*. Göttingen: Gesellschaft für bedrohte Völker e. V.

Ghazal, Amal (2016). "Illiberal" Thought in the Liberal Age: Yusuf al-Nabhani (1849-1932), Dream-Stories and Sufi Polemics Against the Modern Era. In Jens Hanssen & Max Weiss (ed.), *Arabic Thought Beyond the Liberal Age: Towards an Intellectual History of the Nahda* (S. 214-233). Cambridge: Cambridge University Press.

Gökaya, Hasan & Parvin Sadigh (2018). *Das Kopftuch für Kinder ist kein Trend*. Zeit.de. https://www.zeit.de/gesellschaft/familie/2018-04/nordrhein-westfalen-kopftuchverbot-maedchen-debatte-meinungen/komplettansicht. Zugriff am 25.07.2021.

Gross, Werner (1996). Was eine alternativ-spirituelle Gruppe zur Sekte macht. In Werner Gross (Hrsg.). *Psychomarkt – Sekten – Destruktive Kulte*, Bonn: Deutscher Psychologen Verlag GmbH, [3. Aufl, 1998].

Günes, Ziya & Denis Yücel (2002). *Im Gebetsraum sind Fremde unerwünscht*. https://www.tagesspiegel.de/berlin/im-gebetsraum-sind-fremde-unerwuenscht/360680.html. Zugriff am 30.07.2021.

Haug, Sonja, Stephanie Müssig & Anja Stichs (2009). *Muslimisches Leben in Deutschland*. Nürnberg: Bundesamt für Migration und Flüchtlinge.

Halbach, Uwe (2014). *Analyse: Die Krimtataren in der Ukraine-Krise.* Bundeszentrale für politische Bildung. Online-Dokument. http://www.bpb.de/internationales/europa/ukraine/195184/analyse-die-krimtataren-in-der-ukraine-krise. Zugriff am 06.06.2021.

Hamid, Sadek (2007). *Islamic political radicalism in Britain: The case of Hizb ut-Tahrir.* Liverpool: Liverpool Hope University.

Hizb-America.org. *Hizb ut-Tahrir America,* https://hizb-america.org/. Zugriff am 06.06.2021.

Hizb-Australia.org. *Hizb ut-Tahrir Australia,* https://www.hizb-australia.org/. Zugriff am 06.06.2021.

Hizb ut-Tahrir.info (2016). *International Khilafah "Caliphate" Symposium held in Istanbul.* Hizb ut-Tahrir.info. http://www.hizb-ut-tahrir.info/en/index.php/dawah/turkey/9783.html. Zugriff am 06.06.2021.

Hizb ut-Tahrir.info (2019). *Hizb-ut Tahrir/Belçika: Konferans; "İnsanlar İçerisinden Çıkarılmış En Hayırlı Ümmet". Hizb ut-Tahrir.info.* http://www.hizb-ut-tahrir.info/tr/index.php/dava-haberleri/belçika/12148.html. Zugriff am 06.06.2021.

Hizb-ut-Tahrir.nl. *Hizb ut-Tahrir Nederland.* https://hizb-ut-tahrir.nl/. Zugriff am 06.06.2021.

Hoffmann, Suhaib (2012). *Das Leben der Nichtmuslime im islamischen Staat.* Docplayer.org. https://docplayer.org/68662039-Suhaib-hoffmann-1-auflage-1433-n-h-n-chr.html. Zugriff am 29.07.2021.

Johannsen, Harald (2008). *Hizb ut-Tahrir – ihr Modell des islamischen Staates und ihr Verhalten im politischen Diskurs des Libanon.* Tübingen: Eberhard-Karls-Universität Tübingen.

Jungmann, Alexander (2007). *Jüdisches Leben in Berlin.* Bielefeld: transcript Verlag.

Kalifailed.wordpress.com (2008). *10 Dinge, die du über HT wissen solltest und was sie von der Ahl as-Sunnah unterscheidet.* Kalifailed.wordpress.com. https://kalifailed.wordpress.com/2008/02/19/10-dinge-die-du-uber-ht-wissen-solltes-und-was-sie-von-der-ahl-as-sunnah-unterscheidet/. Zugriff am 08.06.2021.

Kalifailed.wordpress.com (2009). Ein Bild, eine Realiät, Hizb ut-Tahrir!. Kalifailed.wordpress.com. https://kalifailed.wordpress.com/2009/06/11/ein-bild-eine-realitaet-hizb-ut-tathir/. Zugriff am 08.06.2021.

Kalifat.com (2013). *Buchtipp: Das Leben der Nichtmuslime im islamischen Staat* (Hrsg. Suhaib Hoffmann). Kalifat.com. http://kalifat.com/artikel/283-buchtipp-das-leben-der-nichtmuslime-im-islamischen-staat-hrsg-suhaib-hoffmann/. Letzter aktiver Zugriff am 05.06.2017 – Seite gelöscht.

Kalifat.com (2017). *Die Loyalität der Vereinigten Arabischen Emirate und deren Position zu einigen brisanten Angelegenheiten in der Region. Kalifat.com.* http://kalifat.com/artikel/1322-die-loyalitaet-der-vereinigten-arabischen-emirate-und-deren-position-zu-einigen-brisanten-angel/. Zugriff am 12.06.2021.

Kandel, Johannes (2011). *Islamismus in Deutschland.* Freiburg im Breisgau: Herder.

Karagiannis, Emmanuel (2010). *Political Islam in Central Asia – The Challenge of Hizb ut-Tahrir.* Oxon: Routledge.

Klinkhammer, Gritt (2012). *Religionswissenschaftliches Gutachten über die Eigenschaft der Dachverbände „Verband der Islamischen Kulturzentren e. V." (VIKZ), „DITIB – Landesverband Hamburg e. V." und „SCHURA – Rat der islamischen Gemeinschaften in Hamburg e. V." als Religionsgemeinschaften im Sinne der Betätigung *in „umfassender Religionspflege" nach ihrem „geistigen Gehalt" und „äußeren Erscheinungsbild"*. Bremen: Universität Bremen.

Kraetzer, Ulrich (2011). *Hamburger Moscheen werden unterwandert.* Welt.de. https://www.welt.de/politik/deutschland/article13436875/Hamburger-Moscheen-werden-unterwandert.html. Zugriff am 29.06.2021.

Kraetzer, Ulrich (2018). *Islamisten hetzen trotz Verbots in Berlin.* Berliner Morgenpost. https://www.morgenpost.de/berlin/article215505715/Islamisten-hetzen-trotz-Verbot-in-Berlin.html. Zugriff am 06.06.2021.

Landesamt für Verfassungsschutz Baden-Württemberg (2019). *Verfassungsschutzbericht 2018*. Stuttgart: Ministerium für Inneres, Digitales und Migration.

Landesamt für Verfassungsschutz Berlin (2016). *Verfassungsschutzbericht 2015*. Berlin: Senatsverwaltung für Inneres und Sport.

Landesamt für Verfassungsschutz Berlin (2019). *Verfassungsschutz Berlin Bericht 2018*. Berlin: Senatsverwaltung für Inneres und Sport.

Landesamt für Verfassungsschutz Berlin (2020). *Verfassungsschutz Berlin Bericht 2019*. Berlin: Senatsverwaltung für Inneres und Sport.

Landesamt für Verfassungsschutz Berlin (2021). *Verfassungsschutz Berlin Bericht 2020 – Pressefassung*. Berlin: Senatsverwaltung für Inneres und Sport.

Landesamt für Verfassungsschutz Hamburg (2003). *Rechtsextremisten unterhalten weiterhin Kontakte zu Mitgliedern von "Hizb ut-Tahrir"*. LfV Hamburg. https://www.hamburg.de/innenbehoerde/archiv/231958/rechtsextremisten-kontakte-hizb-ut-tahrir-artikel/. Zugriff am 07.06.2021.

Landesamt für Verfassungsschutz Hamburg (2008). *Verfassungsschutzbericht 2007*. Hamburg: Behörde für Inneres und Sport.

Landesamt für Verfassungsschutz Hamburg (2011). *Verfassungsschutzbericht 2010*. Hamburg: Behörde für Inneres und Sport.

Landesamt für Verfassungsschutz Hamburg (2014). *Verfassungsschutzbericht 2013*. Hamburg: Behörde für Inneres und Sport.

Landesamt für Verfassungsschutz Hamburg (2015). *Verfassungsschutzbericht 2014*. Hamburg: Behörde für Inneres und Sport.

Landesamt für Verfassungsschutz Hamburg (2016). *Verfassungsschutzbericht 2015*. Hamburg: Behörde für Inneres und Sport.

Landesamt für Verfassungsschutz Hamburg (12/2018). *Islamistische Veranstaltung in Glinde geplant*. Hamburg.de. https://www.hamburg.de/innenbehoerde/schlagzeilen/11944902/realitaet-islam-hut/. Zugriff am 29.07.2021.

Landesamt für Verfassungsschutz Hamburg (2019). *Verfassungsschutzbericht 2018*. Hamburg: Behörde für Inneres und Sport.

Landesamt für Verfassungsschutz Hamburg (2020). *Verfassungsschutzbericht 2019*. Hamburg: Behörde für Inneres und Sport.

Landesamt für Verfassungsschutz Hamburg (12/2020). *Neue Hamburger Gruppierung mit Nähe zur Hizb ut-Tahrir (HuT)*. Hamburg.de. https://www.hamburg.de/innenbehoerde/schlagzeilen/14709388/islamismus-muslim-interaktiv-hut/. Zugriff am 06.06.2021.

Landesamt für Verfassungsschutz Hamburg (2021). *Verfassungsschutzbericht 2020*. Hamburg: Behörde für Inneres und Sport.

Mayer, Thomas (1982). The military force of Islam: The society of the Muslim Brethren and the Palestine question. In Elen Kedourie & Sylvia G. Haim, *Zionism and Arabism in Palestine and Israel.* New York: Routledge.

Meier, Andreas (1994). *Der politische Auftrag des Islam.* Wuppertal: Peter Hammer Verlag.

Meier, Christian (2021). *Was ist eigentlich unter "politischem Islam" zu verstehen?.* Bundeszentrale für politische Bildung. https://www.bpb.de/politik/extremismus/radikalisierungspraevention/326260/was-ist-eigentlich-unter-politischem-islam-zu-verstehen. Zugriff am 15.07.2021.

Meyer-Wellmann, Jens (2021). *Senat unter Druck: Wieder Streit in Hamburg über Islamverträge.* Abendblatt.de. https://www.abendblatt.de/hamburg/article232535321/Wieder-Streit-in-Hamburg-ueber-Islamvertraege.html. Zugriff am 15.06.2021.

Micke, Andrea (2007). *Nische für radikale Muslime?.* Waz.de. https://www.waz.de/staedte/duisburg/nische-fuer-radikale-muslime-id1917362.html. Zugriff am 07.06.2021.

Milton-Edwards, Beverly (1996). *Islamic Politics in Palestine.* New York: I.B. Tauris.

al-Nabhani, Taqiuddin (1953). *Die Lebensordnung des Islam.* Kalifat.com. http://kalifat.com/fileadmin/user_upload/Lebensordnung_des_Islam_Nizam-ul-Islam.pdf. [autorisierte Ausgabe 2001]. Zugriff am 30.07.2021.

al-Nabhani, Taqiuddin & Abd al-Qadim Zallum. (1953). *Das Regierungssystem im Islam.* Kalifat.com. http://kalifat.com/fileadmin/user_upload/Regierungssystem_im_Islam_neu.pdf. [6., erweit. Auflage, 2002]. Zugriff am 30.07.2021.

al-Nabhani, Yusuf (1894). *Forty Narrations on the Obligation to Obey the Ruler.* Wroclaw: CreateSpace Independent Publishing Platform [kommentierte Neuausgabe 2015].

NDR.de (2018). *Zuwachs in der Hamburger Islamistenszene.* NDR.de. https://www.ndr.de/nachrichten/hamburg/Zuwachs-in-der-Hamburger-Islamistenszene,islamisten216.html. Zugriff am 06.05.2019 – Seite nicht mehr aufrufbar [14.06.2021].

Nef, Claudia (2013). Promoting the Caliphate on Campus. In Mardawi Rasheed, Carol Kersten & Marat Shterin (hrsg.), *Demystifying the Caliphate* (S. 185–205). London: Hurst.

Norsk rikskringkasting (2017). *Kalte seg sprengningsekspert på jobbintervju.* https://www.nrk.no/urix/kalte-seg-sprengningsekspert-pa-jobbintervju-1.13468009. Zugriff am 06.06.2021.

OpenPetition.de (2018). *Deine Stimme gegen das Kopftuchverbot.* OpenPetition.de. https://www.openpetition.de/petition/statistik/deine-stimme-gegen-das-kopftuchverbot. Zugriff am 14.06.2021.

Osman, Mohamed Nawab Mohamed (2009). *Hizbut Tahrir Malaysia – the emergence of a new transnational islamist movement in Malaysia*, Canberra: Australian National University.

Pankhurst, Reza (2016). *Hizb-ut-Tahrir – The Untold History of the Liberation Party.* London: Hurst.

Pas, Barbara (2017). *De activiteiten van de radicaal islamitische groepering Hizb ut-Tahrir. Minister van Justitie.* https://web.archive.org/web/20180912054631/http://www.lachambre.be/kvvcr/showpage.cfm?section=qrva&language=nl&cfm=qrvaXml.cfm%3Flegislat%3D54&dossierID=54-b102-866-1573-2016201713361.xml. Zugriff am 06.06.2021.

Pfündel, Katrin, Anna Stichs & Kerstin Tanis (2021). *Muslimisches Leben in Deutschland 2020.* Nürnberg: Bundesamt für Migration und Flüchtlinge.

Realität Islam (2016). *Realität Islam – eine Einführung*. Frankfurt am Main: Realität Islam [3. Aufl.].

Sankari, Jamal (2010). *An-Nabhani and Hizb ut-Tahrir*, Saarbrücken: VDM.

Schulze, Reinhard (2016). *Geschichte der islamischen Welt – Von 1900 bis zur Gegenwart*. München: C.H. Beck.

Schura Hamburg (2016). *10 Jahre SCHURA*. SchuraHamburg.de. https://schurahamburg.de/10-jahre-schura/. Zugriff am 25.07.2021.

Sinclair, Kirstine (2010). *The Caliphate as Homeland: Hizb ut-Tahrir in Denmark and Britain*. Odense: University of Southern Denmark.

Sitzungsdienst Hamburg-Wandsbeck (2012). *Aktivitäten der Gruppe Hizb ut-Tahrir (HuT) in Wandsbek*. Sitzungsdienst Hamburg-Wandsbeck. https://sitzungsdienst-wandsbek.hamburg.de/bi/vo020.asp?VOLFDNR=12908. Zugriff am 08.06.2021.

Spiegel.de (2006). *NPD-Kontakte zu Islamisten*. Spiegel.de. http://www.spiegel.de/politik/deutschland/terror-npd-kontakte-zu-islamisten-a-433256.html. Zugriff am 30.07.2021.

Steinberg, Guido (2005). *Der nahe und der ferne Feind*. München: C.H. Beck.

Suessundclever.de® – Webseite (a). *Über uns*. https://suessundclever.de/ueber-uns/. Zugriff am 25.06.2019.

Suessundclever.de® – Webseite (b). *Impressum*. https://suessundclever.de/impressum/. Zugriff am 08.06.2021.

Sveriges Radio.com (2014). *Wunschziel: Schweden als Kalifat*. https://sverigesradio.se/sida/artikel.aspx?programid=2108&artikel=5990587. Zugriff am 22.09.2018 [Seite gelöscht, 16.07.2021].

Taji-Farouki, Suha (1996). *A Fundamental Quest – Hizb al-Tahrir and the Search for the Islamic Caliphate*. London: Grey.

Verfassungsschutzberichte.de. *Sammlung aller Verfassungsschutzberichte von Bund und Ländern*. https://verfassungsschutzberichte.de/. Zugriff am 08.06.2021.

Wissenschaftliche Dienst des Bundestags (2017). *Schule und Religionsfreiheit – wäre ein Kopftuchverbot für Schülerinnen rechtlich zulässig*. Bundestag.de. https://www.bundestag.de/resource/blob/497902/67aecff4a679020c68f8c0cefaafe132/wd-3-277-16-pdf-data.pdf. Zugriff am 14.06.2021.

Wöhler-Khalfallah, Khadija Katja (2013). Netzwerke und ideologische Wurzeln der arabischen Fundamentalisten in Deutschland. In Thorsten Gerhald Schneiders (hrsg.). *Die Araber im 21. Jahrhundert: Politik, Gesellschaft, Kultur*. Wiesbaden: Springer VS Verlag.

YouTube – carlito2278 (2018). *Is it sinful not to work with Hizb ut-Tahrir? | Sheikh Abu Talha Malkawi*. YouTube.com. https://www.youtube.com/watch?v=vWXIfsX1yXI. Zugriff am 30.07.2021.

YouTube – Generation Islam (2015). *Der neue Jude: Der ewige Moslem – Animation*. YouTube.com. https://www.youtube.com/watch?v=pUMKypgCspQ. Zugriff am 29.07.2021.

YouTube – Köklü Değişim Medya (2016). *ABDULLAH İMAMOĞLU'NUN ULUSLARARASI HİLAFET KONFERANSI KONUŞMASI*. YouTube.com. https://www.youtube.com/watch?v=IvbNlhnrAHQ. Zugriff am 06.06.2021.

YouTube- Muslim Interaktiv (2020-03-15). *Muslim Interaktiv setzt Zeichen* | #Hanau2020 *Autokolonne*. YouTube.com. https://www.youtube.com/watch?v=5b4NO8Sbh78. Zugriff am 05.06.2021.

YouTube – Muslim Interaktiv (2020-07-15). *Muslim Interaktiv setzt Zeichen | #KeinEinzeltäter Marwa El-Sherbini.* YouTube.com. https://www.youtube.com/watch?v=5VNaz5VRP30. Zugriff am 05.06.2021.

YouTube – Muslim Interaktiv (2020-11-29). *Muslim Interaktiv setzt Zeichen | #AnschluSS Österreich.* YouTube.com. https://www.youtube.com/watch?v=p7zWxe2nLmY. Zugriff am 05.06.2021.

YouTube – Muslim Interaktiv (2020-11-03). *Muslim Interaktiv setzt Zeichen | #LaGrandeTyrannie Frankreich.* YouTube.com. https://www.youtube.com/watch?v=PHPE6DH_qvA. Zugriff am 05.06.2021.

Zallum, Abd al-Qadim (1990). *Die Demokratie ist ein System des Unglaubens.* Kalifat.com. http://kalifat.com/fileadmin/user_upload/buecher_de/Demok-End-1-Seite.pdf. Zugriff am 30.07.2021.

Zeit.de (2018). *Österreichs Regierung plant Kopftuchverbot für kleine Mädchen.* Zeit.de. https://www.zeit.de/politik/ausland/2018-04/sebastian-kurz-oevp-kopftuchverbot-regierung-oesterreich. Zugriff am 30.07.2021.

Bildquellen

Wikipedia.org: HT Parteilogo. https://en.wikipedia.org/wiki/Hizb_ut-Tahrir#/media/File:HizbTahrir_logo_main.jpg. Zugriff am 06.06.2021.

Patrick Möller studierte Islamwissenschaft an der Philipps-Universität Marburg sowie Arabisch an der Ain Shams-Universität in Kairo und der United Arab Emirates University in Al-Ain, Vereinigte Arabische Emirate. Seine Forschungsschwerpunkte sind Islamismus und Islam in Deutschland. Von 2015–2020 arbeitete er in der Radikalisierungs-Prävention gegen religiös-begründeten Extremismus in Frankfurt am Main für die Violence Prevention Network gGmbh.

Einzeltäter als Modus operandi: Zur Gewaltstrategie des Islamischen Staates in Westeuropa

Ulrich Schneckener

Zusammenfassung

Auf der Basis von 45 Anschlägen, die von Mai 2014 bis Ende 2018 in acht westeuropäischen Staaten stattfanden, wird die terroristische Gewaltstrategie des Islamischen Staates (IS) näher charakterisiert. Besondere Beachtung findet dabei, dass 37 der ausgewerteten Anschläge von Einzeltätern durchgeführt wurden, zumeist mit einfachsten technischen Mitteln. Diese Individualisierung des Attentats, die bereits früher in der dschihadistischen Bewegung als Methode propagiert wurde, steht im Mittelpunkt der Analyse. Zum einen wird auf unterschiedliche Einzeltäter-Typen hingewiesen, deren Bezug zum IS und dessen Umfeld stark variiert. Zum anderen gilt es die Vor- und Nachteile eines solchen Modus Operandi für Terrorgruppen sowie die Herausforderungen für staatliche Sicherheitsbehörden zu erörtern.

Schlüsselwörter

Islamischer Staat · Terrorismus · Einzeltäter · Westeuropa

U. Schneckener (✉)
Universität Osnabrück, Osnabrück, Deutschland
E-Mail: ulrich.schneckener@uni-osnabrueck.de

1 Einleitung[1]

Am 24. Mai 2014 erschoss der damals 29-jährige Mehdi Nemmouche im Eingangsbereich des Jüdischen Museums in Brüssel vier Menschen mit einem Sturmgewehr. Die Opfer waren zwei israelische Touristen, eine französische Praktikantin und ein belgischer Techniker des Museums. Der Täter, ein französischer Staatsbürger algerischer Herkunft, konnte fliehen; er wurde aber wenige Tage später in Marseille gefasst und an die belgischen Behörden ausgeliefert. Nemmouche war nachweislich längere Zeit beim „Islamischen Staat" (IS, *Daesh*) in Syrien aktiv, nach Zeugenaussagen als Aufpasser in einem IS-Foltergefängnis. Er pflegte enge Kontakte in die frankophone dschihadistische Szene und gehörte zum Umkreis der späteren Attentäter von Paris und Brüssel. Nicht untypisch begann seine Radikalisierung und Islamisierung während einer Haftstrafe (2007–2012) für Diebstähle und Gewaltverbrechen (Kepel 2016, S. 153–159).

Dieser Anschlag, verübt von einem IS-Rückkehrer, gilt als erster Terrorakt mit IS-Bezug in Europa. Seitdem erlebten westeuropäische Gesellschaften eine Serie von größeren, kleineren und Kleinst-Attentaten, die direkt oder mittelbar im Zusammenhang mit dem IS standen. Primäre Anschlagsziele waren vielbesuchte öffentliche Orte wie Museen, Flughäfen, Bahnhöfe, Konzerthallen, Geschäfts- und Ausgehviertel oder Weihnachtsmärkte. Die Liste der Schauplätze reicht von Brüssel, Paris, Nizza und Marseille über London, Manchester, Kopenhagen, Stockholm, Barcelona bis nach Berlin, aber auch an kleineren, weniger exponierten Orten kam es vereinzelt zu Attentaten. Auf der Basis von 45 Anschlägen unterschiedlicher Größenordnung und Machart, die von Mai 2014 bis Ende 2018 in acht westeuropäischen Staaten stattfanden, geht es um eine Einordnung dieser Welle terroristischer Gewalt.

Im Vordergrund steht dabei weniger die Frage, warum der IS ab 2014/2015 in Westeuropa verstärkt zur terroristischen Gewaltstrategie griff, sondern vielmehr auf welche Art und Weise dies geschah. Der IS verfolgte mit seinen Aufrufen zu Attentaten das strategische Ziel, die „Kampfzone" nach Westeuropa auszuweiten und eine Polarisierung zwischen muslimischen und nichtmuslimischen Bevölkerungsteilen in westlichen Demokratien zu befördern – was einem Leitmotiv der transnationalen, dschihadistischen Bewegung entspricht. Gleichwohl

[1] Bei diesem Beitrag handelt es sich um eine gekürzte und überarbeitete Version von Schneckener (2019).

unterscheidet sich das Profil der IS-bezogenen Anschläge deutlich von jenen Al-Qaida-Attacken, die nach 9/11 weltweit stattfanden – wie bspw. die simultan durchgeführten Sprengstoffanschläge in Madrid (11.03.2004) oder London (07.07.2005). 37 der 45 untersuchten Anschläge wurden von Einzeltätern *(lone actors)* durchgeführt – primär mit einfachen technischen Mitteln wie Stichwaffen oder Fahrzeugen. Dies bedeutet keineswegs, dass diese Attentäter stets auf eigene Faust handelten bzw. als mehr oder minder sozial isoliert agierten. Im Gegenteil: Es zeigen sich unterschiedliche Profile von Einzeltätern, bei denen der Bezug zum IS-Netzwerk stark variierte. Die IS-Gewaltstrategie folgte damit einem *Modus operandi,* der seit längerem von dschihadistischen Milieus und Anführern propagiert wurde.

Im Folgenden wird die Terrorstrategie im Kontext des Gewaltgeschehens in der Kriegsregion Syrien-Irak verortet, um deutlich zu machen, inwiefern Westeuropa stärker in das Visier des IS geriet (2). Im Anschluss daran werden die Daten zu Anschlägen in Westeuropa (3), das vielschichtige Einzeltäter-Phänomen (4) und der daraus resultierende Modus operandi für Attentate (5) näher analysiert, ehe abschließend ein Ausblick auf die künftige Entwicklung des IS folgt (6).

2 Die Entwicklung der IS-Gewaltrepertoires

Die global ausgerichtete Terrorstrategie des IS lässt sich nicht unabhängig vom Gewaltgeschehen in der Kriegsregion Syrien/Irak betrachten. Der vermeintliche Siegeszug des IS sowie die Ausrufung des „Kalifats" lösten offenkundig eine Radikalisierung und Mobilisierung innerhalb salafistischer, gewaltgeneigter Milieus in westlichen Gesellschaften und anderen Weltregionen aus, er versorgte diese mit einem neuen Deutungs- und Rechtfertigungsangebot. Die militärischen Erfolge der Dschihadisten übten eine erhebliche Attraktion aus und erhöhten die Folge- und Gewaltbereitschaft von Anhängern weltweit, was sich nicht zuletzt an der hohen Zahl von rund 30.000 ausländischen Kämpfern *(Foreign Fighters)* zeigte, die es, teilweise begleitet von Familienangehörigen, bis Ende 2015 in das Kriegsgebiet zog.[2] Allein aus den EU-Ländern sollen bis zu 6.000 Personen als Kämpfer nach Syrien gereist sein, wobei das Gros aus vier Staaten stammte:

[2] Diese Zahl geht auf Berichte der Vereinten Nationen zurück. Sie bezieht sich nicht allein auf den IS, sondern auch auf andere dschihadistische Akteure in Syrien/Irak. Die ausländischen Kämpfer stammen danach aus mehr als 100 Staaten; vgl. www.un.org/sc/ctc/wp-content/uploads/2016/09/FTF-Report-1-3_English.pdf (Zugriff vom 13.09.2019).

Belgien, Großbritannien, Frankreich und Deutschland (ICCT 2016; Bures 2018; Vidino et al. 2017, S. 25–26).

Verstärkt wurde dieser Effekt durch die Aufforderung des selbst ernannten „Kalifen" Abu Bakr al-Baghdadi an alle Rechtgläubigen, in die „befreiten" Gebiete „Groß-Syriens" auszureisen. Diese Auswanderung erklärte er zur religiösen Pflicht und wurde in Anlehnung an die überlieferte Flucht Mohammeds von Mekka nach Medina als *Hidschra* bezeichnet (Kepel 2016, S. 188–195). Der IS knüpfte damit ideologisch an salafistische Weltbilder und Überzeugungen an, wonach Muslime nicht (mehr) in einer „falschen", nichtmuslimischen Gesellschaft leben dürften, sobald es eine Alternative gibt. Während bei Al-Qaida die Kalifatsidee als ferne Utopie weitgehend abstrakt blieb, konnte der IS seine Anhänger mit der Realisierung einer „neuen Welt" locken. Offenbar traf dieses Angebot auf Nachfrage und bediente, teils pop-kulturell und mehrsprachig unterlegt, eine gewisse Sinnsuche, nicht zuletzt unter jungen Muslimen (darunter auch Konvertiten) in der europäischen Diaspora. Die Ausrufung des „Kalifats" war insofern ein strategischer Triumph gegenüber der verfeindeten Al-Qaida und untermauerte den hegemonialen Anspruch des IS innerhalb der dschihadistischen Bewegung. Der „Sprecher" des IS, Abu Mohammed Al-Adnani[3], machte den globalen Anspruch deutlich: „Tatsächlich führen wir nicht Dschihad, um ein Land zu verteidigen oder es zu befreien oder es zu kontrollieren […]. Unser Koran jedoch schreibt uns vor, die gesamte Welt zu bekämpfen, ohne Ausnahme." [4]

Die Ausweitung der Terrorstrategie ab 2014 folgte jedoch einer anderen Handlungslogik, die als Reaktion auf die sich verändernden Bedingungen in der Kriegsregion verstanden werden kann. Im September 2014 begannen die ersten Luftangriffe der US-geführten „internationalen Allianz gegen den IS" auf Stellungen und Kämpfer des „Kalifats", gefolgt von Gegenoffensiven syrisch-kurdischer bzw. irakisch-schiitischer Verbände am Boden. In dem Maße, wie das territoriale Kalifatsprojekt – zunächst im Irak, dann in Syrien – an seine

[3] Al-Adnani gilt als Mitglied der IS-Gründergeneration und war bereits bei dem IS-Vorläufer „Al-Qaida im Irak" aktiv. Er war zudem für die Spezialeinheit für externe Operationen (genannt *Emni*) des IS verantwortlich und fungierte als Drahtzieher von Anschlägen in Europa. Ende August 2016 wurde er durch einen Luftangriff in Syrien getötet.

[4] Eigene Übersetzung aus dem Englischen. Al-Adnani-Rede vom 22. Mai 2016, „And Those Who Lived [In Faith] Would Live Upon Evidence". www.pietervanostaeyen.com/2016/05/22/abu-muhammed-al-adnani-ash-shami-and-those-who-lived-in-faith-would-live-upon-evidence/ (Zugriff vom 01.09.2019).

räumlichen Grenzen und auf Gegenwehr stieß, gewann die globale Terrorstrategie für die IS-Führung an Bedeutung. Statt das bisherige Motto vom „Bleiben und Ausdehnen" zu propagieren, wurde nun vermehrt zu Anschlägen in den (westlichen) Herkunftsländern der ausländischen Kämpfer aufgerufen, um das Gewaltprogramm des IS auf andere Weise fortzusetzen. Das Drehbuch dazu wurde ebenfalls von Al-Adnani entworfen. Im September 2014 rief er IS-Sympathisanten in aller Welt zu Attacken auf, für die jede Methode und jedes Mittel recht zu sein schienen:

> „Das Beste, was Ihr tun könnt, ist, Euch bestmöglich zu bemühen, Ungläubige zu töten, egal ob er Franzose, Amerikaner oder einer seiner Verbündeten ist. […] Wenn Ihr kein IED [*Improvised Explosive Device*; U.S.] oder keine Kugel findet, dann greift Euch einen ungläubigen Amerikaner, Franzosen oder einen ihrer Verbündeten heraus. Zertrümmert seinen Kopf mit einem Stein, oder schlachtet ihn mit einem Messer ab, oder überfahrt ihn mit einem Auto, oder werft ihn von einem hohen Ort herunter, oder würgt ihn, oder vergiftet ihn. […] Solltet Ihr dazu nicht in der Lage sein, dann verbrennt sein Haus, Auto, oder Geschäft. […] Solltet Ihr dazu nicht in der Lage sein, dann spuckt ihm ins Gesicht." [5]

Sinngemäß wiederholte er diesen Aufruf mehrfach, ehe er im Mai 2016 den strategischen Wert solcher Attentate für den IS nochmals explizit deutlich machte:

> „Wirklich, die kleinste Tat, die Ihr in deren Land tut, ist geliebter als die größte Tat, die Ihr hier tut, sie ist wirksamer für uns und schädlicher für sie. Wenn jemand von Euch sich wünscht und bemüht, die Länder des Islamischen Kalifats zu erreichen, dann wünscht jeder von uns an Eurer Stelle zu sein, um sie als Kämpfer, Tag und Nacht, in Angst zu versetzen und zu terrorisieren, bis *jeder Nachbar seinen Nachbarn* fürchtet." [6]

Die Zitate können als Beleg für einen Strategiewechsel des IS gelten, wonach Sympathisanten nicht mehr – wie noch zuvor – dazu aufgerufen wurden, sich dem „Kalifat" anzuschließen, um vor Ort eine neue politische Ordnung

---

[5] Eigene Übersetzung aus dem Englischen. Siehe Al-Adnani-Rede vom 22. September 2014, „Indeed Your Lord Is Ever Watchful". www.pietervanostaeyen.com/2014/09/25/abu-muhammed-al-adnani-ash-shami-indeed-your-lord-is-ever-watchful/ (Zugriff vom 01.09.2019). Siehe auch Vidino et al. 2017, S. 29–31.

[6] Eigene Übersetzung aus dem Englischen; Hervorhebung U.S. Siehe Al-Adnani-Rede vom 22. Mai 2016, „And Those Who Lived [In Faith] Would Live Upon Evidence". www.pietervanostaeyen.com/2016/05/22/abu-muhammed-al-adnani-ash-shami-and-those-who-lived-in-faith-would-live-upon-evidence/ (Zugriff vom 01.09.2019).

aufzubauen, sondern stattdessen zu Gewalttaten jedweder Art in ihren Herkunftsländern aufgefordert wurden. Der IS folgte damit einem Handlungsmuster, das aus anderen Bürgerkriegskontexten bekannt ist: Gewaltakteure greifen im Zuge einer Eskalation auf die Strategie des Terrorismus zurück, wenn andere Optionen nicht mehr zur Verfügung stehen, wenn sie sich militärisch unter Druck oder politisch auf dem absteigenden Ast sehen. Im Unterschied zu stärker lokal gebundenen Gewaltakteuren des syrischen Bürgerkriegs verfügte der IS aufgrund seiner transnationalen Vernetzung über mehr Mittel und Wege, die „Kampfzone" räumlich wie virtuell nach Westeuropa, aber auch in andere Regionen (wie Nordafrika oder Afghanistan) auszudehnen und Gewalt zu „exportieren".

3 Zur Anatomie IS-bezogener Anschläge in Westeuropa (2014–2018)

Welchen Widerhall fand der von der IS-Führung propagierte Strategiewechsel in Westeuropa? Zunächst muss man konstatieren, dass die Datenlage zu dschihadistischen – oder konkreter zu IS-bezogenen – Anschlägen in Europa alles andere als eindeutig ist (Schneckener 2019, S. 451–453). Die hier präsentierte Datenerhebung konzentriert sich ausschließlich auf *stattgefundene* Anschläge, andere Gewalttaten wie Schießereien oder Sprengstoffeinsätze im Kontext von Festnahmen oder Razzien wurden ebenso wenig erfasst wie fehlgeschlagene, vereitelte oder lediglich geplante Anschläge. Die Daten basieren auf einer Auswertung öffentlicher Quellen zu bestimmten Tatmerkmalen (Ort, Tatmittel, Anschlagsziel, Todesopfer, Zahl und Herkunft der Täter etc.) bei Anschlägen in acht westeuropäischen Ländern. Berücksichtigt wurden Fälle, bei denen zumindest zwei von drei Kriterien erfüllt waren: (i) die Attentäter haben sich selbst als IS-Sympathisanten bzw. als IS-Kämpfer bezeichnet, sei es vor, während oder nach der Tat;[7] (ii) die jeweiligen Sicherheitsbehörden stuften den Anschlag

[7] In die Liste aufgenommen wurde auch das Attentat auf die Redaktion der Zeitschrift *Charlie Hebdo* in Paris (7. Januar 2015), obgleich sich die beiden Attentäter zur Gruppierung „Al-Qaida auf der Arabischen Halbinsel" bekannt hatten. Gleichwohl hat auch der IS diese Tat für sich beansprucht, nicht zuletzt weil die Kouachi-Brüder in enger Abstimmung mit Amédy Coulibaly handelten, der am 9. Januar 2015 für den Überfall auf den Hyper Cacher-Supermarkt verantwortlich war. Coulibaly hatte per Video dem IS-Führer Al-Baghdadi den Treueeid geleistet, er verteidigte zugleich die Anschläge als „legitim" und als Reaktion auf den westlichen Angriff auf das „Kalifat". Der IS widmete Coulibaly im Online-Magazin *Dabiq* im Februar 2015 einen glorifizierenden Nachruf und erklärte ihn zum Vorbild für Dschihad-Kämpfer im Westen. Zu den Biografien und Bekenntnissen der Attentäter vgl. Kepel 2016, S. 229–253.

als Tat mit IS-Bezug ein, nicht selten auf Grundlage der Auswertung von digitalen Spuren (wie etwa Chat-Verläufe, Messenger-Dienste, Facebook) oder von persönlichen Kontakten in die entsprechende Dschihadisten-Szene und/oder (iii) der IS hat sich über seine medialen Kanäle, vor allem über die Plattformen *Amaq* oder *Islamic State News,* zur Tat bekannt bzw. die Täter zu „Soldaten des IS“ erklärt.

Auf dieser Grundlage wurden 45 Anschläge im Zeitraum von 2014 bis 2018 gezählt, bei denen ein direkter oder indirekter Bezug zum IS bestand bzw. aufgrund der Indizien sehr plausibel erscheint. Die Liste (siehe Anhang) beginnt mit dem geschilderten Anschlag auf das Jüdische Museum in Brüssel (24. Mai 2014) und endet mit dem Attentat in der Nähe des Weihnachtsmarktes in Straßburg (11. Dezember 2018). Rein quantitativ betrachtet lag der Höhepunkt der Anschlagswelle in den Jahren 2016 (13) und 2017 (18), 2018 sank die Zahl der Anschläge auf vier. Zeitlich fällt dies genau mit jener Phase zusammen, in der der IS in der Kriegsregion mit territorialen Einbußen und militärischer Gegenwehr zu kämpfen hatte.

Die ausgewerteten Attentate fügen sich nicht in ein klares Muster, sondern variieren hinsichtlich der Vorgehensweise, der Wahl der Tatorte und der Tatmittel, ihrer Größenordnung, der Zahl der Opfer sowie den biografischen Hintergründen der Täter. Auch wenn hier Tatereignisse in einen Datensatz zusammenführt wurden, ist es wichtig zu betonen, dass es sich keineswegs um ein zusammenhängendes, in sich geschlossenes, gar von einer zentralen Schaltstelle koordiniertes Tatgeschehen handelt. Zwar gab es zwischen einzelnen Attentätern direkte Verbindungen. Dies gilt insbesondere für das französisch-belgische Netzwerk um den in Brüssel geborenen Abdelhamid Abaaoud (1987–2015), der sich medial als IS-Kämpfer in Szene setzte und seine Mitstreiter primär aus seinem Brüsseler Freundes- und Bekanntenkreis rekrutierte. Das Netzwerk war nicht nur für die komplexeren Anschläge von Paris (13. November 2015) und Brüssel (22. März 2016) verantwortlich, wo es in Anlehnung an das frühere Al-Qaida-Schema fast zeitgleich an mehreren Tatorten zuschlug, sondern soll auch in ein Dutzend weiterer Plots involviert gewesen sein (Nesser et al. 2016, S. 9). Insgesamt jedoch wirken Abfolge wie auch Machart der Anschläge weniger orchestriert als vielmehr erratisch, maßgeblich geprägt durch Opportunitäten vor Ort.

Dennoch lassen sich in deskriptiver Form Häufungen feststellen, die durchaus Rückschlüsse auf die Fähigkeiten und Möglichkeiten des IS bzw. seiner Anhängerschaft in Westeuropa erlauben: Die *Tatorte* befanden sich schwerpunktmäßig in Frankreich (21), Belgien (8), Großbritannien (7) und Deutschland (5), je ein Attentat wurde in Dänemark (Kopenhagen), Schweden (Stockholm), Finnland (Turku) und Spanien (Barcelona) registriert. Allein 21

Anschläge betrafen drei europäische Hauptstädte: Paris (11), Brüssel (5) und London (5). Als *Tatmittel* kamen größtenteils Hieb- und Stichwaffen (unter anderem Messer, Machete, Beil, Hammer) zum Einsatz (insgesamt 25-mal, davon 19-mal ausschließlich), während Schusswaffen (zumeist Sturmgewehre) zwölfmal, Fahrzeuge (PKW und LKW) sowie Sprengsätze unterschiedlicher Bauart je achtmal genutzt wurden. In einigen Fällen wurden Tatwerkzeuge auch kombiniert (zum Beispiel PKW-Attacke gegen Passanten, gefolgt von Messereinsatz). In drei Fällen handelte es sich um Selbstmordattentate im eigentlichen Sinne (Paris, Brüssel und Manchester), bei denen der Anschlag notwendigerweise die Selbsttötung des Attentäters voraussetzt.

Insgesamt gab es 358 *Todesopfer,* wobei mehr als 80 % auf das Konto von fünf Anschlägen gingen (Paris 130 Tote; Nizza 86; Brüssel 32; Manchester 22; Barcelona 16), während sich 72 Tote auf weitere 18 Anschläge verteilten.[8] Bei neun Attentaten gab es ein bis zwei Tote, bei 15 mehr als zwei Tote. Bei fast der Hälfte der Attentate (21) kam es nicht zu Todesopfern, obgleich die Täter in klarer Tötungsabsicht handelten. Die meisten Opfer sind Zivilisten, die sich an den jeweiligen Tatorten aufhielten. Ein Drittel aller Anschläge (15) wurde gleichwohl ausschließlich und gezielt auf uniformierte Sicherheitskräfte (Polizei oder Armee) verübt, hauptsächlich in Frankreich und Belgien.

An den Anschlägen waren insgesamt 70 *Attentäter* beteiligt (69 Männer, eine Frau), bei denen es sich fast ausschließlich um terroristische Ersttäter handelte, was gleichwohl Erfahrungen im Umgang mit Gewalt und Waffen nicht ausschließt. 45 von ihnen überlebten den Anschlag nicht, weil sie durch den eigenen Sprengsatz starben oder bei der Tatausführung bzw. beim Versuch der Festnahme von den Sicherheitskräften erschossen wurden. Bei den meisten Anschlägen haben die Täter ihren eigenen Tod einkalkuliert oder bewusst herbeigeführt. 21 Attentäter konnten festgenommen werden, ein Attentäter beging später in Haft Selbstmord. Fast die Hälfte der Attentäter (31) war den Sicherheitsbehörden (Polizei oder Geheimdiensten) bereits bekannt, sei es weil sie als islamistische „Gefährder" unter Beobachtung standen oder weil sie durch kleinkriminelle Handlungen (vor allem Drogendelikte, Diebstahl, Gewaltkriminalität) aufgefallen waren. Bei mindestens 14 Attentätern waren längere, teils auch mehrfache Haftstrafen aufgrund von Straftaten aktenkundig.

Nahezu zwei Drittel der Attentäter (45 von 70) können als „homegrown" gelten: Sie wurden entweder im Land der Tat geboren oder sind dort als Kinder

[8] Bei diesen Zahlen sind die beim Tatgeschehen getöteten Attentäter nicht berücksichtigt.

von Einwanderern aufgewachsen. In Belgien, Frankreich und Großbritannien verfügen sie zudem in der Regel über die jeweilige Staatsbürgerschaft. Nur wenige der 70 Attentäter kamen in jüngerer Zeit (seit 2011) als Flüchtlinge oder Asylbewerber nach Europa, ehe sie sich mutmaßlich im Aufnahmeland radikalisierten. *Foreign Fighters* mit Kampferfahrung bzw. entsprechenden Trainings spielten bei den Anschlägen eine deutlich geringere Rolle als vielfach vermutet. Zwölf Täter können als IS-Rückkehrer aus Syrien/Irak eingestuft werden, davon waren die meisten an den Anschlägen von Paris und Brüssel beteiligt (Brisard und Jackson 2016, S. 12–13). Bei weiteren sechs Personen konnte eine versuchte Ausreise nach Syrien nachgewiesen werden.

Der bemerkenswerteste Befund besteht jedoch darin, dass eine geringe Zahl an Anschlägen gemeinschaftlich von mehreren Tätern begangen wurde: In fünf Fällen war ein Täterduo oder -trio im Einsatz, nur dreimal bestand die Gruppe aus „hit teams" mit mehr als drei Attentätern (Paris, Brüssel und Barcelona), darunter häufig auch Brüderpaare. Gleichwohl: 37 der 45 Anschläge wurden von *Einzeltätern* durchgeführt. Gingen 2015 sechs von acht Anschlägen auf Einzeltäter zurück, waren es 2016 neun von 13 und 2017 16 von 18 Attentaten. 2018 wurden alle registrierten Anschläge von Einzeltätern begangen. Mit Blick auf das Gesamtgeschehen zeigt sich daher: Das Spektrum an Tätern und Anschlagsformen ist zwar groß, aber koordinierte, simultan durchgeführte Operationen, die auf eine möglichst hohe Opferzahl abzielen, bildeten eine Ausnahme. Stattdessen dominierten *low-tech-*, *low-skill-* und *low-cost-*Anschläge, in der Regel verübt durch Einzeltäter. Auch solche Gewalttaten können verheerende Folgen haben, wie etwa der LKW-Anschlag auf der *Promenade des Anglais* in Nizza (14.07.2016) zeigte. Das Einzeltäter-Phänomen verdient daher eine genauere Analyse.

4 ***Lone actor*** **statt** ***lone wolf:*** **Versuch einer Einzeltäter-Typologie**

In der Literatur wurde der terroristische Einzeltäter lange Zeit mit der Figur des „einsamen" bzw. „vereinzelten Wolfes" *(lone wolf)* assoziiert (Bakker und De Graaf 2011; Spaaij 2012; Simon 2013; Hamm und Spaaij 2017). Eng damit verbunden sind Konzepte wie *freelance terrorism* (Kushner 2003), *leaderless jihad* (Sageman 2008) oder *do it yourself-terrorism* (Jenkins 2011). Gemeinsam ist ihnen die Vorstellung von Tätern, die ihre Terroranschläge mehr oder minder autonom ohne die Unterstützung durch Komplizen bzw. ohne Auftrag durch eine Organisation durchführen und sich – in der Regel online – selbst radikalisieren. Diese Annahmen erweisen sich jedoch bei näherer Betrachtung als problematisch: Zum einen verfügt die *lone wolf*-Metaphorik über wenig Differenzierungspotenzial, um der Varianz unterschiedlicher Tätertypen gerecht zu werden. Zum anderen unterschätzt diese Etikettierung die Bedeutung von familiären Bindungen, persönlichen Kontakten und Loyalitäten, die Einbettung in ein soziales Umfeld, den Einfluss von gewaltlegitimierenden Narrativen sowie milieubezogene Prozesse der Radikalisierung, offline wie online, denen Einzeltäter vielfach unterliegen.

In einer Reihe von Studien wird darauf hingewiesen, dass Einzeltäter in ihrer Mehrzahl keineswegs so „einsam", „alleine" oder „sozial isoliert" zu Werke gehen, wie es der Begriff semantisch nahelegt, sondern sich in Abstufungen durchaus tatrelevante Bezüge zu anderen Personen, Gruppen oder Netzwerken finden (Schuurman et. al. 2018, S. 1193; Gill et. al. 2014, S. 430). Dieser Umstand wird dadurch untermauert, dass sich eine hohe Zahl an Einzeltätern offenkundig aktiv darum bemüht, von dritter Seite eine Bestätigung, Legitimation oder „Absolution" für ihre Gewalttaten zu erhalten. Schuurman et al. (2019) rufen daher das „Ende des lone wolf" als wissenschaftliches Konzept aus. Stattdessen wird neutraler von *lone actor terrorists* (Gill et al. 2014; Schuurman et al. 2018) oder *single actor terrorism* (Nesser 2012; Ellis 2016) gesprochen, um die sozialen Bezüge von Einzeltätern stärker zu betonen.

Dabei bleibt die Frage offen, wie sich die Bandbreite an Einzeltätern abbilden lässt. Die Daten machen deutlich, dass der IS-Bezug sehr unterschiedlicher Natur sein kann: In wenigen Fällen gibt es einen engeren organisatorischen Zusammenhang zwischen Attentätern, IS-Kommandeuren und IS-Führungsebene, in anderen gehen die Attentäter aus lokalen radikalisierten Milieus von IS-Sympathisanten hervor. Manche Täter werden gezielt von „IS-Anwerbern" rekrutiert, nicht zuletzt durch Kontakte über soziale Medien oder Messenger-Dienste, andere wiederum fühlen sich durch die IS-Ideologie legitimiert und durch die Gewalttaten anderer inspiriert. Es zeigt sich, dass *loneness* ein relatives Konzept ist, das unterschiedliche Abstufungen zulässt, je nachdem wie sich die Beziehungen zwischen *lone actors* und ihrem sozialen Umfeld über die Zeit entwickeln (Lindekilde et. al. 2018, S. 3). Je nach Grad des Organisationsbezuges lassen sich daher idealtypische Konstellationen unterscheiden, in denen Einzeltäter auf den Plan treten.

(a) *Lone attacker:* Diese Variante trifft auf organisierte Einzeltäter zu, die zwar eine Tat alleine ausführen, während an der Vorbereitung weitere Personen beteiligt sind, ohne dass diese stets in alle Details der Attentatsplanung eingeweiht sein müssen. Diese Vorgehensweise gehört durchaus zu den üblichen Praktiken terroristischer Gruppierungen. Die Angreifer sind entweder Teil einer lokalen Terrorzelle oder eines größeren Netzwerks, das die Attentäter finanziell, logistisch und ideologisch unterstützt. Diese Konstellation traf bspw. auf die Anschläge auf das Jüdische Museum in Brüssel bzw. auf den Thalys-Zug Brüssel-Paris (21.08.2015) zu, da beide Attentäter in enger Verbindung zum franko-belgischen Dschihadisten-Netzwerk standen. Ein ähnlicher Zusammenhang wird für den Einzeltäter bei den Polizistenmorden in Magnanville (13.06.2016) vermutet. Bei diesem Typus finden sich häufiger Personen, die mit dem Umgang von Waffen und Explosivstoffen bereits stärker vertraut sind, sei es aufgrund einer kriminellen Vorgeschichte oder wegen ihrer Aufenthalte in Kriegsregionen.

(b) *Lone operator:* In diesen Fällen agieren Einzeltäter – im Unterschied zu *lone attackers* – nicht als Teil einer Gruppe oder eines Netzwerks, sondern planen in stärkerem Maße ihre Anschläge eigenständig. Dennoch spielen inter-personale Kontakte eine wichtige Rolle, um zu konkreten Taten motiviert zu werden. Diese Kontaktaufnahme geschieht häufig über soziale Medien (Foren, Chats). Entweder suchen sie selbst aktiv Kontakt zum IS-Umfeld (etwa zu einflussreichen Predigern), sie werden von Dritten „empfohlen" oder gezielt von IS-Anwerbern angesprochen. Im Zuge von solchen „radicalizing micro-settings" (Lindekilde et al. 2018, S. 5), die sowohl online als auch offline – oftmals mit klandestinem Charakter – bestehen können, mag der Entschluss reifen, selbst zum Attentäter zu werden. Dabei wirken sogenannte „Instrukteure" aus dem IS-Umfeld ermunternd und beratend mit, indem sie technische Hilfe anbieten, Anschlagsoptionen diskutieren, operative Details erläutern oder „Bekennervideos" entgegennehmen, die später über IS-Kanäle veröffentlicht werden können.

Für diese Einzeltäter ist es von zentraler Bedeutung, dass ihre Taten vorab von der relevanten Peer-Gruppe autorisiert werden und sie „von höherer Stelle" das „Go" erhalten. Die Anschläge im Regionalzug in der Nähe von Würzburg (18.07.2016) sowie auf ein Freiluftkonzert in Ansbach (24.07.2016) entsprechen diesem Typus. Beide Männer, die als Flüchtlinge nach Deutschland gekommen waren, hatten laut Ermittlungen per Internet-Chats Kontakte zu „Instrukteuren" aus dem Ausland und wurden von diesen, zum Teil über Monate, zu ihren Taten animiert. Die veröffentlichten Chatprotokolle zeigen, dass diese Personen mit konkreten Vorschlägen und Anweisungen versuchten, auf Tatzeitpunkt, Wahl des Tatorts sowie Machart des Anschlags Einfluss zu nehmen. Ähnliches galt für den Anschlag auf den Berliner Weihnachtsmarkt (19.12.2016): Der Attentäter Anis Amri, der per Bekennervideo den Treueeid auf den IS-Führer ablegte, stand bis kurz vor der Tat in Kontakt mit einem IS-Gewährsmann. Auch der Selbstmordanschlag auf das Konzert in Manchester (22.05.2017) wurde von einem Täter verübt, der nach Angaben der Behörden regelmäßig im Austausch mit IS-Kämpfern in Libyen stand. In Sicherheitskreisen wird daher auch von „ferngesteuerten Einzeltätern" gesprochen. Diese Metapher dürfte allerdings die Steuerungsfähigkeit des IS über digitale Kanäle überschätzen, da die „Instrukteure" keine wirkliche Kontrolle ausüben können, sondern eher eine bestärkende und begleitende Rolle spielen. Es handelt sich vielmehr um eine Art „coaching", bei dem (potenzielle) Attentäter ideologisch, psychologisch und operativ-logistisch unterstützt werden.

(c) *Inspired loner:* Bei diesem Typus geht es um Einzelgänger im engeren Sinne, die ihre Gewalttaten unabhängig von Dritten und ausschließlich auf eigene Faust durchführen. Ihnen dient die IS-Ideologie und -Propaganda als primäre Inspirationsquelle, ohne dass sie im Vorfeld der Tat Kontakt zum IS oder nahestehenden Milieus haben. Sie nutzen als „Autodidakten" Anleitungen und Anregungen für Anschläge von dschihadistischen Online-Magazinen oder Internet-Foren. Nicht selten handelt es sich bei ihnen um „Nachahmungstäter", die nicht nur durch Gewalttaten anderer stimuliert werden, sondern auch deren Anschlagsmuster kopieren. Sie bekennen sich zumeist kurz vor oder sogar erst während ihrer Tat zum Dschihad bzw. zum IS durch entsprechende Ausrufe, die in der Szene als Signale verstanden werden. Die Mehrzahl der kleineren Attentate mit Hieb- und Stichwaffen dürfte in diese Kategorie gehören. Bei dieser Konstellation verschwimmt mitunter der schmale Grat zwischen einem politisch-ideologisch motivierten Terrorakt und einer Gewalttat, bei der stärker persönliche Motive (Frustrationen, Kränkungen, Rachegefühle) zum Tragen kommen.

Die drei Varianten haben primär einen heuristischen Wert, da die Zuordnung konkreter Fälle vielfach mit erheblichen Schwierigkeiten verbunden ist, die mit der unsicheren Quellenlage zusammenhängen: Erstens können sich im Laufe der Ermittlungen neue Erkenntnisse über Hintergründe und Kontakte von Attentätern ergeben, die dazu führen, dass sich eine Einstufung als voreilig erweist, was vor allem für vermeintliche *inspired loner* gilt. Zweitens kamen, wie die Auswertung der 45 Anschläge zeigt, die meisten Attentäter bei ihrer Tat ums Leben. Persönliche Motivation, biografische Hintergründe und personelle Zusammenhänge können so trotz vielfältiger digitaler Spuren nicht immer restlos rekonstruiert werden. Drittens besteht vielfach eine grundsätzliche Unsicherheit über den Organisationsbezug. Selbst wenn im Nachgang der Tat keine direkte Verbindung zum IS festgestellt werden kann, heißt es nicht, dass es keine gab. Umgekehrt gilt aber auch: Selbst wenn sich der IS zu einer Tat bekannt hat, bedeutet dies nicht, dass die Organisation oder einzelne Kommandeure zuvor mit dem Attentäter in einem Kontakt standen.

Die Pfade, auf denen Einzeltäter sich radikalisieren und zu einer Tat entschließen, können zudem über die drei Konstellationen hinweg stark variieren und werden auf der Mikro-Ebene durch eine Reihe von Idiosynkrasien wie der Persönlichkeitsstruktur, des mentalen und psychischen Zustands, den individuellen Gewalterfahrungen oder einschneidenden persönlichen Erlebnissen geprägt, sodass sich kaum klare Muster oder Verlaufsformen rekonstruieren – oder gar im Vorfeld einer Tat antizipieren – lassen. Als Orientierung ist gleichwohl die Unterscheidung zwischen einer *embedded* und einer *peripherial lone actor*-Radikalisierung hilfreich (Lindekilde et al. 2018, S. 7–8). Im ersten Fall handelt es sich um Einzeltäter, die mit einem radikalen Milieu oder kleineren Gruppen enger verbunden sind, die sich aber entscheiden, einen Anschlag im Alleingang durchzuführen. Teilweise ziehen sie sich bewusst aus solchen Beziehungen zurück, um die Risiken einer Enttarnung zu minimieren oder weil sich die Gruppe schlicht nicht als aktionsfähig erwies („formerly embedded"). Bei der zweiten Variante geht es primär um Personen, die zwar in der Vergangenheit vereinzelte Kontakte in solche Milieus unterhalten haben, die aber letztlich randständig blieben, da sie aufgrund ihrer persönlichen Disposition nicht in der Lage oder willens waren, sich in eine größere Gruppe zu integrieren. Mit Blick auf die Dreier-Typologie lässt sich argumentieren, dass die Radikalisierung von *lone attacker* und *lone operator* in unterschiedlichem Maße „embedded" erfolgt, während die des *inspired loner* eher „peripheral" verläuft.

Bei beiden Varianten spielt daher, wenngleich in unterschiedlicher Intensität, ein Kleingruppen- oder Netzwerkbezug eine wichtige stimulierende Rolle für Einzeltäter, nicht selten befördert durch Freundes- und Verwandtschaftsbeziehungen. Eine solche Funktion übernehmen „radical settings" (Lindekilde et al. 2018, S. 7) oder „radicalization hubs" (Vidino et al. 2017, S. 83). Dazu zählen in Westeuropa insbesondere die transnational aktiven *ShariaFor*-Netzwerke oder ähnliche radikal-salafistische Bewegungen, die sich nahezu zeitgleich ab 2010/2011 in Großbritannien *(Islam4UK, Need4Khilafah, Muslims Against Crusades),* den Niederlanden *(Sharia4Holland, Straatdawah),* Belgien *(Sharia4Belgium, Zerkani-Netzwerk),* Frankreich *(Forsan Alizza),* Dänemark *(Kaldet til Islam)* oder Deutschland (unter anderem *Millatu Ibrahim, LIES/*

Die wahre Religion, Deutsch-Islamischer Kulturverein Hildesheim) bildeten. In der Regel gruppierten sie sich um einen einflussreichen Anführer („Prediger"), sie machten teils auch mit bewusst provozierenden, öffentlichen Auftritten auf sich aufmerksam (zum Beispiel „Scharia-Polizei"). Die dabei entstandenen Netzwerke wurden zu wichtigen Anlaufpunkten zur Rekrutierung von ausländischen Kämpfern, aber auch von späteren Attentätern wie etwa in Deutschland Anis Amri. Kurzum: Einzeltäterschaft erweist (fast immer) als „ein soziales Phänomen" (Malthaner und Hoebel 2020: 4), bei dem Personen zwar allein handeln, sich aber als Teil eines sozialen Kontexts begreifen, als Teil eines Milieus, das ihre Taten stimuliert und gutheißt.

5 Attentate durch Einzeltäter als *Modus operandi*

Studien, die in größerem Umfang Daten zu *lone actor*-Plots ausgewertet haben, kommen zu dem Ergebnis, dass das Gros der Täter entweder dem dschihadistischen oder dem rechtsextremistischen Milieu zuzuordnen sei (Gill et. al. 2014; Ellis et. al. 2016; Schuurman et. al. 2018). Dies kann wenig überraschen, da unter militanten Rechtsextremisten und *White Supremacists,* insbesondere in den USA, bereits seit den 1980er Jahren *leaderless*-Konzepte propagiert wurden, um Gleichgesinnte zu Gewalttaten aufzufordern und gleichzeitig das Risiko zu minimieren, im Vorfeld einer Tat ins Visier der Sicherheitsbehörden zu geraten. Diese taktischen Überlegungen machen sich seit längerem auch Ideologen und Strategen des Dschihadismus zunutze. Als Beispiele von *lone actor*-Attentaten mit islamistischem Hintergrund gelten Mohammed Bouyeri (Ermordung des niederländischen Filmemachers Theo van Gogh, 2004), Nidal Malik Hasan (Fort Hood, USA, 2009), Arid Uka (Frankfurter Flughafen 2011) oder Mohammed Merah (Montauban/Toulouse, Frankreich, 2012), die allesamt mutmaßlich durch Al-Qaida bzw. Al-Qaida-nahe Prediger inspiriert wurden (Nesser 2012, S. 66). Statistisch wird bereits seit Mitte der 2000er Jahre eine signifikante Zunahme von dschihadistischen Einzeltätern in westlichen Staaten registriert (Nesser et al. 2016, S. 13; Van Dongen 2017, S. 10).

Die Gewaltstrategie des IS war insofern keineswegs innovativ, sondern verstärkte einen bereits zuvor erkennbaren Trend in dschihadistischen Milieus. Eine wesentliche Rolle dabei spielten die Schriften und Aufrufe von radikalen Vordenkern wie dem spanisch-syrischen Islamisten Abu Musab al-Suri („Call for Worldwide Islamic Resistance", 2005), dem ägyptischen Al-Qaida-Propagandisten Abu Jihad al-Masri („How to fight alone", 2006) oder dem amerikanisch-jemenitischen Prediger Anwar Al-Awlaki („44 Ways to Support

Jihad“, 2009), der eine Reihe von Einzeltätern durch seine zahllosen *Youtube*-Auftritte inspiriert haben soll.[9] Auch in Al-Qaida-nahen Publikationen wurde für Anschläge durch Individuen oder kleine Zellen geworben, die keiner direkten Führung und Anweisung bedürften. Das beste Beispiel dafür ist das englisch- und arabischsprachige Online-Magazin *Inspire* (seit 2010), das sich gezielt an junge Muslime in den USA oder in Westeuropa wendete. Dazu gab es eine Rubrik, genannt „Open Source Jihad“, in der sich DIY-Hinweise fanden, wie sich jede oder jeder mit einfachen Mitteln am globalen Dschihad beteiligen könne (Peil 2012, S. 33–34; Ingram 2018, S. 6). Die mehrsprachigen IS-Publikationen *Dabiq* (2014–2016, insgesamt 15 Ausgaben) bzw. *Rumiyah* (seit September 2016) knüpften nahtlos an diese Form zur Anstiftung individueller Taten an (Ingram 2018, S. 11–22).

Das taktische Mittel der Einzeltäter bietet aus Sicht terroristischer Gruppierungen zweifellos Vorteile: Erstens lassen sich Einzeltäter vielfach als „violent role models“ (Schuurman et. al. 2018, S. 1195) preisen und heroisierte Identifikationsfiguren für die gesamte Bewegung nutzen. Ihre Biografien und Taten werden über verschiedene Propagandakanäle genutzt, um die eigene Anhängerschaft zu mobilisieren und zu Gewalttaten zu animieren. Damit sollen Ansteckungs- oder Nachahmungseffekte provoziert werden, bei denen Täter auf Täter und Tat auf Tat folgen. In diesem Kontext wird von einem „copycat behaviour“ (Van Dongen 2017, S. 12) ausgegangen, bei dem ein bestimmter, erfolgreicher Modus operandi von anderen kopiert und imitiert wird. Die kurze Abfolge von IS-bezogenen Attentaten nach einem ähnlichen Schema (Fahrzeug- oder Messerattacken) in den Jahren 2016/2017 mag in der Tat auf einen solchen Effekt zurückzuführen sein.

Zweitens lässt sich der Einsatz von Einzeltätern als eine Reaktion auf die verstärkten Anti-Terrormaßnahmen westlicher Sicherheitsbehörden verstehen, nicht zuletzt mit Blick auf deren Möglichkeiten zur Überwachung von Telekommunikation, Internet, Transaktionen und Mobilität. Anschläge, die von

[9] Abu Musab al-Suri (geb. 1958), der auch als „Architekt des globalen Dschihad“ bezeichnet wird, wurde 2005 in Pakistan verhaftet, an Syrien ausgeliefert und dort zumindest bis 2014 inhaftiert. Abu Jihad al-Masri (geb. 1961) wurde 2008 bei einem US-Luftangriff im pakistanischen Nord-Wasiristan getötet. Anwar Al-Awlaki (geb. 1971) war zunächst als Prediger in den USA und in Großbritannien tätig, ehe er sich 2004 im Jemen niederließ und von dort propagandistisch über soziale Medien und Videos für den Dschihad warb. Er war der erste amerikanische Staatsbürger, der von der US-Regierung zu einem Ziel für eine gezielte Tötung erklärt wurde (Peil 2012, S. 39–42). Er und sein Sohn (ebenfalls ein US-Bürger) wurden 2011 durch Drohnenangriffe im Jemen getötet.

Einzeltätern mit einfachsten Mitteln und fast ohne zeitlichen Vorlauf geplant werden, können von staatlichen Sicherheitsbehörden kaum im Vorfeld aufgeklärt und verhindert werden. Dies gilt – wie zahlreiche Fälle belegen – selbst dann, wenn Täter zuvor bereits unter Beobachtung stehen, als „Gefährder" eingestuft oder aufgrund anderer Straftaten auffällig wurden. Untersuchungen zeigen in der Tat, dass Plots von Einzeltätern deutlich häufiger zur Ausführung kommen als jene von Gruppen oder Zellen, die im Vergleich eher von Polizei oder Geheimdiensten enttarnt werden können (Nesser und Sternersen 2014, S. 8). Darüber hinaus stellte der häufig anzutreffende Tatmodus fortgesetzter und wahlloser Tötung von Personen durch Fahrzeuge, Schuss- oder Stichwaffen, bis der Täter schließlich ausgeschaltet oder überwältigt wurde, die Sicherheitskräfte vor erhebliche operative Herausforderungen. Zumindest in Metropolen wie Paris, London und Brüssel wurde darauf mit einem erhöhten Einsatz von bewaffneten Kräften (in der Regel Soldaten) im öffentlichen Raum reagiert, die Stadtzentren, Märkte, Bahnhöfe oder Flughäfen schützen.

Die Einzeltäter-Taktik ist jedoch für Terrororganisationen auch mit Risiken und Nebenwirkungen verbunden, zumal sie auf eine zunehmend beschränkte Fähigkeit zur Gewaltanwendung verweist. Der von Al-Adnani ausgerufene Strategiewechsel des IS wirkte bei aller kämpferischen Rhetorik nicht wie eine Demonstration organisatorischer Stärke, sondern dürfte eher als Beleg für eine reduzierte Planungs- und Steuerungskapazität der IS-Zentrale dienen. Die IS-Führung musste nicht nur darauf vertrauen, dass die Appelle bei sympathisierenden Milieus in Westeuropa auf Resonanz stießen, sondern sie verlor auch bis zu einem gewissen Grad die Kontrolle über die Auswahl der Täter, den Zeitpunkt, Ort und Modus von Anschlägen. Der *lone operator* kann als Versuch gewertet werden, diesen Problemen mangelnder Steuerung entgegenzuwirken, indem über soziale Medien gezielt potenzielle Einzeltäter angesprochen und instruiert werden.

Doch auch in diesen Fällen bleibt die Kontrolle über das Tatgeschehen und die Fähigkeiten des Attentäters weit geringer als bei einer längeren Planung mit geschultem Personal. Im Kontext von terroristischen Zellen oder hierarchisch geführten Organisationen werden persönliche Motive und Befindlichkeiten in der Regel den Zielen und Interessen des Kollektivs untergeordnet und in eine entsprechende Richtung kanalisiert. Wenn jedoch der Zugriff der Organisation abnimmt, treten persönliche Motive, Wahrnehmungen und Erfahrungen umso stärker in den Vordergrund und nehmen Einfluss auf den Tathergang. Die Täter wählen jene Tatwerkzeuge, die ihnen zur Verfügung stehen, sie wählen eine Vorgehensweise, die weder einer besonderen Vorbereitung noch eines speziellen Trainings bedarf.

Es dürfte daher auch kein Zufall sein, dass bspw. Selbstmordanschläge in Westeuropa eine Ausnahme darstellten, obgleich der IS diese Methode in anderen Weltregionen, wo er offenbar über größere Organisationsfähigkeit verfügte, besonders häufig angewendet hat. Die Täter suchen zudem Tatorte, die ihnen einigermaßen vertraut und leicht zugänglich sind, was ein wesentlicher Grund dafür sein dürfte, warum eine Mehrzahl der untersuchten Anschläge in der Nähe des Wohnorts der Täter stattfand. Je nach Kapazitäten und konkreten Umständen ist daher die „Streuung" mit Blick auf Schäden und Opferzahlen besonders groß. Die Art und Weise des Anschlags ist damit fast ausschließlich abhängig von den persönlichen Idiosynkrasien und Fähigkeiten eines *einzelnen* Täters, womit sich die Handlungsoptionen für die Organisation reduzieren und gleichzeitig der Einfluss situativer und kontingenter Faktoren auf das Tatgeschehen erhöht.

Ein Beleg dafür ist auch, dass *lone actor*-Plots zwar, wie oben erläutert, häufiger zur Ausführung kommen, gleichzeitig aber oftmals nicht ihre eigentlichen Tatziele erreichen. Aufgrund mangelhafter Vorbereitung und Fertigkeiten ist die Pannen- und Fehlerquote gerade bei *lone operators* oder *inspired loners* relativ hoch, sie richten in der Tendenz weniger Schaden als Gruppenattentate an – spektakuläre Ausnahmen bestätigen diese Regel. Das *Countering Lone Actor Terrorism*-Projekt stellte fest, dass es in 76 % aller untersuchten Fälle nicht zu Todesopfern kam, in 58 % auch nicht zu Verletzten (Ellis et. al. 2016, S. 8). Diese Tendenz bestätigen auch die eigenen Daten: Von den 36 Einzeltätern waren 16 mit ihrer Tötungsabsicht „erfolgreich". In der Mehrzahl der Fälle gab es glücklicherweise keine Toten, weil den Tätern technische oder organisatorische Fähigkeiten fehlten bzw. sie von Dritten frühzeitig ausgeschaltet werden konnten.

6 Fazit und Ausblick: Vom „Kalifat" zu einer „Al-Qaida 2.0" ?

Attentate durch Einzeltäter treiben zweifellos die *Asymmetrisierung* in der Auseinandersetzung zwischen dem Staat und terroristischen Akteuren weiter voran: auf der einen Seite der technisch und personell überlegene Sicherheits- und Überwachungsapparat westlicher Staaten, auf der anderen Seite der leicht bewaffnete, schwer zu enttarnende Einzeltäter. Es handelt sich, von den IS-Ideologen durchaus intendiert, um eine Art „Ausweichbewegung", die einerseits die eingeschränkten Fähigkeiten des Netzwerks reflektiert, andererseits mit niedrigschwelligen Anschlägen durch Einzeltäter „günstige Gelegenheiten" nutzt – in dem Kalkül, dass dadurch Gleichgesinnte in den gewaltbereiten Milieus Westeuropas dazu motiviert werden, selbst zur Tat zu schreiten. Gleichwohl: Was auf einer taktischen Ebene dem IS durchaus Vorteile bieten mag, erweist sich strategisch als ein Verlust an organisatorischer Steuerung und Kontrolle. Dennoch wäre es voreilig, von einem Zerfall oder Verschwinden des IS auszugehen. Vielmehr lässt sich (erneut) eine Transformation der bis dato stark hierarchisch und para-staatlich agierenden Gruppierung hin zu einem transnationalen Netzwerk beobachten, bei dem der IS sowie entsprechende Ableger in unterschiedlichen Teilen der Welt aktiv bleiben. In dem Maße, wie der IS in der Kriegsregion Syrien/Irak seine Gebietskontrolle verlor und das realexistierende „Kalifat" scheiterte, kehrte die Bewegung organisatorisch zu ihren Anfängen und Vorläufern zurück, als sie auf lokaler Ebene stärker netzwerkartig operierte und Terroranschläge ihre primäre Gewaltstrategie waren.

Der IS war von Beginn an als ein *transnationales* Projekt angelegt. Das IS-Kalifat sollte als politisch-ideologische wie operative Kommandozentrale für den transnationalen Dschihadismus dienen, auch und gerade in Abgrenzung und Konkurrenz zur „älteren" Al-Qaida-Generation. Im Zuge der fortgesetzten Transnationalisierung bei gleichzeitigem Verlust von Territorialkontrolle wird der IS gleichwohl, strukturell betrachtet, dem Konkurrenten Al-Qaida ähnlicher. Auf diese Weise dürfte der IS das faktische Ende des „Kalifats" überleben und auch künftig insbesondere in den Konfliktregionen – von Nordafrika über Afghanistan bis hin nach Süd- und Südostasien – in Erscheinung treten. Dieser Prozess ist ebenfalls mit einem Verlust an Steuerung für die IS-Führung verbunden, da verbündete Gruppierungen oder IS-Ableger weitgehend autonom agieren und sich an ihrer eigenen Agenda orientieren. Die terroristische Gewaltstrategie könnte damit für den IS sogar an Bedeutung gewinnen, um seine geopolitische Reichweite und seinen Führungsanspruch im dschihadistischen Lager zu untermauern.

Mit Blick auf Westeuropa ist dabei entscheidend, dass sich der IS – ebenso wie zuvor Al-Qaida – bemüht, lokale Gewaltkonflikte in ein übergreifendes, transnationales Narrativ einzubauen und verschiedene „Arenen" des Dschihads ideologisch miteinander zu verkoppeln. Jeder „kleine" Dschihad ist damit Teil eines größeren. Diese Botschaft richtete der IS wiederholt an radikal-salafistische Milieus in Westeuropa; sie sollten durch Worte und Taten zeigen, dass sie Teil einer weltweiten Bewegung sind. Westliche Demokratien werden attackiert, da ihre Regierungen als Hauptverantwortliche für die weltweiten Kriege „gegen Muslime" angesehen werden. Zudem geht es darum, liberale Gesellschaften in ihrem Kern zu verunsichern und zu spalten. Die Anschläge sollen anti-islamische Affekte provozieren, das Verhältnis zwischen Nicht-Muslimen und Muslimen verschlechtern und den innergesellschaftlichen Frieden gefährden. Wo möglich, geschieht dies durch Kommandoaktionen, ansonsten aber durch *lone actor*-Attacken unterschiedlichen Typs. An dieser strategischen Ausrichtung transnational agierender Dschihadisten dürfte die Niederlage des IS in Syrien/Irak auf mittlere Sicht ebenso wenig ändern wie nach 2001 das militärische Ausschalten von Al-Qaida-Strukturen in Afghanistan/Pakistan.

Anhang: IS-bezogene Anschläge in Westeuropa 2014–2018

Nr	Datum	Tatort	Zahl der Attentäter	Zahl der Todes-opfer	Tatmittel
1	24.05.2014	Brüssel, Jüd. Museum, BEL	1	4	Schusswaffe
2	20.12.2014	Joué-Lès-Tours, Polizeiwache, FRA	1	0	Stichwaffe
3	07.01.2015	Paris, Charlie-Hebdo-Redaktion, FRA	2	12	Schusswaffen
4	09.01.2015	Paris, HyperCacher Supermarkt, FRA	1	4	Schusswaffe
5	03.02.2015	Nizza, Angriff auf Soldaten vor jüdischem Zentrum, FRA	1	0	Stichwaffe
6	14./15.02.2015	Kopenhagen, Kulturzentrum, Synagoge, DEN	1	2	Schusswaffen
7	26.06.2015	Saint-Quentin-Fallavier, Fabrikgelände, FRA	1	1	Stichwaffe, Einsatz von Gasflaschen
8	21.08.2015	Brüssel-Paris, Thalys-Zug, BEL	1	0	Schusswaffe, Stichwaffe
9	3.11.2015	Paris, Stade de France/Bataclan Theater/Cafés im Stadtzentrum, FRA	10	130	Selbstmord mit Sprengwesten, Schusswaffen

Nr	Datum	Tatort	Zahl der Atten-täter	Zahl der Todes-opfer	Tatmittel
10	05.12.2015	London, U-Bahnstation Leytonstone, UK	1	0	Stichwaffe
11	11.01.2016	Marseille, Angriff auf jüdischen Lehrer, FRA	1	0	Stichwaffe
12	18.02.2016	Rochdale, Angriff auf Imam, UK	2	1	Hammer
13	26.02.2016	Hannover, Hauptbahnhof, Angriff auf Polizisten, DEU	1	0	Stichwaffe
14	22.03.2016	Brüssel, Flughafen, Metro-Station Maelbeek, BEL	5	32	Selbstmord mit Sprengstoff
15	16.04.2016	Essen, Sikh-Gemeindezentrum, DEU	3	0	Sprengsätze
16	13.06.2016	Magnanville, Angriff auf Polizistenpaar, FRA	1	2	Stichwaffe
17	14.07.2016	Nizza, Strandpromenade, FRA	1	86	LKW-Attacke, Schusswaffe
18	18.07.2016	Nähe Würzburg, Regionalzug, DEU	1	0	Beil, Stichwaffe
19	24.07.2016	Ansbach, Open-Air-Konzert, DEU	1	0	Sprengstoff
20	26.07.2016	Saint-Étienne-du-Rouvray, Kirche, FRA	2	1	Stichwaffe
21	06.08.2016	Charleroi, Polizeistation, BEL	1	0	Stichwaffe
22	05.10.2016	Brüssel, Angriff auf Polizisten, BEL	1	0	Stichwaffe

Nr	Datum	Tatort	Zahl der Atten-täter	Zahl der Todes-opfer	Tatmittel
23	19.12.2016	Berlin, Weihnachtsmarkt Gedächtniskirche, DEU	1	11	LKW-Attacke, Schusswaffe
24	03.02.2017	Paris, Louvre, Angriff auf Soldaten, FRA	1	0	Stichwaffe
25	18.03.2017	Flughafen Paris-Orly, FRA	1	0	Schusswaffe
26	22.03.2017	London, Westminster, UK	1	4	PKW-Attacke, Stichwaffe
27	07.04.2017	Stockholm, Shopping Center, SWE	1	5	LKW-Attacke
28	20.04.2017	Paris, Champs-Elysées, FRA	1	1	Schusswaffe
29	22.05.2017	Manchester, Konzerthalle, UK	1	22	Selbstmord mit Nagelbombe
30	03.06.2017	London, London Bridge + Borough Market, UK	3	8	LKW-Attacke, Stichwaffe
31	06.06.2017	Paris, Notre Dame, FRA	1	0	Hammer
32	19.06.2017	Paris, Champs-Elysées, FRA	1	0	PKW-Attacke
33	20.06.2017	Brüssel, Gare Centrale BEL	1	0	Sprengsatz
34	09.08.2017	Paris, Levallois-Perret, Angriff auf Soldaten, FRA	1	0	PKW-Attacke
35	17.08.2017	Barcelona, Las Ramblas/Cambrils, SPA	6	16	LKW-/PKW-Attacke
36	18.08.2017	Turku, FIN	1	2	Stichwaffe

Nr	Datum	Tatort	Zahl der Atten-täter	Zahl der Todes-opfer	Tatmittel
37	25.08.2017	Brüssel, Boulevard Emile Jacqmain, Angriff auf Soldaten, BEL	1	0	Stichwaffe
38	25.08.2017	London, Nähe Buckingham Palace, UK	1	0	Stichwaffe
39	15.09.2017	London, U-Bahn Parsons Green, UK	1	0	Sprengsatz
40	15.09.2017	Paris, U-Bahn Chatelet, FRA	1	0	Stichwaffe
41	01.10.2017	Marseille, Bahnhof Marseille-St. Charles, FRA	1	2	Stichwaffe
42	23.03.2018	Carcassonne/ Trebes, FRA	1	4	Schusswaffe, Stichwaffe, Sprengsatz
43	12.05.2018	Paris, Nähe Oper, FRA	1	1	Stichwaffe
44	29.05.2018	Lüttich, BEL	1	3	Stichwaffe, Schusswaffe
45	11.12.2018	Straßburg, Nähe Weihnachtsmarkt, FRA	1	4	Schusswaffe
	Insgesamt:		70	358	

Literatur

Bakker, Edwin; Beatrice De Graaf. 2011. Preventing Lone Wolf Terrorism: Some CT Approaches Addressed, *Perspectives on Terrorism* 5 (5–6): 43–50.

Brisard, Jean-Charles and Kévin Jackson. 2016. The Islamic State's External Operations and the French-Belgian Nexus, *CTC Sentinel*, November/Dezember 2016: 8–15.

Bures, Oldrich. 2018. EU's Response to Foreign Fighters: New Threat, Old Challenges? *Terrorism and Political Violence,* 32 (4): 789–806.

Ellis, Clare. 2016. With a Little Help from my Friends: An Exploration of the Tactical Use of Single-Actor Terrorism by the Islamic State. *Perspectives on Terrorism* 10 (6): 41–47.

Ellis, Clare; Raffaello Pantucci; Jeanine De Roy van Zuijdewijn; Edwin Bakker; Benoit Gomis; Simon Palombi and Melanie Smith. 2016. *Lone-Actor Terrorism: Analysis Paper*. RUSI Occasional Paper. London: Royal United Services Institute for Defence and Security Studies.

Gill, Paul; John Horgan; Paige Deckert. 2014. Bombing Alone: Tracing the Motivations and Antecedent Behaviors of Lone-Actor Terrorists. *Journal of Forensic Sciences* 59 (2): 425–435.

Hamm, Mark; Ramón Spaaji. 2017. *The Age of Lone Wolf Terrorism*. New York: Columbia University Press.

Ingram, Haroro. 2018. *Islamic State's English-language Magazines, 2014–17: Trends & Implications for CT-CVE Strategic Communications*. ICCT Research Paper, March 2018. Den Haag: International Centre for Counter-Terrorism.

ICCT (International Centre for Counter-Terrorism). 2016. *The Foreign Fighters Phenomenon in the European Union*. ICCT Research Paper, April 2016. Den Haag.

Jenkins, Brian. 2011. *Stray Dogs and Virtual Armies. Radicalization and Recruitment to Jihadist Terrorism in the United States Since 9/11*. RAND Occasional Papers 343. Santa Monica: RAND Corporation.

Kepel, Gilles. 2016. *Terror in Frankreich. Der neue Dschihad in Europa*. München: Verlag Antje Kunstmann.

Kushner, Harvey W. 2003. Freelance Terrorism. *Encyclopedia of Terrorism*, S. 144–145. Thousand Oaks: Sage.

Lindekilde, Lasse; Stefan Maltaner; Francis O'Connor. 2018. Peripheral and Embedded: Relational Patterns of Lone-actor Terrorist Radicalization. *Dynamics of Asymmetric Conflict* 12 (1): 20–41.

Malthaner, Stefan; Thomas Hoebel. 2020. Sie sind nicht allein. Stand und Herausforderungen der Einzeltäterforschung. *Mittelweg* 36 (4–5): 3–22.

Nesser, Petter. 2012. Research Note: Single Actor Terrorism: Scope, Characteristics and Explanations. *Perspectives on Terrorism* 6 (6): 61–73.

Nesser, Petter; Anne Stenersen. 2014. The Modus Operandi of Jihadi Terrorists in Europe. *Perspectives on Terrorism* 8 (6): 2–24.

Nesser, Petter; Anne Stenersen; Emilie Oftedal. 2016. Jihadi Terrorism in Europe: The IS-Effect. *Perspectives on Terrorism* 10 (6): 3–24.

Peil, Florian. 2012. ‚Inspire': Das Jihad-Magazin für die Diaspora". In *Jihadismus und Internet. Eine deutsche Perspektive*. SWP-Studie 23, hrsg. v. Steinberg, Guido, 32–44. Berlin: Stiftung Wissenschaft und Politik.

Sageman, Marc. 2008. *Leaderless Jihad. Terror Networks in the 21st Century*. Philadelphia: University of Pennsylvania Press.

Schneckener, Ulrich. 2019. Die Individualisierung des Attentats. Zur Charakterisierung der terroristischen Gewaltstrategie des Islamischen Staates in Westeuropa. *Leviathan. Berliner Zeitschrift für Sozialwissenschaft*, 47 (4): 445–473.

Schuurman, Bart; Edwin Bakker; Paul Gill; Noémie Bouhana. 2018. Lone Actor Terrorist Attack Planning and Preparation: A Data-Driven Analysis. *Journal of Forensic Sciences* 63 (4): 1191–1200.

Schuurman, Bart; Lasse Lindekilde; Stefan Malthaner; Francis O'Connor; Paul Gill; Noémie Bouhana. 2019. End of the Lone Wolf: The Typology that Should Not Have Been. *Studies in Conflict & Terrorism* 42 (8): 771–778.
Simon, Jeffrey. 2013. *Lone Wolf Terrorism. Understanding the Growing Threat*. Amherst: Prometheus.
Spaaij, Ramón. 2012. *Understanding Lone Wolf Terrorism. Global Patterns, Motivations and Prevention*. New York: Springer.
Van Dongen, Teun. 2017. *The Fate of the Perpetrator in the Jihadist Modus Operandi: Suicide and Non-Suicide Attacks in the West, 2004–2017*. Research Paper, December 2017. Den Haag: International Centre for Counter-Terrorism.
Vidino, Lorenzo; Francesco Marone; Eva Entenmann. 2017. *Fear Thy Neighbour: Radicalization and Jihadist Attacks in the West*. Mailand: Ledizioni LediPublishing. https://icct.nl/wp-content/uploads/2017/06/FearThyNeighbor-RadicalizationandJihadistAttacksintheWest.pdf (Zugriff vom 01.09.2019).

Ulrich Schneckener ist seit 2009 Professor für Internationale Beziehungen & Friedens- und Konfliktforschung an Universität Osnabrück, er leitet den englischsprachigen Masterstudiengang Conflict Studies and Peacebuilding. Er ist zudem Vorsitzender des Vorstandes der Deutschen Stiftung Friedensforschung. Zu seinen Forschungsschwerpunkten zählen globale und europäische Sicherheitspolitik, internationale Peace- und Statebuilding-Prozesse sowie Bürgerkriege und nicht-staatliche Gewalt. Zu seinen Buchpublikationen gehören u. a. „Der lange Schatten der Miliz. Zur Persistenz von Gewalt in Kolumbien und Kurdistan-Irak" (Campus 2018), „Peacebuilding in Crisis" (Routledge 2016), „Transnationaler Terrorismus" (Suhrkamp 2006) und „Auswege aus dem Bürgerkrieg" (Suhrkamp 2002).

Die palästinensische Hamas – eine islamistische Organisation zwischen Regierungspartei, Sozialpolitik und Terrorismus

Armin Pfahl-Traughber

Zusammenfassung

Die Hamas gilt in vielen westlichen Ländern als terroristische Organisation, wobei diese Einschätzung falsch und richtig zugleich ist. Es besteht ein gewalttätig agierender Arm, aber eben auch ein politischer und sozialer Bereich. Ein differenzierter Blick muss diese drei Handlungsfelder sowohl gesondert wie zusammenfassend wahrnehmen. Denn durch die bloße Fixierung auf die praktizierte Gewaltanwendung bleibt die gesellschaftliche Verankerung unverständlich. Von Anfang an verstand sich die Hamas als die palästinensische Muslimbruderschaft und kombinierte wie diese ein religiöses mit einem sozialen Engagement in einem politisierenden Sinne. Erst danach ging man zu systematischer Gewalt über, was seinen Höhepunkt in einschlägigen Selbstmordattentaten fand. In Gaza stellt die Hamas die Regierung, ist dabei gelegentlich vom Pragmatismus geprägt, geht aber auch mit Repression vor. Dabei sind die dort lebenden Palästinenser massiv von der kontinuierlichen Unterdrückungspolitik betroffen. Gleichzeitig feuert die Hamas regelmäßig auf Israel ihre Raketen ab, um die dann erfolgenden Gegenschläge der israelischen Streitkräfte für sich selbst politisch zu instrumentalisieren. Anhänger der Hamas agieren auch hierzulande, wobei man sich aber auf Propaganda und

A. Pfahl-Traughber (✉)
Hochschule des Bundes für öffentliche Verwaltung, Brühl, Deutschland
E-Mail: Armin.Pfahl-Traughber@hsbund.de

Spendensammlungen konzentriert. Das gewalttätige Agieren ist meist auf die eigentliche Herkunftsregion beschränkt, womit gegenüber djihadistischen Organisationen ein bedeutsamer Unterschied besteht.

Schlüsselwörter

Deutschland · Gaza · Hamas · Islamismus · Israel · Muslimbruderschaft · Palästina · Terrorismus · Ahmed Yasin

Als Ableger der Muslimbruderschaft gelten diverse islamistische Organisationen, wozu auch die Hamas in Palästina zählt. Aufgrund ihrer Gewalthandlungen wird sie meist nur als terroristisch wahrgenommen, womit man es mit einer angemessenen, aber einseitigen Wahrnehmung zu tun hätte. Denn die Hamas bedient sich unterschiedlicher Handlungsstile und steht für ein komplexes Phänomen. Es geht in den folgenden Ausführungen zunächst um die Entstehung und Entwicklung und die ideologische Ausrichtung und Grundpositionen. Dem folgen Analysen zum politischen Bereich und der organisatorischen Führung, dem sozialen Bereich und der alltagskulturellen Verankerung und dem militärischen Bereich und dem gewalttätigen Vorgehen. Danach stehen die Finanzierung und Unterstützung, die Hamas in der politischen Verantwortung und Hamas-nahe Aktivitäten in Deutschland im Zentrum. Ein biographisch-politisches Kurzportrait geht auf den Mitbegründer Ahmed Yasin ein. Und abschließend werden die Besonderheiten der Hamas gegenüber anderen islamistischen Organisationen auch hinsichtlich ihrer Rahmenbedingungen hervorgehoben.

1 Entstehung und Entwicklung

Die Bezeichnung „Hamas" steht sowohl für eine besondere Abkürzung wie für ein arabisches Wort. Im erstgenannten Fall ist damit *Harakat al-muqawama al-islamiyya,* also „Islamische Widerstandsbewegung" gemeint. Ansonsten steht die Bezeichnung dann „Eifer" oder „Kampfgeist" in der arabischen Sprache. Damit werden bereits erste Besonderheiten zu Haltung und Selbstverständnis deutlich. Die Hamas entstand 1987 als eigenständige Organisation, definierte sich dabei aber als palästinensischer Ableger der Muslimbruderschaft, die in vielen Ländern über sympathisierende Organisationen verfügte. Auch in den von Israel besetzten

Palästinensergebieten waren solche entstanden. Diese Gruppen betätigten sich zunächst primär im religiösen oder sozialen Bereich, wodurch sie als möglicher politischer oder gar terroristischer Faktor nicht wahrgenommen wurden. Eine derartige Beschränkung erklärt mit, warum die Aktivitäten von israelischer Seite hingenommen wurden. Denn ein Engagement für derartige Gruppen lenkte von einem Engagement für die Fatah ab. Es mangelte noch an einem Bewusstsein für ein islamistisches Gefahrenpotenzial.

Erste Anzeichen dafür ergaben sich durch die Intifada von 1987, also die Aufstände im besetzten Gazastreifen. Den Auslöser dafür bot ein Verkehrsunfall, wobei palästinensische Arbeiter getötet wurden. Daraufhin kam das Gerücht auf, es habe sich nicht um einen Zufall gehandelt. Die durch die israelische Besatzung entstandene Frustration entlud sich in spontanen Straßenkrawallen, die eine eigene Dynamik annahmen und in Gewaltausbrüchen eskalierten. Gleichzeitig kam es zu Massendemonstrationen, also nicht nur Handlungen von Minderheiten. Die palästinensischen politischen Gruppen sahen sich dadurch zu Reaktionen genötigt, wollten sie doch die neu entstandene Konfliktsituation für ihre eigenen Ziele nutzen. Gleichwohl waren die etablierten Akteure nicht auf die entstandene Ausnahmesituation vorbereitet, was auch für die palästinensische Muslimbruderschaft galt. Darüber hinaus bestand mit dem Islamischen Dschihad eine andere islamistische Gruppe, welche die Proteste zu vereinnahmen drohte. Daher setzte die Führung der dortigen Muslimbruderschaft auf einen Strategiewechsel, nämlich hin zu dezidiert politischem Wirken.

Der organisatorische Ausdruck dieser Entwicklung war die Hamas, die sich nun als führende Kraft bei den Protesten geben und so die Sympathien auf sich ziehen wollte. Statt auf eine langfristige Ideologisierung durch Sozialarbeit sollte nun auf unmittelbares Engagement bei den Unruhen gesetzt werden. Das Engagement in Krankenhäusern, Moscheen oder Schulen bildete dafür eine günstige Voraussetzung, waren doch viele Aktivisten hierdurch im Alltagsleben der dortigen Gesellschaft verankert. Damit setzte man nun die direkte Auseinandersetzung mit der israelischen Besatzung auf die politische Tagesordnung, einschlägige Praktiken dieser neuen Strategie gingen von den islamischen Zentren aus. Dazu rief ein von einer „Bewegung des Islamischen Widerstandes“ unterzeichnetes Flugblatt auf, womit die Hamas erstmals namentlich als politischer Protagonist wirkte und in der öffentlichen Wahrnehmung präsent war. Die Entscheidung dafür fällte die Führung der palästinensischen Muslimbruderschaft, und insofern stand sie von Anfang an hinter der neuen Bewegung bzw. Organisation eines gewalttätigen wie politischen Widerstands.

2 Ideologische Ausrichtung und Grundpositionen

Nachdem ab Dezember 1987 weitere Flugblätter erschienen und darauf ab Februar 1988 „Hamas“ als Selbstbezeichnung genutzt wurde, stellte man im August 1988 öffentlich eine Charta zum politischen Selbstverständnis vor. Indessen gibt es unterschiedliche Aussagen darüber, wie deren Stellenwert einzuschätzen ist. Denn einerseits bestritten Beobachter ihre Relevanz, andererseits handelte es sich um ein Dokument in einem offiziellen Sinne. Daher sind darin auch Aussagen zu deren Ideologie enthalten, wobei es um allgemeine Aspekte des politischen Selbstverständnisses wie um jeweilige Besonderheiten hinsichtlich des Palästinakonflikts geht. Bezogen auf den erstgenannten Aspekt lässt sich sagen, dass die Grundpositionen der Hamas ähnlich denjenigen der Muslimbruderschaft waren. Demnach sollte ihre Deutung des Islam das gesellschaftliche Leben wie die politische Ordnung prägen (vgl. Jefferis 2016, S. 71–86; Nüsse 1998). Auch die Charta ist von diesem Geist durchdrungen, werden doch Aussagen aus den Hadithen und dem Koran mit Bekundungen zu Gegenwartsfragen und Positionen verbunden.

Dementsprechend lautet deren Losung: „Gott ist ihr Ziel, der Gesandte Gottes ist ihr Vorbild, der Koran ist ihrer Verfassung, der Dschihad ist ihr Weg, und der Tod für die Sache Gottes ist ihr erhabenster Wunsch“ (Hamas 1988, S. 211). In der Charta zeigt sich dies auch in den Kommentaren, die auf Israel und den Nahost-Konflikt bezogen sind. Demnach solle die Flagge des Islam über ganz Palästina wehen, handele es sich doch um ein gestiftetes Waqf-Land. Dies bedeutet in der politischen Konsequenz: Israel wäre als jüdischer Staat nicht mehr existent. Gleichwohl meinte die Hamas, unter ihrer Herrschaft könnten alle Religionen sicher zusammenleben. Mit der Berufung auf ein Hadith wird indessen nahegelegt, dass die Ermordung von Juden legitim sei. Überhaupt durchzieht ein ausgeprägter Antisemitismus den Charta-Text, wird doch hinter negativen Ereignissen häufig eine jüdische Verschwörung gewittert. Selbst die antisemitische Fälschung der „Protokolle der Weisen von Zion“ galt als glaubwürdiges Schlüsseldokument. Insofern wurde eine Diabolisierung von Israel vorgenommen, handele es sich doch um einen Feind von grundsätzlichem Übel.

Derartige Auffassungen fanden breite Kritik, stützte sich die Hamas doch gar auf NS-Propaganda. So veröffentlichte man 2017 eine neue Grundsatzerklärung mit ähnlicher Struktur, indessen in Details mit anderen Inhalten (vgl. Hamas 2017). Auf den ersten Blick deutete einiges auf Mäßigungen in den Positionen hin: So forderte die Hamas nicht mehr für ganz Palästina einen eigenen Staat, da dafür nur noch der Gazastreifen und das Westjordanland vorgesehen war. Damit deutete sich eine Anerkennung von Israel an, forderte man doch nicht mehr wie in der Charta eine Vernichtung. Auch wolle die Hamas gegen die Juden keinen Krieg führen. Es wurde außerdem eine Differenzierung von Juden, Israelis und Zionisten postuliert. Gleichwohl blieben nicht nur die eigenen Grundpositionen bestehen. Denn Israel sollte weiterhin kein Verhandlungspartner sein. Außerdem könne es angesichts von dessen Existenz nie Frieden geben, werde doch eine Befreiung vom Fluss bis zum Meer angestrebt. Diese Auffassung läuft weiterhin darauf hinaus, dass Israel als Staat nicht mehr existieren sollte. Er gilt als aggressives, rassistisches und separatistisches Projekt.

3 Politischer Bereich und organisatorische Führung

Bei der Hamas handelt es sich um ein komplexes Phänomen, was eine Beschreibung und Einschätzung schwer macht. Dies hängt auch damit zusammen, dass über Entscheidungsprozesse und Führungsstrukturen nur geringes sicheres Wissen besteht. Denn die Hamas schottet sich diesbezüglich von der Öffentlichkeit ab. Darüber hinaus besteht zwar ein einheitliches organisatorisches Gebilde, wovon aber unterschiedliche Handlungsstile ausgehen. Es bietet sich eine idealtypische Differenzierung an, erstens bezogen auf einen politischen, zweitens auf einen sozialen und drittens auf einen militärischen Bereich. Damit wird nicht eine jeweilige Autonomie behauptet, sondern lediglich auf unterschiedliche Praktiken verwiesen. So kann auch eine gesellschaftliche Akzeptanz, die für die Hamas etwa bei Wahlen erkennbar war, als politischer Sachverhalt verstanden werden. Demnach behauptet die Differenzierung keineswegs, dass die Führung nicht über die Gewalthandlungen informiert sei oder hier eine grundlegende Unterscheidung vorgenommen werden müsste. Vom genauen Gegenteil ist in der politischen Realität auszugehen.

Zunächst soll es um die Führung der Hamas gehen (vgl. Jefferis 2016, S. 47–70, 87–106). Es bestehen zwei Gremien: das Politische Büro und der Konsultativrat. Die letztgenannte Einrichtung legt die politische Gesamtstrategie fest, während das politische Büro mehr für tagesaktuelle Entwicklungen zuständig ist. Insofern bildet der Konsultativrat das eigentliche Machtzentrum. Er firmiert als Beratungsgremium, worauf die Bezeichnung *Majlis al-Shora* anspielt. Damit deuten die Akteure der Hamas an, das Demokratieverständnis des Islam umzusetzen. Über den Ablauf interner Entscheidungsprozesse ist nichts Sicheres bekannt, indessen steht das als Elite geltende Gremium kaum kontrolliert über der Mitgliederbasis. Es gab dort gelegentlich Differenzen, die aber nicht zu einer festen Flügelbildung führten. Für die Annahme, wonach es eine „gemäßigte“ und „radikale“ Fraktion gebe, liegen keine verallgemeinerbaren

Belege vor. Ein gegenteiliger Eindruck kommt mitunter auf, weil die Führung der Hamas gelegentlich von Machtkämpfen geprägt ist oder flexibel auf wechselnde Rahmenbedingungen mit passender Strategie reagieren will.

Die herausragende Bedeutung der politischen Elite auch und gerade für die beiden anderen Handlungsfelder ergibt sich mit daraus, dass von ihr die Bildung von besonderen Fachgremien initiiert wurde. Dazu gehören Ausschüsse zu Bildung, Frauen, Militär oder Sozialhilfe, die zwar zu derartigen Fragen arbeiten, indessen dabei immer der Führung unterstellt sind. Dieser Aspekt ist von besonderer Bedeutung, wenn es um die Einschätzung von Gewalthandlungen geht. Insofern existiert trotz unterschiedlicher Handlungsfelder offenbar ein Machtzentrum. Dieses besteht zwar in unterschiedlichen Gebieten und damit in räumlicher Verteilung, im Gazastreifen, im Westjordanland und in anderen Ländern. Gleichwohl führte diese Aufteilung nicht dazu, dass es zu einer Einschränkung der Führungsfähigkeit kam. Es bildete sich auch keine charismatische Leitfigur heraus, zumindest nicht mehr nach dem Tod von Ahmed Yasin, der aufgrund seiner Bedeutung noch gesondert thematisiert werden soll. Bilanzierend hat man es also mit einer kollektiven Führung mit bürokratischer Struktur zu tun.

4 Sozialer Bereich und alltagskulturelle Verankerung

Die besondere Bedeutung des sozialen Bereichs für die Hamas wird häufig verkannt, nimmt man sie nur als terroristischer Akteur wahr. Damit einhergehende Einschätzungen sind zwar zutreffend, können aber ihre gesellschaftliche Relevanz nicht erklären. Von Anfang an agierte die spätere Hamas so wie die Muslimbruderschaft, versuchte sie doch im Alltagsleben mit sozialen Serviceangeboten präsent zu sein (vgl. Roy 2011). Eine solche Chance bestand nur dadurch, dass hier ein gesellschaftliches Defizit vorhanden war. Andere politische Akteure hatten gesellschaftliche Fragen von sozialer Relevanz nicht thematisiert. Und der Hamas gelang es erfolgreich, dieses Vakuum zu füllen. Die dahinterstehende Absicht mag auch humanitäre Gründe gehabt haben, die islamistische Durchdringung der Gesellschaft bildete aber das eigentliche Ziel. Aus den erwähnten Ausschüssen erfolgten die einschlägigen Handlungen, wobei sie auf den ersten Blick der Hamas nicht zugeordnet werden konnten, ging es doch mehr um soziale Fragen ohne nähere politische Hintergründe. Insofern folgte man einer für den legalistischen Islamismus typischen Strategie.

Dabei kommt zunächst der Bildungs- und Jugendarbeit eine größere Relevanz zu. Denn es entstanden diverse Schultypen, die von Alphabetisierungsprojekten bis zu Studienmöglichkeiten die unterschiedlichsten Weiterbildungsmöglichkeiten vermittelten. So entstanden ideale Einflussmöglichkeiten für eine Indoktrination, war das Lehrprogramm doch zumindest in einem latenten Sinne islamistisch orientiert. Außerdem gründete die Hamas unterschiedliche Sozial- und Wohlfahrtseinrichtungen, etwa zu Behindertenbetreuung, Frauenarbeit, Gesundheitsfragen, Jugendarbeit, Kinderhilfswerken oder Sportaktivitäten. Auch in derartigen Einrichtungen erfolgte eine Ideologisierung, die aber nicht in direkter Form, sondern eher als langfristigerer Prozess wirkte. Eine Bejahung von Gewalt wie bei Selbstmordattentaten wurde etwa dadurch vermittelt, dass man Frauenvereinigungen nach den Müttern von dabei umgekommenen Söhnen benannte. Derartiges Agieren führte zu einer Akzeptanz von solchen Taten, wurden sie doch mit öffentlicher Anerkennung und Wertschätzung verbunden. Indirekt warben die Benennungen für Nachahmungen.

Und dann initiierte die Hamas auch Koranlesekreise und Moscheegründungen, wo der Islam in ihrem Sinne vermittelt wurde. In der Gesamtschau entstand so ein „Staat im Staate". Denn Bedürftige mit religiösen oder sozialen Problemen sahen sich so veranlasst, Einrichtungen mit einer ideologischen Nähe zur Organisation zu kontaktieren. Dies führte zu einer gesellschaftlichen Akzeptanz der Hamas, einerseits bedingt durch ihr erkennbares soziales Engagement, andererseits aber durch die gesellschaftliche Islamisierung. Es kam außerdem zu einer Bestärkung dieser Effekte durch Repressionen, die mit der Einhaltung angeblicher islamischer Regeln legitimiert wurden. Dazu gehörten das Alkoholverbot, die Geschlechtertrennung oder der Schleierzwang. Angriffe auf oder Drohungen gegen Individuen, die sich nicht an damit einhergehende Normen hielten, prägten dann längerfristig das gesellschaftliche Klima. Auch unabhängig von derartigen Erfahrungen führte das erwähnte Sozialengagement zu sozialer Wertschätzung, die für die Hamas mit einer breiten gesellschaftlichen und politischen Verankerung verbunden war.

5 Militärischer Bereich und gewalttätiges Vorgehen

Bezogen auf das gewalttätige Agieren kann zunächst konstatiert werden, dass dieses für die Hamas ein notwendiger und selbstverständlicher Handlungsstil ist. Denn sie sieht in Anschlägen und Raketenangriffen legitimen Widerstand (vgl. Jefferis 2016, S. 107–123; Levitt 2006, S. 33–51). Dabei wird eine militärische Benachteiligung gegenüber Israel hervorgehoben, legitimierte man so doch die als „Märtyreroperationen" geltenden Selbstmordattentate. Dieser Gesichtspunkt macht für die Hamas deutlich, dass ein strategisches Kalkül dabei von Relevanz ist. Derartige Absichten veranschaulichen etwa Raketenangriffe, erfolgten sie doch mitunter von Krankenhäusern, Moscheen oder Schulen aus. Denn kam es zu Gegenangriffen der israelischen Streitkräfte, dann waren davon derartige Orte betroffen, was wiederum bei der Hamas für Propagandaaktivitäten wichtig war. Indessen lassen sich solche Absichten nur analytisch rekonstruieren, ist doch über die dafür relevanten Entscheidungsprozesse kaum etwas öffentlich bekannt. Unabhängig von genauen Absichten wird damit ein politisches Kalkül deutlich, es geht nicht um bloße Spontaneität.

Denn für Gewalthandlungen entstanden bei der Hamas auch eigene Strukturen, die gelegentlich als autonome Akteure erscheinen, indessen in die Gesamtorganisation integriert sind. Als bedeutsamste Einrichtung können die Kassam-Brigaden (vgl. Milton-Edwards und Farrell 2010, S. 110–133; Jefferies 2016, S. 107–113) gelten, benannt nach einem früheren militanten Prediger. Sie bestehen aus paramilitärischen Einheiten, die indessen als Unterorganisationen anzusehen sind. Dabei hat man es mit Kleingruppen in einer Zellenstruktur zu tun. Ihr gehören meist nur um die fünf Akteure an, die aber wiederum in größere Einheiten integriert sind und letztendlich unter einer zentralen Führung stehen. Wie genau das Abhängigkeitsverhältnis von Führung und Zellen ist, lässt sich mangels gesicherter Erkenntnisse zu diesem Sachverhalt nicht sagen. Es dürfte auch unterschiedliche Grade von Steuerung geben, abhängig jeweils von der beabsichtigten Handlung und konkreten Rahmensituation. Die kleineren Einheiten ermöglichen eine höhere Flexibilität, womit sie sich den Gegenmaßnahmen der israelischen Streitkräfte entziehen wollen. Die Entscheidung dafür spricht für strategisches Lernen.

Zwei besondere Gewaltaktivitäten werden mit der Hamas verbunden: Raketenangriffe und Selbstmordattentate (vgl. Davis 2016). Die erstgenannte Form ist mit den Kassam Raketen verbunden, die auf israelische Siedlungen und Städte abgeschossen werden. Dazu muss auf deren geringe Funktionsfähigkeit verwiesen werden, wodurch es trotz der Menge nur zu eher geringen Opferzahlen kam. Indessen besteht durchaus die Absicht, viele Israelis zu töten oder zu verletzen. Dabei wurde und wird auch nicht zwischen Militärangehörigen und Zivilisten unterschieden. Insofern hat man es mit einer dauerhaften Bedrohung zu tun. Darüber hinaus kam es zeitweise zu von der Hamas organisierten Selbstmord-Attentaten, wobei die gemeinten Aktivisten meist eine Explosion auslösten und so als „Märtyrer" in den Tod gingen (vgl. Singh 2012). Betroffen davon waren sowohl Angehörige des Militärs wie Reisende in öffentlichen Verkehrsmitteln. Einschlägige Bekundungen der Hamas-Führung machten auch deutlich, dass es sich hier um ein geplant einsetzbares Mittel handelte (vgl. Baumgarten 2006, S. 113–118; Milton-Edwards und Farrell 2010, S. 134–156).

6 Finanzierung und Unterstützung

Angesichts der erwähnten Aktivitäten der Hamas verdient Interesse, wie es um deren Finanzierung und Unterstützung bestellt ist. Die beschriebenen Aktivitäten machten bereits deutlich, dass hier eine kostenaufwendige Struktur besteht. Da die eigenständige Hamas aus der palästinensischen Muslimbruderschaft entstand, ergab sich ein bedeutsamer Geldstrom bereits aus diesen Kontexten. Denn die wohlhabenden Anhänger der islamistischen Mutterorganisation, die in arabischen und anderen Ländern zu größerem Reichtum gekommen waren, förderten viele ähnlich ausgerichtete Organisationen in den verschiedensten Staaten. Dafür besteht eine jahrzehntelange Kontinuität, was einschlägigen politischen Akteuren auf den unterschiedlichsten Ebenen gesellschaftliche Wirkung entfalten ließ. Insofern bestanden schon vor der formalen Gründung der Hamas finanzielle Mittel, um etwa auf dem sozialen Handlungsfeld im islamistischen Sinne politisierend zu wirken. Angesichts der öffentlichen Bekanntheit der islamistischen Organisation, die insbesondere durch die Gewalthandlung gegen Israel erhöht wurde, flossen immer höhere Spendengelder zu ihrer Unterstützung.

Dabei erfolgte die Finanzierung meist nicht öffentlich, womit vielfach unklar bleibt, ob die Gelder von Privatpersonen oder Staaten kommen. Letztere nutzen mitunter einzelne Anhänger der Muslimbruderschaft, um sich durch die Förderung der Hamas nicht in politische Schwierigkeiten zu bringen. In anderen Fällen lässt sich eine offene staatliche Unterstützung konstatieren. Dabei bildet die gemeinsame Israelfeindlichkeit das herausragende Motiv, jeweils kombiniert mit eigenen politischen Interessen. Insbesondere aus arabischen Staaten erfolgten derartige finanzielle Zuwendungen. Dominierende Bedeutung dabei hatten in der Frühphase der Hamas insbesondere Saudi-Arabien und Syrien. Danach kam dem Iran hohe Relevanz zu, obwohl es sich dort um eine schiitische Diktatur handelt, während die Hamas sunnitisch orientiert ist. Aber auch hier führte das gemeinsame Feindbild Israel dazu, dass die eigentlich bestehenden Grenzen überschritten werden konnten. Es kam aber gelegentlich zu Differenzen bzw. Finanzierungsstopps, wenn die Hamas in Konflikten andere Prioritäten hatte, wie dies der Fall bei unterschiedlichen Kooperationen in Syrien war.

Besondere Bedeutung hat eine finanzielle und politische Förderung, die von mächtigen regionalen Staaten ausgeht, wofür hier Qatar und die Türkei stehen. Im letztgenannten Fall kam es zu offiziellen relativierenden Erklärungen, wonach die Hamas keine terroristische Organisation, sondern eine legitime Widerstandsbewegung sei. Da dies in den meisten westlichen Ländern anders gesehen wird, gelten solche öffentlichen Statements als politisch wichtig. Und schließlich muss noch darauf hingewiesen werden, dass es in vielen Ländern mit palästinensischen Migranten politische Unterstützungsorganisationen gibt. Diese werben für die Anliegen der Hamas, durch Demonstrationen ebenso wie durch Konferenzen. Gleichzeitig führen sie auf den ersten Blick unverfängliche Spendenkampagnen durch, wobei die Gelder direkt oder indirekt an die Hamas fließen. Damit bestehen komplexe Netzwerke, wofür aber die Formulierung „islamistische Internationale" schief wäre, gibt es doch keine Steuerungszentrale (vgl. Hroub 2011, S. 133–141; Levitt 2006, S. 143–202).

7 Biographisch-politisches Kurzportrait: Ahmed Yasin

Einer der führenden Begründer der Hamas war Sheikh Ahmed Ismail Hassan Yasin, der gleichzeitig als deren geistlicher Führer galt und aus der Muslimbruderschaft kam (vgl. Jefferis 2016, S. 50–54; Levitt 2006, S. 34–37). Zu bestimmten Details seiner Person kursieren indessen unterschiedliche Versionen. Dies gilt bereits für das Geburtsjahr, das mal für 1929, 1936, 1937 oder 1938 angegeben wurde. Eine Querschnittslähmung durch einen Sportunfall 1952 führte dazu, dass der Hamas-Mitbegründer auf einen Rollstuhl angewiesen war. Auch über die genauen Ursachen kursieren unterschiedliche Varianten. Seine erkennbare Behinderung führte dazu, dass Yasin eher als harmlos und ungefährlich wahrgenommen wurde. Ab 1955 gehörte er der Muslimbruderschaft an und studierte ab 1959 in Kairo islamische Theologie. In Ägypten, das damals von dem säkularen Präsidenten Nasser regiert wurde, führte das Engagement für die islamistische Organisation indessen zu seiner Verhaftung. Ein Gefängnisaufenthalt blieb aber auf eineinhalb Monate beschränkt und stärkte eher seine politischen Positionen.

Im Gazastreifen engagierte er sich weiterhin für die Muslimbruderschaft, wobei diverse politische Organisationen von Yasin gegründet wurden. Dafür erhielt er sogar von israelischen Besatzungskräften formale Genehmigungen, sah man doch in den 1970er Jahren noch keine Probleme in islamischen Vereinigungen. So erfolgte eine Ausweitung des Einflusses in die palästinensische Gesellschaft hinein, wofür Koranschulen und Moscheen wichtige Orte waren. Ein öffentlicher Ausdruck davon war die „islamische Kleidung", die für Frauen und Männer immer mehr als sozial erwünschte alltägliche Präsenzform galt. Außerdem entstanden weitere Einrichtungen, von Büchereien über Handarbeitskurse und Koranschulen bis zu Sportvereinen. Damit stieg der Einfluss von Yasin an, was aber aufgrund seiner Gewaltablehnung kaum zur Kenntnis genommen wurde. So warf ihm die

Fatah noch mangelnde Konsequenz vor, würde er doch gegen Israel nicht mit Waffengewalt vorgehen wollen. Indessen entstanden ab 1982 über einen Lieferring eigene illegale Waffenlager, was zu einer Gefängnisstrafe von 13 Jahren für Yasin führte.

Durch einen Gefangenenaustausch kam er bereits vor einem Jahr wieder frei, was ihm die Gründung weiterer gewaltbereiter Kleingruppen ermöglichte. Sie gingen mit Drohungen gegen Muslime aufgrund ihres „unislamischen Verhaltens" vor. Außerdem wurde eine Fatwa von Yasin verhängt, welche sich gegen angebliche Kollaborateure mit den israelischen Sicherheitsbehörden richtete. Diese führte auch zur Ermordung der gemeinten Palästinenser. Die 1987 erfolgte Gründung der Hamas stand für eine verstärkte Radikalisierung, wobei eine herausragende Rolle von Yasin eingenommen wurde. Bezüglich der Einstellung zur Gewalt kam ihm hohe Relevanz zu, regte er doch die Entführung und Ermordung von Kollaborateuren und Soldaten an. So kam es 1991 zu einer lebenslangen Haftstrafe für Yassin, die aufgrund eines Gefangenenaustauschs ebenfalls bereits 1997 endete. Er unternahm daraufhin eine Reise, um in arabischen Ländern hohe Spendengelder anzuwerben. Gleichzeitig forderte er ein gewalttätiges Agieren, was die israelische Armee zu gezielten Tötungsversuchen motivierte. 2004 war man dabei erfolgreich.

8 Hamas in der politischen Verantwortung

Eine Besonderheit der Hamas gegenüber anderen islamistischen Organisationen besteht darin, dass sie Regierungsverantwortung innehat (vgl. Brenner 2017; Kear 2020), noch dazu nach den 2006 erfolgten Wahlen mit entsprechender Zustimmung. Bei früheren Gelegenheiten hatte die Hamas nicht kandidiert, boykottierte sie doch regelmäßig solche Verfahren. In den Autonomiegebieten trat die Hamas indessen mit Kandidaten an, welche insbesondere in sozialen Bereichen aktiv und dafür in der breiteren Öffentlichkeit bekannt waren. Außerdem gab es Bewerber aus bestimmten Berufsgruppen, die als Ingenieure, Lehrer oder Religionsgelehrte öffentlich als Respektspersonen wahrgenommen wurden. Damit deutet sich als Einflussfaktor bereits an, dass die gesellschaftliche Verankerung wichtig war. An der sozialen Basis vieler Dörfer und Städte ließ sich ein politisches Wohlwollen ausmachen. Darüber hinaus legte die Hamas eine ausdifferenzierte Wahlplattform vor (vgl. Hamas 2006). Dort gab es nicht nur Bekundungen mit religiösen Inhalten oder Feindbildprojektionen gegen Israel, sondern auch Forderungen zur Sozial- und Wohnungsbaupolitik. Es sollte auch um die Bekämpfung der Korruption gehen.

Damit gingen Anspielungen auf die Fatah einher, wurden ihr doch Bereicherungen und Kompetenzüberschreitungen zugeschrieben. So erhielt die Hamas um die 44 % der Stimmen und damit eine Mehrheit der Parlamentsmandate. Dieses Ergebnis führte indessen dazu, dass bisherige Hilfsgelder westlicher Staaten nicht mehr geliefert wurden. Daraufhin entstand eine Einheitsregierung mit der Fatah, wobei der Hamas-Angehörige Ismail Haniyya dann Ministerpräsident wurde. Fortan kam es aufgrund von außen- wie innenpolitischen Konflikten auch zu gewalttätigen Unruhen, wobei mit brutaler Gewalt von beiden Seiten gegeneinander vorgegangen wurde. Derartige Auseinandersetzungen eskalierten in der Folgezeit immer wieder, jeweils unterbrochen von Annäherungsprozessen und Koexistenzphasen. Aufgrund derartiger Konflikte verbesserte sich die Lebenssituation der Zivilbevölkerung nicht. Die Hamas-Regierung konnte viele soziale Probleme nicht lösen, was regelmäßig zu Protesten führte. Diese hatten meist gar keinen politischen Hintergrund im engeren Sinne, ging es den Aktivisten doch hauptsächlich um ihre Lebensumstände.

Es folgten im Gazastreifen aber auch keine Wahlen mehr, sodass die Hamas-Regierung sich nur auf eine demokratische Legitimation in formalem Sinne von 2006 stützen kann. Um gleichwohl ihre gesellschaftliche Dominanz und politische Herrschaft aufrecht zu erhalten, bediente sie sich sowohl der Manipulation wie der Repression. Im erstgenannten Bereich spielte die Kontrolle über die Medien eine wichtige Rolle, versuchte man doch so von den jeweiligen Problemen und ihren realen Ursachen abzulenken. Dabei kam dem Feindbild Israel eine herausragende Rolle zu. Betrachtet man einzelne Entwicklungsetappen genauer, so lässt sich ein interessanter Mechanismus feststellen: Gibt es einen Anstieg von Protesten, schickt man nach Israel jeweils Raketen. Darauf reagieren mit eigenen Angriffen die dortigen Streitkräfte, was in der Agitation der Hamas wiederum thematisiert wird, um von den internen Problemen abzulenken. Auch gegen friedliche Kritiker geht man mit brutaler Repression vor, wobei der Einsatz von Folterungen eine häufige Praxis ist. In der Bilanz führt dies zu der Einsicht, dass die Hamas eine diktatorische Ordnung etabliert hat.

9 Hamas-nahe Aktivitäten in Deutschland

Und schließlich sollen noch die Hamas-nahen Aktivitäten in Deutschland näheres Interesse finden. Dazu müssen folgende allgemeine Aussagen für eine konkrete Einordnung vorangestellt werden: Die Hamas agiert insbesondere in ihrer Heimatregion. Dort geht es ihr um eine Beendigung der israelischen Besatzung, die Gründung eines eigenen islamistischen Staates und die Negierung des Staates Israel. Gerade die letztgenannte Absicht schließt dessen existentielle Vernichtung ein. Zumindest ergibt sich eine derartige Ausrichtung aus ideologischen Bekundungen, wogegen eine Anerkennung des Existenzrechts von Israel nicht ausgemacht werden konnte. Das hauptsächliche Aktivitätsfeld der Hamas bildet demnach der Nahe Osten bzw. Palästina. Insofern stellt sich die Frage, inwieweit Deutschland oder Europa für diese Organisation eine politische Relevanz hat. Zwar wird von ihr eine universelle Ausrichtung des Islam als religiöse Vorgabe propagiert, gleichwohl gibt es keine Belege für eine konkrete Umsetzungsoption für derartige Ziele. Angesichts der politischen Gegebenheiten würde es sich auch um eine unrealistische Option handeln.

Damit muss die Bedeutung von Deutschland oder Europa für die Hamas vor einem anderen Hintergrund gesehen werden. In vielen europäischen Ländern leben palästinensische Muslime, die für deren ideologische Angebote empfänglich sind. Die Führung der Hamas möchte sie als ideelle wie materielle Unterstützer gewinnen, erklären sich doch so die besonderen Aktivitäten in der Diaspora. Dazu gehört als erstes die Gründung von Hamas-nahen Vereinigungen, worin deren Anhänger organisiert werden können. Da nun aber die Mutterorganisation offiziell unter Terrorismusverdacht steht, kann dies nicht mit einer hier eindeutigen Bezeichnung geschehen, was wiederum die Gründung von Tarnorganisationen nötig macht. Hierbei dienen angebliche humanitäre, kulturelle, religiöse oder soziale Absichten zur jeweiligen Namenswahl und öffentlichen Selbstdarstellung. Damit kann einschlägige politische Agitation betrieben werden, etwa bei Demonstrationen oder Veranstaltungen. Eine andere Handlungsform setzt auf Spendengelder für soziale Zwecke, wobei diese direkt oder indirekt der Hamas für ihr Wirken zukommen.

Bedeutsam war für den erstgenannten Bereich der 1981 entstandene „Islamische Bund Palästinas" (IBP), worin sich die palästinensischen Anhänger der Muslimbruderschaft zunächst organisierten. Seit 2009 existiert als eine indirekte Fortsetzung die „Palästinensische Gemeinschaft in Deutschland" (PGD). Sie kooperiert mit ähnlichen Gruppierungen in anderen europäischen Ländern und führte mit ihnen „Konferenzen der Palästinenser in Europa" durch. Bei anschließenden Demonstrationen kam es häufig zu antisemitischen und israelfeindlichen Positionierungen, was öffentliche Konflikte und Skandale auflöste. Dabei betonten Kritiker, dass es sich um eine Tarnorganisation handele. Diese Einschätzung führte dazu, dass zwei angeblich humanitäre Vereine verboten wurden: 2002 der „Al-Aqasa e. V." und 2005 die „Yatim Kinderhilfe e. V." Die Behörden gingen davon aus, dass die Hamas der eigentliche Profiteur der dort gesammelten Spendengelder sei. Auf Agitation und Geldwäsche dürften sich aber in Deutschland die Hamas-Aktivitäten beschränken, wird das Land doch als Ruheraum wahrgenommen (vgl. Kandel 2011, S. 176–184; Pfahl-Traughber 2006, S. 167–169).

10 Besonderheiten gegenüber anderen Organisationen

Die Hamas gilt in vielen westlichen Ländern als terroristische Organisation, wobei sich diese Einschätzung meist auf den gesamten Komplex und nicht nur auf den militärischen Teil bezieht. Für beide Bewertungen könnten gute Gründe angeführt werden: Es gingen und gehen kontinuierlich Gewalthandlungen von der Hamas gegen israelische militärische und zivile Ziele aus. Dabei ist eine hohe Gewaltintensität feststellbar, sind doch Tötungen objektiv einkalkuliert. Und darüber hinaus gibt es keine Belege dafür, dass die gemeinten Handlungen von autonomen Strukturen ausgehen würden. Gerade die der Hamas eigene hierarchische und straffe Organisationsform spricht dagegen. Darüber hinaus wird eine solche Eigenständigkeit von deren Führung nicht behauptet. Ganz im Gegenteil, die jeweiligen Gewalthandlungen werden als Praxen legitimen Widerstands verstanden. Insofern gehören Anschläge unterschiedlichster Art für die Hamas zu deren Selbstverständnis.

Gleichwohl darf der Blick auf die terroristische Dimension nicht dazu führen, die politische und soziale Komponente der islamistischen Organisation zu unterschätzen. Denn nur durch deren Berücksichtigung ist eine gesellschaftliche Verankerung verständlich. Es gibt darüber hinaus noch andere Besonderheiten der Hamas, die sich bei einer vergleichenden Betrachtung mit anderen islamistischen Organisationen zeigen. Bezogen auf die allgemeine ideologische Ausrichtung bestehen Gemeinsamkeiten, strebt doch die Hamas eine politische Herrschaft des Islam in einem theokratischen Verständnis an. Dabei lässt sich auch eine nationalistische Dimension erkennen, was mit der Fixierung auf Israel und Palästina zusammenhängt. Man will die Besatzung angeblich eigener Gebiete beenden, was aber offenbar das Ende des israelischen Staates einschließen soll. In dieser Frage kursieren indessen unterschiedliche Positionen, offenbar abhängig von der politischen Lage und strategische Rücksichtnahme.

Diese Ausrichtung erklärt mit, warum Anschläge von der Hamas in anderen Regionen der Welt kaum vorstellbar sind. Damit bestehen etwa zu Al Qaida oder dem Islamischen Staat wichtige Unterschiede. Gleichwohl agiert die Hamas mit Tarnorganisationen auch im Westen, wobei es aber meist um Agitation und Finanzmittel geht. Bezogen auf den letztgenannten Aspekt sind ebenso kriminelle

Praktiken mit einschlägigen Verbindungen wahrnehmbar. Um dafür keine große Aufmerksamkeit auszulösen, erfolgten bislang keine Angriffe auf israelische Einrichtungen in der westlichen Welt. Grundsätzlich besteht indessen eine hohe Gewaltintensität, was die initiierten Selbstmordattentate zeigten. Ganz allgemein bedarf es noch der Aufmerksamkeit dafür, dass die Hamas in ein breites finanzielles und politisches Unterstützerumfeld eingebettet ist. Dabei besteht auch zwischen schiitischen und sunnitischen Islamisten eine enge logistische und politische Kooperation.

Literatur

Baumgarten, Helga. 2006. *Hamas. Der politische Islam in Palästina*. Kreuzlingen: Diederichs.

Brenner, Björn. 2017. *Gaza Under Hamas. From Islamic Democracy to Islamist Governance*. London – New York: I. B. Tauris.

Davis, Richard. 2016. *Hamas, Popular Support and War in the Middle East. Insurgency in the Holy Land*. Abingdon – New York: Routledge.

Hamas. 1988. Charta der Islamischen Widerstandsbewegung Hamas. In *Hamas. Der politische Islam in Palästina*, hrsg. H. Baumgarten. 2006. 207–226. Kreuzlingen: Diederichs.

Hamas. 2006. Wahlprogramm für die Kandidaten der Liste „Veränderung und Reform" bei den zweiten Wahlen zum Palästinensischen Legislativrat. In *Hamas. Der politische Islam in Palästina*, hrsg. H. Baumgarten, 227–241. Kreuzlingen: Diederichs.

Hamas. 2017. *A Document of General Principles and Politicies*. https://hamas.ps/en/post/678/A-Document-of-General-Principles-and-Policies. Zugegriffen: 20.12.2021.

Hroub, Khaled. 2011. *Hamas. Die islamische Bewegung in Palästina*. Heidelberg: Palmyra.

Jefferis, Jennifer. 2016. *Terrorism, Governance, and Its Future in Middle East Politics*. Santa Barbara: Praeger.

Kandel, Johannes. 2011: *Islamismus in Deutschland. Zwischen Panikmache und Naivität*. Freiburg: Herder.

Kear, Martin. 2020. *Hamas and Palestine. The Contested Road to Statehold*. Abindgon – New York: Routledge.

Levitt, Matthew. 2006. *Hamas. Politics, Charity, and Terrorism in the Service of Jihad*. New Haven: Yale University Press.

Milton-Edwards, Beverley und Stephen Farrell. 2010. *Hamas. The Islamic Resistance Movement*. Cambridge: Polity Press.

Nüsse, Andrea. 1998. *Muslim Palestine. The Ideology of Hamas*. Abingdon: Routledge.

Pfahl-Traughber, Armin. 2006. Vom Aufbau von Parallelgesellschaften bis zur Durchführung von Terroranschlägen. Das Gefahren- und Konfliktpotenzial des Islamismus in Deutschland. In *Unfriedliche Religionen? Das politische Gewalt- und Konfliktpotenzial von Religionen,* hrsg. M. Hildebrandt und Manfred Brocker, 153–177. Wiesbaden: Springer Verlag.

Roy, Sara. 2011. *Hamas and Civil Society in Gaza: Engaging the Islamist Social Sector*. New Jersey: Princeton University Press.
Singh, Rashmi. 2012. *Hamas and Suicide Terrorism. Multi-causal and Multi-level Approaches*. Abingdon – New York: Routledge.

Prof. Dr. phil. Armin Pfahl-Traughber Politikwissenschaftler und Soziologe, ist hauptamtlich Lehrender an der Hochschule des Bundes für öffentliche Verwaltung in Brühl. Er gibt ebendort das „Jahrbuch für Extremismus- und Terrorismusforschung" heraus. Seine Arbeitsschwerpunkte sind: Antisemitismus, Extremismus, Ideengeschichte, Islamismus, Politische Theorie und Terrorismus

Zur gleichen Zeit – Repression und Prävention von ganz oben: Emmanuel Macrons Umgang mit dem Islam in Frankreich

Asiem El-Difraoui und Caspar Berges

Zusammenfassung

Frankreich wurde seit 2015 immer wieder Schauplatz djihadistischen Terrors. Folglich ist der Umgang mit dem Islam für Emmanuel Macron ein brisantes politisches Thema. Die Islampolitik von Präsident Macron ist von seiner Regierungsphilosophie der „Gleichzeitigkeit" dem „en même temps" geprägt – in diesem Fall von gleichzeitiger Prävention und Repression. Macron möchte einen aufgeklärten französischen Islam, welcher sich zu den Werten der Republik bekennt, fördern und gleichzeitig islamistische Strömungen bekämpfen, die im Gegensatz zu diesen Werten stehen. Doch die Balance dieser „Gleichzeitigkeit" schwingt immer mehr in Richtung Repression. Dies wird durch die Prägung des Begriffes „islamischer Separatismus" durch den französischen Präsidenten augenscheinlich. Emmanuel Macron betreibt eine ambitionierte Islampolitik von oben, welche einige Risiken birgt.

A. El-Difraoui (✉)
Candid Foundation, Berlin, Deutschland
E-Mail: aed@candid-foundation.org

C. Berges
Candid Foundation, Paris, Frankreich
E-Mail: cb@candid-foundation.org

Schlüsselwörter

Frankreich · Macron · Prävention · Repression · Islamophobie · Islamischer Separatismus · CFCM · Aufgeklärter Islam · Republikanische Werte

Er ist ein neugieriger und hochgebildeter Mann – das ist außer Zweifel und er beschäftigt sich tief mit wichtigen gesellschaftlichen Themen. Dies ist auch in Sachen Islam nicht anders. Wo andere Politiker sich von ihren Referenten briefen lassen – so sucht Emmanuel Macron den direkten Kontakt. Bereits als Wirtschaftsminister im Jahre 2016 und nach seinem Rücktritt von dem Posten, um seinen Präsidentschaftswahlkampf vorzubereiten, hat der hochgebildete Politiker sich mit führenden Wissenschaftlern, wie Gilles Kepel oder dem intellektuellen Hakim El Karoui, der sich mit dem Islam in Frankreich beschäftigt, aber auch Studenten, die Feldforschung betreiben, getroffen, um sich mit der Thematik der Prävention auseinanderzusetzen. Und er hat viel gelesen. Es war das Jahr, in dem der Kampf gegen das vermeintliche IS-Kalifat in Syrien und dem Irak sich seinem Höhepunkt näherte und Frankreich allein in Nizza 85 Todesopfer durch einen verheerenden Anschlag zu beklagen hatte[1]. Macron kennt die gesellschaftlichen Ursachen der Radikalisierung, die sozio-ökonomische Ausgrenzung, die Ghettobildung in Frankreichs Vorstädten und natürlich die oftmals noch unverarbeitete koloniale Vergangenheit.

Bereits damals konnte man aber auch erkennen, wenn man genauer hinschaute und hinhörte, dass Macron klipp und klar gewisse islamische Strömungen und Vereine für mit den Idealen der Republik für unvereinbar hielt. So im Oktober 2016 bei einem Besuch seiner Wahlkampftour in einem benachteiligten Viertel der südfranzösischen Metropole Montpellier in Gesprächen mit Einwohnern. „Hier sind 80 % Muslime. Sie sind in einem Viertel von muslimischen Franzosen[2]“, bemerkt ein Mann. Der Kandidat Macron korrigiert: „französische Muslimen“ müsse es heißen. Er möchte hiermit klarstellen, dass Menschen zunächst Franzosen und dann Muslime, Christen oder Juden seien. Der Einwohner insistiert. „Sie sind in einem Viertel von muslimischen Franzosen, darunter Salafisten […] Sie sind dabei, Bürger anzugreifen, die das Recht haben,

[1] 8 weitere kleinere islamistische Attentate https://de.wikipedia.org/wiki/Liste_islamistischer_Anschl%C3%A4ge_in_Frankreich#2016.

[2] Dieses und alle folgenden Zitate sind Übersetzungen der Verfasser aus dem Französischen.

in Frankreich Salafisten zu sein". Die Antwort des zukünftigen Präsidenten ist eindeutig: „Es gibt in diesem Land Vereine, die die Gesetze der Republik nicht respektieren. Und wenn man nicht die Gleichberechtigung zwischen Männern und Frauen anerkennt. Dann ist man nicht mehr in der privaten religiösen Sphäre". Und er führt fort „Es gibt Vereine, die Blödsinn machen, welche die Gesetze der Republik nicht respektieren. Man kann nicht sagen, dass es keine Probleme gibt, sonst erzählt man den Leuten Salat" (Segaunes 2016).

„Zur gleichen Zeit" zeigt sich Macron sehr offen gegenüber einem französischen Islam. „Zur gleichen Zeit" steht hier in Anführungszeichen, da es mehr als eine Redewendung ist, die Macron sehr häufig benutzt, hinter ihr verbirgt sich viel. Der spätere französische Staatschef, Produkt der besten Eliteuniversitäten des Landes, besitzt auch einen Master oder besser ein Vordoktorat in Philosophie und hat lange sehr eng mit Paul Ricœur einem der wichtigsten europäischen Philosophen des 20. Jahrhunderts, zusammengearbeitet (Lacroix 2017). „Zur gleichen Zeit" „en même temps" ist ein Kernkonzept von Emmanuel Macron, der ideologische Spaltungen der französischen Politik und Gesellschaft aufheben will. Macron, der wirtschaftsliberal, aber gleichzeitig sozial sein möchte. Der keinen Gegensatz zwischen Umweltschutz und Wirtschaftswachstum sieht. Der seine eigene Form von Modernität in Frankreich schaffen möchte. Das „en même temps" trifft auch auf seinen Umgang mit dem Islam zu. Franzose und gläubiger Muslim zu sein sei keinerlei Widerspruch: „Keine Religion ist ein Problem. Problematisch sind jedoch bestimmte Verhaltensweisen, die unter das Zeichen der Religion gestellt werden, wenn sie der Person, die sie praktiziert, aufgezwungen werden. Es darf kein Zwang ausgeübt werden" (Segaunes 2016). Der zukünftige Präsident forderte damals in Montpellier weiter, dass man „nicht auf das Spiel des IS hereinfallen sollte", und stattdessen „Prediger zu unterstützen, die die Gesetze der Republik respektieren", um „den Muslimen Frankreichs zu helfen, den Kampf für einen aufgeklärten Islam zu gewinnen, gegen einen radikalen Islam, der glaubt, über der Republik und ihren Gesetzen zu stehen". Auch als Präsident fordert Emmanuel Macron immer wieder einen „Islam des Lichtes" (Segaunes 2016), einen aufgeklärten Islam zu unterstützen.

Bevor wir mit Macrons Politik fortfahre, scheint es mir wichtig, ein paar Informationen über den damaligen Kontext zu geben. Macron sah Frankreichs Premierminister, den Sozialisten Manuel Valls als einen der wichtigsten Rivalen in seinem Kampf um die Präsidentschaft. Valls hatte zunächst in den Jahren 2015 und 2016 erstmals wirklich eine Präventionspolitik in Frankreich angestoßen, etwa durch die Einführung von Deradikalisierungsmaßnahmen, und Präventionsinitiativen wie der Schaffung der Plattform „Stop Djihadisme“[3] für Gegennarrative. In seiner Kampagne zur Nominierung durch die sozialistische Partei bezog er jedoch immer härtere Positionen in Sachen Islam. Im November 2016 spricht Valls stigmatisierend von „dem Problem des Islam, der Muslime“ (France Info 2017). Auch wenn er danach beteuert, seine Aussage sei falsch interpretiert worden, so hatte er jedoch bereits Monate vorher im Zusammenhang mit den Attentaten des 13. Novembers 2015, denen 130 Menschen zum Opfer fielen, darunter allein 89 im Bataclan-Theater, über das Verstehen von Radikalisierung und deren Mechanismen gesagt: „solche Akte zu erklären, sei bereits sie ein bisschen entschuldigen zu wollen“ (de Montvalon 2016). Der Ton war somit vorgegeben, ein Ton, von dem sich Emmanuel Macron damals differenzieren wollte. Vermutlich nicht nur aus Überzeugung, sondern auch, um von den schätzungsweise 3,3 bis 5 Mio. Muslimen (Observatoire de la Laïcité 2020, S. 101) Frankreichs Stimmen zu erhalten.[4]

Macron, der am 14. Mai 2017 Präsident wurde, setzte im Übrigen wie Manuel Valls bei der Deradikalisierung und bei der sekundären und primären Prävention weiterhin, wie es für das immer noch jakobinische und zentralistische Frankreich charakterisierend ist, vor allem staatliche Akteure wie den Interministeriellen Ausschusses zur Prävention von Kriminalität und Radikalisierung (CIPDR)[5] und die Präfekturen, und nicht wie in Deutschland auf zivilgesellschaftliche Akteure. In der Tat hatte Frankreich mit zivilgesellschaftlichen Vereinen auch schlechte Erfahrungen gemacht. Denn diese waren zu einem skandalträchtigen Deradikalisierung Business verkommen. Der Vorsitzende einer dieser Vereine wurde wegen sexuellen Missbrauchs angeklagt (Gonzalès 2017), die eines Zweiten wegen der Veruntreuung öffentlicher Gelder verurteilt (Politi 2017).

Der Diskurs von Emmanuel Macron verhärtet sich über die Jahre zunehmend. Das „zur gleichen Zeit“ pendelt immer mehr von der ausgestreckten Hand zu den französischen Muslimen zu einer von oben verordneten Präventionspolitik und vor allem auch Repressionspolitik. Im Juni 2017 trennt Macron bei einem Diskurs vor dem Französischen Rat des muslimischen Kultes (CFCM), die von seinem Vorgänger Nicolas Sarkozy gegründete de facto Vertretung der islamischen Vereine und Moscheegemeinschaften, noch glasklar zwischen Djihadismus, Extremismus und Islam. Er betont, dass es in Frankreich „nicht

[3] http://www.stop-djihadisme.gouv.fr/

[4] Französischen Behörden ist es auf Grund der „Judenlisten“, welche unter dem Vichy Regime zur Judenverfolgung verwendet wurden, verboten Daten über ethnische oder religiöse Personenmerkmale zu führen.

[5] Comité Interministériel de Prévention de la Délinquance et de la Radicalisation.

Muslime auf der einen und Franzosen auf der anderen Seite gibt"(Macron 2017), und er engagiert sich für eine französische Imamausbildung und verspricht an Universitäten eine über lange Zeit vernachlässigte Forschung über den Islam in den unterschiedlichen Weltregionen und Ausprägungen zu fördern.

Frankreichs Präsident verurteilt aber auch zunehmend islamische Strömungen, die seiner Ansicht nach eine „Segregation" innerhalb der Gesellschaft fördern. Als Folge von weiteren Attentaten verschärft sich der Diskurs. Nach dem Anschlag im Pariser Polizeihauptquartier im Oktober 2019: der Kampf gegen den Terrorismus könne nur gewonnen werden, wenn „die ganze Nation" gegen den „Islamismus im Untergrund" (Macron 2019) aufstehe. Die Formulierung ist wichtig, denn hiermit meint Macron die islamistischen Bewegungen, die zwar nicht gewalttätig sind, aber den Einstieg in den Extremismus erleichtern. Kurz danach spricht sich Macron zum ersten Mal gegen den „Kommunitarismus" aus, gemeint ist damit in Frankreich den Rückzug auf die eigene religiöse Gemeinschaft und die Entfernung von der französischen Gesellschaft und ihren Grundwerten – der Begriff kommt im Deutschen dem der Parallelgesellschaft nahe. Ende desselben Jahres trifft Macron den Französischen Rat des muslimischen Kultes (CFCM), welcher vage mit der deutschen Islamkonferenz vergleichbar ist, erneut. Er fordert „eine starke Stimme über den Platz des Schleiers, die Frauen und die republikanische Schule" (Dumain 2019). Klare Bekenntnisse also zu den Grundfesten der Französischen Republik. Zwei Monate später greift ein Jihadist im Pariser Vorort Villejuif 3 Menschen mit einem Messer an, zwei werden schwer verletzt, der Attentäter und ein weiterer Mann sterben. Kurz darauf im Februar 2020 warnt der Präsident im elsässischen Mülhausen (Mulhouse) erstmalig vor den Gefahren eines „Islamischen Separatismus" (Macron 2020b). Eine extrem starke Wortwahl. Frankreich mit seinem zentralstaatlichen Ideal hat jahrelang gegen gewalttätigen Separatismus von Korsen, aber auch von Basken gekämpft. Auch nur geringe Bestrebungen von Volksgruppen wie auch den Katalanen und Bretonen nach mehr Autonomie werden mit größtem Misstrauen und Argwohn betrachtet. Separatisten sind Staatsfeinde – und Macron kündigt vier „starke Linien" im Kampf gegen den „islamischen Separatismus" an: erstens die Wiedererlangung „der Kontrolle" im Kampf gegen ausländische Einflüsse, besonders an Schulen und in Gotteshäusern; zweitens, die Förderung der Ausgestaltung der muslimischen Religion in Frankreich, welche dem Laizismus und der Einhaltung aller Gesetze der Republik zuträglich ist; drittens der entschlossene Kampf gegen alle Erscheinungsformen des islamischen Separatismus' und den damit einhergehenden „Kommunitarismus", die gegen die Gesetze und Vorschriften der Republik verstoßen; und viertens die Republik wieder in den Orten sichtbar zu machen, in denen sie sich teilweise zurückgezogen hatte. Denn „der Separatismus nährt sich vom Fehlen eines alternativen Angebots im sozialen, sportlichen, außerschulischen, gesundheitlichen und kulturellen Bereich an bestimmten Orten. Deshalb müssen wir die Verbände, die lokalen Behörden und die staatlichen Dienste, die seit vielen Jahren zusammenarbeiten, noch stärker begleiten und verstärken, um noch mehr in den Bereichen Sport, Kultur, Bildung, Unterstützung für Familien, Unterstützung bei außerschulischen Aktivitäten und für die Schule zu tun, [...], um sicherzustellen, dass wir überall in der Republik für die Meritokratie kämpfen, für den Zugang zu einer guten Ausbildung und zu Beschäftigung kämpfen“ (Macron 2020b). Die Meritokratie ist eine Kernidee der Französischen Republik – gemeint ist hier allen Bürgern den sozialen Aufstieg aufgrund ihrer Verdienste bei absoluter Chancengleichheit, etwa im Bildungswesen, zu garantieren. Ein hohes, schwierig zu realisierendes Ideal.

Im September 2020, kurz nach der Wiederveröffentlichung von Mohammed Karikaturen während des laufenden Charlie Hebdo Gerichtsverfahren zur Anklage der Helfer des Attentats, bei dem fünf Jahre zuvor 13 Menschen umgebracht wurden, attackiert ein pakistanischer Asylbewerber zwei Menschen unweit der ehemaligen Redaktionsräume mit einem Metzgerbeil. Eine Woche später verkündet Macron in der Problem-gebeutelten Stadt Les Mureaux nahe Paris: „Der Islam ist heute eine Religion in der Krise, überall auf der Welt.“ [...] „Wir müssen an der Wurzel ansetzen. Dem radikalen Islamismus, der uns voller Stolz zur Schau gestellt wird, müssen wir einen selbstbewussten republikanischen Patriotismus entgegensetzen“. Er zählt die repressiven Maßnahmen seit Beginn der Präsidentschaft auf: 212 islamistische Teehäuser, 15 Moscheen, 4 Schulen und 13 Gemeinde- und Kultureinrichtungen – alle geschlossen. Und er kündigt weitere Schritte an: „Wir gehen weiter, wir werden stärker“ (Macron 2020a). Ein Gesetzesentwurf gegen den Separatismus wird im folgenden Dezember dem Ministerrat vorgelegt. Es beinhaltet neue repressive Maßnahmen, aber wie immer auch „gleichzeitige“ Förderung und Prävention. Um hier nur einige wichtige Teile der umstritten Kernmaßnahmen zu nennen: Die Ausweitung der religiösen „Neutralitätspflicht“ von Staatsbediensteten auf Subunternehmer des Staates, etwa Verkehrsbetriebe, die somit verpflichtet werden, ein Kopftuchverbot für Busfahrerinnen oder Kontrolleurinnen durchzusetzen; alle Vereine, die eine öffentliche Förderung beantragen, müssen einem „Vertrag des republikanischen Engagements“ unterzeichnen in dem sie sich den Prinzipien der Republik, wie der Gleichheit der Geschlechter und der Menschenwürde verpflichten. Die Vereine sind kollektiv für ihre Mitglieder haftbar und können somit bereits aufgelöst werden, wenn Einzelmitglieder sich als Mitglieder gegen die republikanischen Prinzipien äußern. In dringenden Fällen kann der Innenminister die Vereine suspendieren, bis die Auflösung durch Gerichte beschlossen wird. Falls in Vereinen oder Moscheegemeinschaften zur Diskriminierung, Hass oder Gewalt aufgerufen wird, sollen Haftstrafen von bis zu sieben Jahren verhängt werden können. Das Verbot politischer Veranstaltungen in Moscheegemeinden wird verschärft. Ausländische Spenden von mehr als 10.000 € müssen deklariert werden, und der Präfekt kann sie ablehnen, wenn „ein grundlegendes Interesse der Gesellschaft auf dem Spiel steht". Eine sehr vage Formulierung die dem Staat eine große Handhabe gibt. Die Schulpflicht zwischen 3 und 16 Jahren wird gestärkt, so soll eine Ausnahmeregelung weitgehend außer Kraft gesetzt werden, die es Eltern erlaubt, ihre Kinder zu Hause zu unterrichten. Damit soll verhindert werden, dass etwa salafistische Familien ihre Kinder daheim beständig indoktrinieren. Muslimischen Ärzten wird die Ausstellung von „Jungfräulichkeitsbescheinigungen" verboten und mit einem Jahr Haft und einer Geldstrafe von 15.000 € bestraft.

Zwei Wochen nach seiner Rede in Les Mureaux, wird nach Unterrichtsende der Geschichts- und Geografielehrer Samuel Paty auf offener Straße von einem jungen Tschetschenen enthauptet. Abdoullakh Anzorov, 18 Jahre alt, reist für die Verübung seiner schrecklichen Tat am 16. Oktober fast hundert Kilometer aus der Normandie an. Sein Opfer kennt er nicht persönlich. Kurz nach dem Mord wird er von der Polizei erschossen. Auslöser oder besser Vorwand, für die Gräueltat war ein Gemeinschaftskundekurs zehn Tage zuvor. Der Lehrer zeigte einer siebten Klasse der Mittelschule zum Thema Pressefreiheit die vom Satiremagazin *Charlie Hebdo* veröffentlichten Mohammed-Karikaturen. Zu gegebenem Anlass, wie beschrieben fand zeitgleich der Prozess gegen die Helfer der Anschläge auf das Satiremagazin 2015 statt. Samuel Paty ging bei seinem Kurs sehr verantwortungsvoll vor. Er bat diejenigen seiner 13- und 14-jährigen Schülerinnen und Schüler, die dies stören könnte, den Blick abzuwenden. Der erboste Vater einer Schülerin, die in der Unterrichtsstunde nicht einmal anwesend war, startete jedoch eine Hetzkampagne in den sozialen Medien – beschimpfte den Lehrer als Kriminellen, behauptete, er habe alle muslimischen Schüler des Raumes verwiesen, und erstattete Strafanzeige wegen Verbreitung von Pornografie unter Minderjährigen. Weder die Schulleitung noch die Polizei hielten die Vorwürfe für gerechtfertigt, doch der Vater hetzte weiter und veröffentlichte den Namen des Lehrers und die Adresse der Schule im Internet. Im Schneeballeffekt begann in den sozialen Medien durch Extremisten eine Hasskampagne gegen den Pädagogen – so wurde der junge Tschetschene, der sich in Frankreich radikalisiert hatte, auf sein zukünftiges Opfer aufmerksam.

Die Hetzkampagne gegen den Lehrer bestätige für Macron weiter in seiner Überzeugung, dass auch nicht-gewalttätige Islamisten das Klima für Terrorismus schaffen oder wie es der Forscher Gilles Kepel nennt, einen „atmosphärischen Dschihadismus“ (Desuin 2017). Kepel und andere Wissenschaftler unterstellen sogar, dass es eine Zweckgemeinschaft zwischen französischen Linken und Islamisten gebe, die anti-koloniale und kommunitaristische und sogar antisemitischen Positionen teilen, um mehr politisches Gewicht zu gewinnen. Der sogenannten Islamo-Gauchisme soll angeblich Extremismus und dem „Separatismus“ den Weg ebneten. Der Vorwurf des Islamo-Gauchisme wird von Macron nahestehenden Politikern, wie der Bildungsministerin Frédérique Vidal dazu genutzt, um politische oder akademische Kritiker der repressiven Maßnahmen Macrons mundtot zu machen.

Als Folge von der Ermordung von Samuel Paty wird im Gesetzentwurf gegen den Separatismus ein neuer Straftatbestand in Bezug auf die Gefährdung anderer durch Verbreitung von Informationen über das Privat, Familien und Berufsleben aufgenommen, falls dadurch Menschen und ihr Hab und Gut gefährdet werden könnten. Das „Gesetzes gegen den Separatismus“ samt Verschärfung wurde am 23. Juli von der Nationalversammlung verabschiedet.

Der Mord an dem Lehrer löste in Frankreich eine Welle von Entsetzen aus. Zehntausende Menschen solidarisierten sich auf Frankreichs Straßen mit Samuel Paty und unterstützten das Recht auf freie Meinungsäußerung und damit auf „blasphemische“ Karikaturen. Auch Emmanuel Macron bezieht fünf Tage nach Attentat dazu persönlich Stellung: „Wir werden die Freiheit verteidigen […] wir werden die Karikaturen, die Zeichnungen, nicht aufgeben, auch wenn andere einen Rückzieher machen“ (Macron 2020c). Macrons Verteidigung der Presse und Meinungsfreiheit greift der türkische Präsident Erdogan auf und beschimpft Frankreichs Staatsoberhaupt. Eine Welle der Empörung in der islamischen Welt gegen Macron und Frankreich beginnt (Wintour 2020). Gerüchte und falsche Zitate im Netz, nach denen Macron und der französische Staat Überheber der Karikaturen sind, führen zu Boykottaufrufen und Demonstrationen von Hebron bis nach Islamabad. Vier Tage nachdem Erdogan Macron „psychiatrische Untersuchungen“ empfahl, werden in der katholischen Basilika von Nizza zwei betende Frauen und ein Küster ermordet.

Macron gerät von allen Seiten unter Beschuss. Die islamische Welt empört sich, viele französische Muslime fühlen sich stigmatisiert und viele nichtmuslimische Franzosen wollen klare Worte und Maßnahmen, um dem Terror ein Ende zu setzen. Der internationale Druck[6] veranlasst Macron, seine Positionen

[6] das französische Außenministerium warnt zwischenzeitlich seine sich im muslimischen Ausland befindlichen Bürger vor Übergriffen (Lueb 2020).

in einem Interview mit dem größten arabischen Nachrichtensender Al Jazeera zu erläutern. Vor allem auch das Verständnis von Laizität: „[…] diesem Begriff, der so kompliziert ist und zu so vielen Missverständnissen führt, die wir heute hoffentlich ausräumen können, und der, […], eine Freiheit bedeutet, zu glauben oder nicht zu glauben, aber das macht Frankreich zu einem Land, in dem wir wollen, dass jeder ein Bürger ist, unabhängig von seiner Religion, in dem jeder die gleichen politischen und staatsbürgerlichen Rechte hat, unabhängig von seiner Religion, und in dem die Gesellschaft gewissermaßen mit allen Religionen lebt, die in ihr zum Ausdruck kommen. […] Und was ich sagen möchte, im Gegensatz zu dem, was ich in den letzten Tagen viel gehört habe, ist, dass unser Land ein Land ist, das kein Problem mit irgendeiner Religion in der Welt hat, weil sie alle frei praktiziert werden. Und was die Franzosen muslimischen Glaubens betrifft, sowie Bürger aus aller Welt, deren Religion der Islam ist, so möchte ich ihnen sagen, dass Frankreich ein Land ist, in dem diese Religion auch frei praktiziert wird" (Macron 2020d).

Macron nimmt französische Muslime jedoch immer weiter in die Pflicht, im Januar 2021 veröffentlicht der *Französische Rat des muslimischen Kultes* (CFCM) auf Anstoß des Präsidenten eine Charta. In 10 Artikeln soll von nun an festgeschrieben sein, was ein französischer, ein aufgeklärter Islam ist. Hier geht es um weit mehr als nur Verfassungstreue, die Gleichberechtigung von Männern und Frauen, die Nicht-diskriminierung von anderen Gruppen, der Ablehnung von Homophobie, oder darum gegen die politische Instrumentalisierung des Islam und von Muslimen anzukämpfen, sondern darum die individuelle Freiheit und das rationale Denken zu fördern. Moscheegemeinden oder Vereine, die gegen die Charta verstoßen, werden von dem Dachverband ausgeschlossen und können strafrechtlich verfolgt werden (CFCM 2021).

Ist Macron islamfeindlich? Wir glauben nicht. Aber er möchte jakobinisch mit der Macht seines Amtes einen französischen und europäischen Islam schaffen, gleichzeitig den Populisten das Wasser abgraben und Terrorismus bekämpfen. Von oben mit einer Gleichzeitigkeit von Repression und Integrationspolitik – „en meme temps". Es ist eine Politik, die funktionieren kann, aber auch große Risiken birgt, etwa durch Stigmatisierung Menschen auszuschließen und damit einige sogar zu radikalisieren. Und die französischen Muslime erwarten nach dem großen Druck von ganz oben den zweiten Teil von „en meme temps". Echte Integrationsmaßnahmen, das Ende der Ghettos und eine wohlwollende und wirklich aufklärende Haltung zu der islamischen Hochkultur die auch Macron immer wieder zitiert. Und in der Tat könnte sich nach seiner Wiederwahl im April 2022 und dem Entfallen des politischen Kalküls die Balance erneut ändern.

Literatur

CFCM. 17.01.2021. Charte des principes pour l'Islam de France, [Charta], URL https://www.aa.com.tr/uploads/userFiles/a0375fc1-552e-4508-bc69-6dc1b8417822/Charte-des-principes-17.01.2021-1-.pdf. Zugegriffen: 10. Juli 2021

de Montvalon, Jean-Baptiste. 02.03.2016. «Expliquer, c'est déjà vouloir un peu excuser» : la cinglante réponse des chercheurs à Manuel Valls, in: lemonde.fr URL https://www.lemonde.fr/societe/article/2016/03/03/terrorisme-la-cinglante-reponse-des-sciences-sociales-a-manuel-valls_4875959_3224.html. Zugegriffen: 10. Juli 2021

Desuin, Hadrian. 07.04.2021. Fenêtre sur le monde. Le djihadisme d'atmosphère, in: revueconflicts.com URL https://www.revueconflits.com/gilles-kepel-prophete-pandemie/. Zugegriffen: 12. Juli 2021

Dumain, Audrey. 28.10.2019. Emmanuel Macron appelle le Conseil français du culte musulman à „combattre le communautarisme et l'islamisme", in: francebleu.fr URL https://www.francebleu.fr/infos/politique/emmanuel-macron-appelle-le-conseil-francais-du-culte-musulman-a-combattre-le-communautarisme-et-l-1572269138. Zugegriffen: 10. Juli 2021

France Info. 22.11.2017. En Espagne, Manuel Valls parle du „problème de l'islam, des musulmans" dans la société française, in: France Television, URL https://www.francetvinfo.fr/politique/manuel-valls/en-espagne-manuel-valls-parle-du-probleme-de-l-islam-des-musulmans-dans-la-societe-francaise_2479553.html. Zugegriffen: 10. Juli 2021

Gonzalès, Paule. 28.04.2017. Patrick Amoyel, le «psychanalyste du djihad» écroué pour viol, in: lefigaro.fr URL https://www.lefigaro.fr/actualite-france/2017/04/28/01016-20170428ARTFIG00329-le-psychanalyste-du-djihad-ecroue-pour-viol.php. Zugegriffen: 11. Juli 2021

Lacroix, Alexis. 06.10.2017. Paul Ricoeur, le mentor du jeune Macron, in: L'Express.fr, URL https://www.lexpress.fr/actualite/politique/paul-ricoeur-le-mentor-du-jeune-macron_1949381.html. Zugegriffen: 11. Juli 2021

Lueb, Uwe. 17.10.2020. Frankreich warnt seine Bürger im Ausland, in: tagesschau.de URL https://www.tagesschau.de/ausland/frankreich-mohammed-karikaturen-101.html. Zugegriffen: 10. Juli 2021

Macron, Emmanuel. 20.06.2017. Sur l'islam en France, [Rede], URL https://www.vie-publique.fr/discours/203046-declaration-de-m-emmanuel-macron-president-de-la-republique-sur-lisl. Zugegriffen: 10. Juli 2021

Macron, Emmanuel. 08.10.2019. En hommage aux victimes de l'attaque à la Préfecture de police de Paris, [Rede], URL https://www.vie-publique.fr/discours/271002-emmanuel-macron-08102019-terrorisme. Zugegriffen: 10. Juli 2021

Macron, Emmanuel. 02.02.2020a. Sur le thème de la lutte contre le séparatisme, [Rede], URL https://www.elysee.fr/emmanuel-macron/2020/10/02/la-republique-en-actes-discours-du-president-de-la-republique-sur-le-theme-de-la-lutte-contre-les-separatismes. Zugegriffen: 09. Juli 2021

Macron, Emmanuel. 12.02.2020b. Protéger les libertés en luttant contre le séparatisme islamiste, [Rede], URL https://www.elysee.fr/emmanuel-macron/2020/02/18/proteger-

les-libertes-en-luttant-contre-le-separatisme-islamiste-conference-de-presse-du-president-emmanuel-macron-a-mulhouse. Zugegriffen: 10. Juli 2021
Macron, Emmanuel. 21.10.2020c. En hommage à Samuel Paty, [Rede], URL https://www.vie-publique.fr/discours/276822-emmanuel-macron-21102020-samuel-paty. Zugegriffen: 10. Juli 2021
Macron, Emmanuel. 31.10.2020d. Interview du Président Emmanuel Macron à Al Jazeera, [Rede], URL https://www.elysee.fr/emmanuel-macron/2020/10/31/interview-du-president-emmanuel-macron-a-al-jazeera. Zugegriffen: 10. Juli 2021
Observatoire de la laïcité. 05.12.2020. Rapport Annuel de l'Observatoire de la laïcité 2019–2020, URL https://www.gouvernement.fr/sites/default/files/contenu/piece-jointe/2020/12/rapport_annuel_de_lobservatoire_de_la_laicite_2019-2020.pdf. Zugegriffen: 10. Juli 2021
Politi, Caroline. 13.03.2017. Condamnation de Sonia Imloul, figure de la déradicalisation, in: 20minutes.fr URL https://www.20minutes.fr/paris/2029647-20170313-condamnation-sonia-imloul-figure-deradicalisation-detournement-demontre-intention-autre-chose. Zugegriffen: 10. Juli 2021
Segaunes, Nathalie. 18.10.2016. Sur l'islam, Emmanuel Macron prône une «bienveillance exigeante», in: L'Opinion.fr, URL: https://www.lopinion.fr/edition/politique/l-islam-emmanuel-macron-prone-bienveillance-exigeante-112469. Zugegriffen: 15. Juli 2021
Wintour, Patrick. 15.10.2020. France recalls ambassador to Turkey after Erdoğan questions Macron's mental state, in: theguardian.com URL https://www.theguardian.com/world/2020/oct/25/france-recalls-ambassador-to-turkey-after-erdogan-questions-macrons-mental-state. Zugegriffen: 07. Juli 2021

Asiem El-Difraoui, geb. 1965, ist ein deutsch-ägyptischer Politologe, Volkswirt, preisgekrönter Dokumentarfilm- und Buchautor. Nach einem Studium an der American University in Kairo erwarb er 1989 seinen BA in Economics and Politics an School of Oriental and African Studies (SOAS) der University of London. Er erhielt 1992 einen M. Phil. (DEA avec Mention) mit einer Arbeit über Islamismus und Demokratie an der Sciences Po (IEP) in Paris. Er promovierte ebenfalls an der Sciences Po bei Gilles Kepel mit seiner 2012 als Buch erschienener Dissertation „Al-Qaida par l'image: La prophétie du martyre". Zuvor war El Difraoui von 2004 bis 2010 Lehrbeauftragter derselben Universität. Von 2010 bis 2012 arbeite El Difraoui als Wissenschaftlicher Mitarbeiter der Forschungsgruppe Naher/Mittlerer Osten und Afrika der Stiftung Wissenschaft und Politik (SWP) in Berlin. Seit 2012 ist er Senior Fellow am Berliner Institut für Medien- und Kommunikationspolitik. Im Jahre 2014 war er Mitgründer der Candid Foundation in Berlin, die als unabhängige Denkfabrik eine wissenschaftlich fundierte Beschäftigung und einen Dialog mit der islamischen Welt zum Ziel hat. El Difraoui ist Mitherausgeber des von Candid verlegten Magazins „Zenith". Er ist Mitglied des Verwaltungsrates des Pariser Think Tanks EuropaNova. 2016 erschien sein Werk „Le Djihadisme", welches in Frankreich als Standardwerk zur Einführung in den Themenkomplex gilt. 2019 war El Difraoui Leiter eines Projektes für das Bundesamt für Migration und Flüchtlinge (BAMF) zur Entwicklung eines Qualifizierungslehrgangs und eines Sachbuchs zur Ausstiegsarbeit aus dem islamischen Extremismus. El Difraoui hat über Jahre französische und deutsche

Ministerien sowie EU Institutionen bezüglich der Extremismus Prävention beraten. Im November dieses Jahres erscheint sein Buch „Die Hydra des Dschihadismus“ im Suhrkamp Verlag.

Caspar Berges, geboren 1997, arbeitet für die Candid Foundation. Er hat einen Bachelor-Abschluss in Volkswirtschaftslehre und Politikwissenschaften von der Universität Heidelberg. Nach Studienaufenthalten in Jerusalem und Montpellier absolviert er derzeit einen Masterstudiengang an der Freien Universität Berlin.

Frauen in extremistischen Gruppen

Deradikalisieren und Resozialisieren: Perspektiven für IS-Rückkehrerinnen

Samet Er

Zusammenfassung

Das Phänomen deutscher IS-Rückkehrerinnen beschäftigt nicht mehr nur die Medien, sondern mittlerweile auch die Gesamtgesellschaft. Nach und nach kommen Frauen, die in den Jahren des Krieges in das frühere Herrschaftsgebiet des IS ausgereist waren, zurück nach Deutschland. Sie haben ein Recht auf Rückkehr und darauf, Teil der Gesellschaft zu sein, deshalb beanspruchen sie auch unsere Unterstützung und Hilfe. Die psychische Verfassung, in der sie sich befinden, ist ebenso unterschiedlich wie ihre Erwartungen. Viele von ihnen sind hochtraumatisiert, während sich aber auch Hochideologisierte, Verzweifelte und Unentschlossene unter ihnen befinden. Hinzu kommt, dass viele von ihnen nicht allein in die Heimat zurückkommen, sondern mit ihren eigenen Kindern, die sie zum Teil mitgeführt haben oder im Kriegsgebiet geborenen sind. Auch diese Kinder brauchen zuerst einmal Sicherheit sowie ein Umfeld, das sie stützt, ihnen Zeit gibt, sich in die neuen Kontexte einzufinden und versucht, sie zu verstehen. Diese Herausforderung betrifft nicht nur die Beteiligten an der Deradikalisierungsarbeit, sondern die Gesamtgesellschaft. Für Deutschland stellt sie zudem Neuland dar.

S. Er (✉)
Institut für interdisziplinäre Konflikt- und Gewaltforschung, Bielefeld, Deutschland
E-Mail: sameter@hotmail.de

Schlüsselwörter

Deradikalisierung · Resozialisierung · IS-Rückkehrerinnen · Kinder im IS · Islamischer Staat · Reintegrationsmaßnahmen · Rückkehrerkoordinator*innen · Kinder- und Jugendarbeit · Islam

1 Welche Personen sind gemeint, wenn wir über Rückkehrer*innen sprechen?

Aus Deutschland sind seit 2013 mehr als 1070 (vgl. Drucksache 19/26668) in Deutschland sozialisierte Personen in Kriegsgebiete ausgereist. Von diesen sind nach Angaben von Sicherheitsbehörden bis dato etwa ein Drittel zurückgekehrt (Handle et al. 2019, S. 3; vgl. Drucksache 19/26668). Insgesamt ein Viertel aller ausgereisten Personen sind Frauen (vgl. Drucksache 19/20201, S. 2). Seit der Zerschlagung des Herrschaftsgebietes des sogenannten Islamischen Staates (IS) 2019 und 2020 warten die Ausreiser*innen, die in den Vorjahren nicht eigenständig zurückkehrten, in irakischen und syrischen Gefangenenlagern auf ihre Rückkehr nach Deutschland. Das betrifft insbesondere Frauen und ihre Kinder, von denen sich schätzungsweise noch 130 in den Camps befinden (Drucksache 19/22195, S. 5). In unregelmäßigen Abständen werden kleinere Gruppen, oder Einzelpersonen jedoch auch in komplexen Operationen nach Deutschland zurückgeholt, wie etwa im Dezember 2020, als drei Frauen und ihre zwölf Kinder und weitere Waisen am Frankfurter Flughafen ankamen (vgl. Deutsche Welle 2020). Bislang geschieht das meist jedoch nur in der Folge juristischen Drucks durch in Deutschland verbliebene Angehörige, die die zuständigen Behörden durch Klagen zu Rückholungen verpflichten (vgl. v. d. Heide und Mascolo 2019).

Peresin und Pisiou (2017, S. 2) unterscheiden zwischen drei Kategorien von Rückkehrer*innenbewegungen (vgl. Handle et al. 2019, S. 5). Die erste davon, die sich in den Jahren 2013/2014 zugetragen habe, fand bereits nach kurzem Aufenthalt im Kriegsgebiet statt. Die Betroffenen reisten zwar hochmotiviert in die Kampfgebiete aus, waren nach ihrer Ankunft aber enttäuscht, da die ihnen zuvor gegebenen „Versprechungen" nicht eingehalten wurden, sodass sie desillusioniert zurückkamen. Die zweite Bewegung vollzog sich in den Folgejahren 2015/2016 aus unterschiedlichen Beweggründen. Dazu zählten beispielsweise der Alltag im Krieg oder familiäre bzw. gesundheitliche Herausforderungen, die das Leben in dem Kriegsgebiet erschwerten. Die Rückkehr dieser Personen fand unter ungleich schwierigeren Umständen statt als noch 2013/2014. Die Betroffenen nutzten vor allem Fluchtrouten nach Europa, und das in den meisten Fällen zu Fuß. Hier kann nicht ausgeschlossen werden, dass sich darunter auch Personen befanden, die sich, ähnlich den Terroristen der Anschlagsreihe in Paris im November 2015, mit der Absicht, Anschläge in Deutschland zu verüben, auf den Weg machten. Die dritte Bewegung ist auf den Zerfall und die militärische Niederlage des sogenannten „Islamischen Staates" zurückzuführen. Sie hat 2017 begonnen und dauert immer noch an. Noch spricht sich die ständige Konferenz der Innenminister und -senatoren der Länder (IMK) gegen Sammelrückholungen aus. Von dieser Seite heißt es, dass jeder Fall einzeln geprüft werden solle (vgl. Zeit Online 2019; Drucksache 19/13991, S. 2 f.). Zugleich stelle bereits eine Rückkehr einer zweistelligen Zahl an Rückkehrer*innen und ihren Kindern eine justizielle und sicherheitspolitische Herausforderung dar (vgl. Moldenhauer 2018). Dazu kämen weitere Herausforderungen wie das Fehlen eines Auslieferungsabkommens mit Irak/Syrien oder einer konsularischen Betreuung in Syrien (vgl. Dantschke et al. 2018, S. 10). Aus diesem Grund ist es bislang erst zu einer sukzessiven Zurückholung von insgesamt 101 Frauen und Männern und 150 Kindern (Stand: 9. März 2021) gekommen (vgl. Koller 2021; Drucksache 19/26668; Drucksache 19/13991).

Während bezüglich der ersten freiwilligen Rückkehrer*innen in vielen Fällen keine belastbaren Informationen und „Anhaltspunkte für die Einleitung von Ermittlungsverfahren durch die zuständigen Justizbehörden" dahin gehend vorlagen (Verfassungsschutz 2020), dass es sich bei ihnen um „aktive und ehemalige Mitglieder, Unterstützer und Sympathisanten terroristischer Organisationen gemäß §§ 129a und 129b StGB (wie dem sogenannten Islamischen Staat)" handelte, hat sich dies nach dem Zerfall des IS geändert: Für 26 Personen aus diesem Segment liegt ein deutscher Haftbefehl vor (vgl. DW 2019). Alle Rückkehrer*innen haben mit einem Ermittlungsverfahren zu rechnen, sofern konkrete Anhaltspunkte für eine Straftat bzw. Beteiligung an einer solchen vorliegen (vgl. Drucksache 19/13991, S. 10 f.; Drucksache 19/20201, S. 3 ff.).

2 Ausreisemotivation und Gefahrenpotenzial

Es habe sich gezeigt, dass es „oft schwierig ist, im Konfliktgebiet begangene Straftaten in einer Qualität nachzuweisen, die den Standards der Strafprozessordnung genügen" (vgl. Merz 2017, S. 1). In der Tat ist es aber so, dass eine starke Tendenz vorhanden ist, Rückkehrer*innen aus Kriegsgebieten pauschal zu beschuldigen. Ihnen wird vorgeworfen, sich an Kampfhandlungen beteiligt oder ein Ausbildungslager besucht zu haben, auch wenn weder bei der Ausreise noch zum Zeitpunkt der Rückkehr eine bestimmte Motivation nachzuweisen ist. Peter Neumann sah bereits 2015 von den Rückkehrer*innen eine große Gefahr ausgehen (vgl. Niedersächsisches Ministerium für Inneres und Sport, Abteilung Verfassungsschutz 2015, S. 188). Er schätzte zum damaligen Zeitpunkt bereits, dass „einer von neun Rückkehrern terroristisch aktiv wird". Der ehemalige Verfassungsschutzpräsident Hans-Georg Maaßen bezeichnete noch während seiner Amtszeit in einem Interview die Kinder von IS-Rückkehrer*innen als „lebende Zeitbomben" (Die Presse 2018). Alt-Innenminister Thomas de Maizière merkte nach einem Anschlag an, dass die Gefahr von Attentaten durch Rückkehrer*innen eine „tödliche Realität" darstelle (vgl. Drucksache 18/2383). Diese teils provokativen Aussagen suggerieren, dass von allen Zurückkehrenden und sogar deren Kindern ein potenzielles Risiko für Deutschland ausgehe.

Prinzipiell ist jedoch von einer heterogenen Zusammensetzung der Rückkehrer*innen auszugehen, wie auch der Bericht „Analyse der Radikalisierungshintergründe und -verläufe der Personen, die aus islamistischer Motivation aus Deutschland in Richtung Syrien oder Irak ausgereist sind" erkennen lässt, der gemeinsam von Bundeskriminalamt (BKA), Bundesamt für Verfassungsschutz (BfV) und Hessischem Informations- und Kompetenzzentrum gegen Extremismus (HKE) erstellt wurde.[1] In der Studie werden deskriptive und vergleichende Datenauswertungen vollzogen, in der u. a. die Straftaten, die Radikalisierungsfaktoren bzw. der Zeitpunkt, die Dauer und die Anzeichen für die Radikalisierung erhoben wurden (vgl. BKA et al. 2016, S. 12–31). Nach dem Ausruf des „Kalifats" im Jahre 2014 sollen nach Erkenntnissen der Autor*innen 34 % der Ausreisenden Frauen gewesen sein. Hierbei fällt auf, dass ausgereiste Frauen durchschnittlich um drei Jahre jünger waren als Männer (23,5 Jahre gegenüber 26,5 Jahren). Darüber hinaus befanden sich unter den ausgereisten Frauen auch Minderjährige (13 % gegenüber 6 %) (BKA et al. 2016, S. 38 ff.). Weiterhin nennt die Studie erhebliche Unterschiede in der Sozialisation zwischen den ausgereisten Frauen und Männern. So sollen etwa 22 % der Männer in der Frühphase ihrer Radikalisierung an Koran-Verteilaktionen und 23 % an einschlägigen „Islam-Seminaren" beteiligt gewesen sein. Bei den Frauen waren es nur 4 bzw. 8 %. Zudem hätten mehr als die Hälfte der Männer die Beteiligung an Kampfhandlungen als Ausreisemotiv genannt, wobei bei den Mädchen und Frauen hingegen eher die Sehnsucht nach einer anderen/neuen islamischen Gesellschaftsordnung bzw. das Heiratsmotiv eine Rolle spielte (vgl. BKA et al. 2016,

[1]Ein Zugriff auf die Studien aus dem Jahr 2014 und 2015 ist über die folgenden Links möglich: **2014**, **2015**. Auch eine Fortschreibung vom Jahr **2019** ist vorhanden.

S. 40 f.). Nicht wenige sind zudem ausgereist, um ihre Freunde/Ehemänner zu unterstützen (75 %). Ansonsten betrug bei 60 % der ausgereisten Frauen die Zeitspanne zwischen Erstkontakt und erstmaliger Ausreise ins Kampfgebiet weniger als zwölf Monate (vgl. BKA et al. 2016, S. 44).

Aus den bisherigen Arbeiten zum Themenfeld Rückkehrer*innen können vier Kategorien abgeleitet werden, die basierend auf Dantschke et. al (2018, S. 37; Logvinov 2017, S. 29; Violence Prevention Network (Hrsg.) 2019, S. 5, 11 ff.; Peresin und Pisoiu 2017, S. 28, definiert wurden:

a) die *Hochideologisierten,* die trotz ihrer Rückkehr weiterhin überzeugt sind vom „Islamischen Staat" und sehr wahrscheinlich wieder den Weg in das salafistische Spektrum antreten werden, bzw. nahtlos daran anknüpften. Frauen aus dieser Kategorie waren bereits vor ihrer Ausreise aus Deutschland häufig als aktive Mitglieder an gezielten Rekrutierungen beteiligt.
b) die *Unentschiedenen,* die sich eher aus gruppendynamischen Gründen ausgereist sind, und sich aber nicht explizit vom „Islamischen Staat" distanziert haben. Sie sind verwirrt und desillusioniert, sodass ihr Leben nach der Rückkehr von Orientierungslosigkeit und starkem Misstrauen geprägt ist.
c) die *Hochtraumatisierten,* die durch den Krieg einen psychischen und gesundheitlichen Schaden genommen haben; ihre Wiedereingliederung in die Gesellschaft ist erst einmal mit gesellschaftlichen Herausforderungen verknüpft. Die drei Kategorien werden zwar vermutlich auch unter psychischen Folgen zu leiden haben. Der Unterschied hier ist allerdings, dass die Traumatisierung einen lebensdefinierenden Faktor ausmachen wird.
d) die *Verzweifelten,* die sich zwar komplett von der Ideologie des IS distanziert haben und sich auch kritisch damit und ihrer eigenen Rolle und Handlungen auseinandersetzen, allerdings in ihrem Reflexionsprozess noch unspezifisch und unsicher sind.

3 Differenzierte Bewertung der Rolle von Frauen: Nicht nur Opfer, nicht nur Täterin

Mit dem Beginn der dritten Rückkehrer-Bewegung und der Ankündigung der Türkei im November 2019, erste mutmaßliche Anhänger der Terrormiliz IS nach Deutschland abzuschieben (vgl. Euronews et al. 2019), hat das Phänomen der Rückkehrer*innen eine neue (politische) Qualität angenommen. Seit diesem Zeitpunkt kommen nicht mehr vorwiegend Männer zurück nach Deutschland, sondern auch Frauen und Kinder, die entweder von ihren Eltern mitgeführt oder erst vor Ort geboren wurden (vgl. ebda.: 12.02.2020). Die Anzahl der ausgereisten Frauen und Kinder wird auf 400 bis 500 Personen geschätzt, allein 200–300 davon waren Kinder (Bundesamt für Verfassungsschutz 2019; Handle et al. 2019). Immer noch befinden sich Rückkehrwillige (62 Frauen und 47 Männer und Kinder) (Drucksache 19/22195, S. 5) in kurdischer oder irakischer Gefangenschaft oder in Abschiebegewahrsam in der Türkei bzw. in Griechenland (vgl. Deutscher Bundestag (Wissenschaftliche Dienste) 2017: 3). Die Altersspanne dieser Personengruppe liegt zwischen 13 und 62 Jahren, wobei der überwiegende Teil zwischen 18 und 25 Jahre alt ist (vgl. BKA et al. 2016, S. 12; Drucksache 19/13991, S. 1).

Die IS-Rückkehrerinnen stehen, wie alle anderen Rückkehrer auch, im Fokus von polizeilichen und justiziellen Ermittlungen. Augenscheinlich wird im Diskurs durch Sicherheitsbehörden und Medien angenommen, dass eine längere Verweildauer auch die stärkere Verbundenheit zum IS bedeute. Doch v. a. in Bezug auf die Frauen könnte diese Grundannahme zu voreilig sein. Frauen im Herrschaftsgebiet des IS waren in totalitäre Zwangsstrukturen eingebunden, die es selbst Fluchtwilligen enorm erschwerten, sich (und ihre Kinder) vom IS zu lösen. So war es Frauen beispielsweise kaum möglich, ohne Begleitung das Haus zu verlassen, ein Fluchtversuch bedeutete immer ein enormes Risiko für das eigene Leben und das der Kinder. Hinzu kommt ihre vorbestimmte Rolle im Bereich der Fürsorge und Erziehung der Kinder, welche die Flucht aus dem IS-Gebiet noch zusätzlich erschwerte (vgl. BKA et al. 2016, S. 43). Eine differenziertere Betrachtung des vermeintlichen Kausalzusammenhangs „lange Verweildauer gleich hohe Unterstützung“, ist also besonders hinsichtlich der Frauen wünschenswert.

Das soll jedoch nicht bedeuten, dass viele Frauen das System des IS nicht auch tatkräftig unterstützten und es weiterhin tun. Denn es ist bewiesen, dass Frauen durch direkte oder indirekte Unterstützung zu den Taten des IS beigetragen haben. Sie übernahmen organisatorische Aufgaben, etwa im Rahmen der „Al-Khansaa Brigade“ als „Sittenpolizei“, wobei Gewalt bei der Durchsetzung von Vorschriften und Gesetzen eine zentrale Rolle spielte (vgl. Handle et al. 2019, S. 4). Zudem wirkten sie in den sozialen Medien aktiv mit, um weitere Frauen, oft auch minderjährige Mädchen, vom IS und einer Ausreise zu überzeugen (vgl. Röhmel 2019). Somit ging ihre Rolle erheblich über das „Mutter-Sein“ hinaus (vgl. Handle et al. 2019, S. 4). Im Rahmen der Strafprozesse der letzten Jahre kristallisierte sich entsprechend heraus, dass auch Frauen „aktiv in das System der IS-Terrormiliz eingebunden waren, sodass in Sicherheitskreisen davor gewarnt wird, die von diesen Frauen ausgehende Gefahr zu unterschätzen.“

(Bewarder 2019: siehe auch: Drucksache 19/20201, S. 2). Es wird deutlich, dass weder eine Generalisierung der weiblichen Opferrolle, noch der Täterinnenschaft den komplexen Rollen vieler Frauen im Rahmen des IS gerecht werden.

4 Rückholung als gesetzliche Pflicht?

Die Tatsache, dass Frauen auch Täterinnen sind, ist jedoch kein ausreichender Rechtsgrund, um ihnen von vornherein die Rückreise nach Deutschland zu verwehren. Es gilt das allgemeine Prinzip, dass deutsche Staatsbürger zurückgeholt werden müssen. Auch das Oberverwaltungsgericht in Berlin-Brandenburg hat in einem Beschluss vom 06.11.2019 entschieden, dass Familien einen Anspruch auf Rückkehr nach Deutschland haben, wenn keine konkrete Gefahr von ihnen ausgehe (OVG Berlin-Brandenburg, Beschluss vom 06.11.2019 – OVG 10 S. 43.19). Eine allfällige strafrechtliche Verfolgung wegen möglicher strafbarer Handlungen sei die Sache der Justiz. Trotz einer drohenden Inhaftierung in Deutschland bemühte sich die Mehrheit der betroffenen Personen zudem, wieder ins Land zurückzukehren (vgl. Verfassungsschutz 2020).

Die Gefangenenlanger wie das in Al-Hol sind Krisengebiete im Krisengebiet. Die dort herrschenden Zustände machen es den Frauen und vor allem den Kindern unmöglich, zur Ruhe zu kommen und sich gut zu entwickeln (vgl. Redaktion Infodienst Radikalisierungsprävention 2020a). Nachweislich mangelt es an gesunder Nahrung, sauberem Wasser, medizinischer Versorgung, Zugang zu Bildung und einem sicheren Wohnumfeld. Je länger Kinder unter solchen Umständen leben müssen, desto größer wird die Herausforderung, sie irgendwann in die deutsche Gesellschaft integrieren zu können. Expert*innen wie Koller kommen zum Schluss, dass ohne eine formelle Anklage und rechtlichen Beistand das Festhalten der Rückkehrwilligen in Al-Hol ein Verstoß gegen humanitäres Völkerrecht und internationale Menschenrechtspakte ist (vgl. Koller 2021).

5 Kinder im IS: Krieg als Normalität – neue Heimat in Deutschland

Vor allem Kinder sind primär als Opfer zu betrachten, die unverschuldet in diese Situation hereingezogen bzw. hineingeboren wurden. Sie sind Opfer der Entscheidungen ihrer Eltern und stellen eine besonders schutzbedürftige Gruppe dar.

Die Bundesrepublik Deutschland hat als eines von wenigen Ländern bereits seit 2019 mehrere Kinder und Frauen mit deutscher Staatsangehörigkeit aus den Lagern in Syrien zurückgeholt (vgl. Koller 2021). Wenn gleich diese Rückholungen gegen den ursprünglichen Widerstand der Behörden aufgrund von Gerichtsbeschlüssen umgesetzt wurden, zeigt sich hieran, dass „Rückführungen aus Nordsyrien trotz allem auch praktisch möglich sind“, sodass es auch keinen praktischen Grund gibt, dies länger hinauszuzögern (vgl. Koller 2021). Die Rückholung sei somit, so Koller (2021), keine rechtliche oder logistische Frage, sondern eine Frage des politischen Willens. Die bisher erfolgten Rückführungen von IS-Anhängerinnen und ihren Kindern vergegenwärtige zudem, dass auch konsularische „Hindernisse“ überwunden werden können (vgl. Spiegel 2020; Zeit Online 2019; Der Tagesspiegel 2019; Tagesschau 2020; 19/26668, S. 1).

Während bereits viele rechtliche und ethische Fragen hinsichtlich der Weigerung, Erwachsene aus den Lagern zurückzuholen zu stellen sein werden, so stellen sich diese Fragen umso dringlicher in Bezug auf die Kinder und deren physische und psychische Verfasstheit nach Jahren, manchmal sogar dem Ganzen, oder einem großen Teil ihres Lebens im Krieg und später in Lagern. Die Zeit im sogenannten IS wurde damit zur einzigen Sozialisationserfahrung dieser Kinder, obgleich damit nicht gemeint ist, dass es als „Normalität“ anzusehen ist. Gleichsam könnte dieser Alltag und der zukünftige Aufenthalt in Deutschland sie mehrfach überfordern. Aktuell ist von einer dreistelligen Zahl Minderjähriger auszugehen, die sich noch in der Krisenregion oder in der Türkei befinden. Die zukünftige Identitätsfindung bei diesen Minderjährigen wird eine große Herausforderung für die pädagogische Arbeit darstellen. Der Kontakt zu ihren Müttern sollte jedoch nicht unbedacht unterbrochen werden, da dies zu einer weiteren erheblichen psychischen Belastung führen könnte (vgl. Peresin und Pisiou 2017, S. 10). Wie immer in solchen Fällen, müssen komplexe Einzelfallanalysen durchgeführt werden, um die richtigen Maßnahmen zu Gunsten ihres körperlichen, psychischen und emotionalen Wohls zu treffen.

Es ist davon auszugehen, dass das Gesellschafts-, Erziehungs- und Bildungssystem des IS die Minderjährigen mehrheitlich traumatisiert hat oder sie zumindest prägt, sodass die Betroffenen die Ideologie des IS oder ein Leben im Krieg zunächst für „normal“ halten (vgl. Bundesministerium des Innern 2018, S. 198). Sie haben teilweise Aufgaben übernommen wie Kochen, medizinische Ersthilfe, Botengänge oder aber auch Spionageaktivitäten, die sie in Zwangskontexten durchführen mussten (vgl. Handle et al. 2019, S. 7). Dennoch sei es falsch, so Kargl, anzunehmen, die Kinder seien eine potenzielle Gefahr für die Gesellschaft. Sie werden durch das Erlebte nicht automatisch zu ideologisierten Straftätern (vgl. Kargl 2018, S. 37). Allerdings droht bei fehlender oder (zu) später (Re)Sozialisierung in das soziale Gefüge der deutschen Gesellschaft sowohl bei den Rückkehrerinnen als auch den Kindern eine Wiedereingliederung in die bekannten salafistischen Kreise, die sich als eine Art Rückzugs- und Wohlfühlort inszenieren könnten. Denkbar ist auch eine Isolation oder Abkapselung der Betreffenden (vgl. Bundesministerium des Innern 2018, S. 197; vgl. Violence Prevention Network 2019, S. 13).

Besonders Kleinkinder nehmen nicht viel von dem bewusst auf, was in ihrem Umfeld passiert, sodass die Gefahr, dass sie indoktriniert sein könnten, sehr gering ist (vgl. Dantschke et al. 2018, S. 36). Zugleich können sie Ideologien auch nicht verarbeiten und imitieren oft nur ihr Umfeld. Auch ältere Kinder vermögen das Ausmaß des Erlebten und des eigenen Handelns nicht zu erfassen. Kinder müssten jedoch, so Koller, schnellstmöglich aus den Lagern in Syrien und im Irak geholt werden, um einer weiteren Traumatisierung entgegenzuwirken und durch umfassende Maßnahmen nach der Rückkehr das Kindeswohl langfristig gewährleisten zu können (Koller 2021). Durch eine aktive Beteiligung am Rückholprozess kann der demokratisch legitimierte Staat neue Reputation bei den betroffenen Personen schaffen und somit möglicherweise die Motivation der Erwachsenen, sich aktiv an Resozialisierungs- und Deradikalisierungsmaßnahmen zu beteiligen, stärken.

Kinder, die bereits zurückgekehrt sind, sollten im Alltag auf eine möglichst unspektakuläre Weise behandelt und gefördert werden. So würde bspw. im Schulkontext jede außerordentliche Behandlung im Vergleich zu den Mitschülerinnen und Mitschülern dem Kind schaden und Stigmatisierung befördern. Gerade auch, weil ein hohes Medieninteresse herrscht, etwa daran, wie sich die Kinder entwickeln und ob traumatische Erlebnisse Auswirkungen auf ihr späteres Leben haben, wird es nicht einfach sein, die Erfahrungen und Erlebnisse, die sie im Krieg und den Lagern machten, stets außen vor zu lassen. Der Kinder- und Jugendschutz muss dabei höchste Priorität haben. Das Kind muss sich im familiären System wiederfinden können. Die Kinder und Jugendlichen brauchen zuerst einmal Sicherheit sowie ein Umfeld, das sie stützt, ihnen Zeit gibt, sich in die neuen Kontexte einzufinden und versucht, sie zu verstehen. Dazu würde auch gehören, dass ihre emotional bedeutsamen Bezugspersonen in Sicherheit sind – egal, ob diese nun eine Haftstrafe erwartet oder nicht. Die Kinder selbst sollten nicht Zielgruppe der Deradikalisierungsarbeit sein und sich auch nicht in diesem Setting aufhalten. Auch sollten sie nicht mit jugendlichen Straftäter*innen verglichen werden (vgl. Dantschke et al. 2018, S. 13). Primäre Relevanz hat eine umsichtige psychologische und sozialarbeiterische Betreuung der Kinder sowie ihres sozialen Umfelds. Das Thema langfristige Traumatherapie wird auch und besonders im Falle der Kinder unumgänglich sein, da sonst nicht nur das

Leben der Kinder in der Zukunft erschwert wird, sondern sich dies auch auf ihr gesellschaftliches Umfeld auswirken kann (vgl. Handle et al. 2019, S. 11 ff.).[2] Es ist zudem davon auszugehen, dass bestimmte komplexe Traumatisierungen erst im späteren Verlauf ihres Lebens und zu Zeitpunkten neuer emotionaler Umbrüche zu Tage treten werden, beispielsweise im Zuge der Pubertät (vgl. Ruf und Jansen 2019, S. 6). Dementsprechend bedarf es langfristiger Ansätze zur Begleitung der Kinder über viele Jahre.

Dies gilt im Übrigen auch für Rückkehrerinnen, ganz gleich welche ideologische Komponente oder Motivation eine Rolle bei der Ausreise bzw. Rückkehr gespielt hat. Es ist wenig hilfreich, eine Deradikalisierungsarbeit durchzuführen, wenn posttraumatische Belastungsstörungen oder sonstige Erfahrungen nicht verarbeitet wurden. Nur mit aktivem und seelisch gesundem Beteiligen kann eine erfolgreiche Deradikalisierung bzw. Resozialisierung stattfinden.

Zum Gesamtphänomen der IS-Rückkehrerinnen und ihrer Kinder ist die Datenlage bis dato sehr beschränkt. Theoretische Ansätze und Analysen, auf denen aufgebaut werden könnte, sind daher ausgesprochen rar. Auch die nachfolgende Kurzanalyse beruht auf einer entsprechend eingeschränkten Datenlage bzw. praktischen Erfahrungen. Es wird erforderlich sein, darüber hinaus durch weitere Beobachtungen, Erfahrungswerte, Impulse aus Fachgesprächen sowie weiteren Studien und Berichten aus Politik und Praxis die bislang gewonnenen anekdotischen Erkenntnisse zu untermauern.

6 Deradikalisierung und Resozialisierung von Frauen: Perspektiven nach der Haft

Auch wenn grundsätzlich davon auszugehen ist, dass IS-Rückkehrerinnen eine islamistische Grundhaltung an den Tag legen und sich einige von ihnen nachweislich strafbar gemacht haben, „lässt sich die potenzielle Gefahr durch Untersuchungs- und Gefängnishaft zwar kurz- bis mittelfristig bannen, langfristig aber nicht unbedingt aus der Welt schaffen. Unter Umständen verschlimmert sich das Problem sogar, etwa, wenn bereits radikalisierte Individuen in der Haft militanter werden und/oder andere Mithäftlinge radikalisieren“ (vgl. Merz 2017,

[2] Die Ausbildung im Trainingslager beginnt ab 12 Jahren, wo über mehrere Monate eine vertiefte Indoktrinierung, Waffenausbildung und Wehrsportübungen im Fokus stehen. Dort wurden die Kinder gezwungen, Enthauptungen anzusehen, Hinrichtungen beizuwohnen und selbst zu töten (Sischka et al. 2020, S. 5; Peresin und Pisiou 2017, S. 30).

S. 1). Längere Untersuchungshaft-Zeiträume sind wenig hilfreich für Integration und Zusammenarbeit. Zugleich sei auch die Gefängnisstrafe als geeignetes Mittel zur Deradikalisierung wenig überzeugend. Davon abgesehen zeichnet sich in Anbetracht der bisherigen Urteile deutlich ab, dass die wenigsten Rückkehrerinnen überhaupt längere Zeit im Gefängnis verbringen werden. In den meisten Fällen ist die Beweisgrundlage schlicht zu schlecht.[3]

Dementsprechend sollte der Arbeitsschwerpunkt der Resozialisierungsmaßnahmen auf der sozialen und funktionalen Integration der Betroffenen liegen, insbesondere auf Erfolgsfaktoren wie Ausbildung, neuem sozialen Umfeld und damit auch neuen Perspektiven, die die Eigenmotivation der Personen, sich zum Positiven zu verändern, unterstützt. Darüber hinaus sollen Perspektiven aufgezeigt und persönliche Vertrauens- bzw. Ansprechpartner zur Verfügung gestellt werden. Gerade die ersten Tage und Wochen nach der Rückreise gelten als kritisch, da in dieser Zeit besonders unklar sei, ob die Betroffenen mit alltäglichen praktischen Erfahrungen bzw. Problemen umgehen können oder nicht und ob sich die sozialen Netze, wie bspw. Familienmitglieder, bei denen die Rückkehrerinnen unterkommen, als belastbar erweisen. Schon die Befähigung zur Bewältigung von einfachen alltäglichen Problemen könne ein entscheidender Faktor sein, um nicht in alte Verhaltensmuster zurückzufallen (vgl. Pelzer und Moeller 2020, S. 18). Dies kann vor allem dort der Fall sein, wo die Rückkehrerinnen mit ihrer subjektiven Wahrnehmung der Benachteiligung, verbunden mit Herausforderungen für einen Wiedereinstieg und Suche nach Gleichgesinnten, allein gelassen werden. Selbst wenn viele Betroffene auf familiäre oder weitere authentische Bindungen hoffen können, sind einige von ihnen mit Fragen wie Aufenthalt, Zukunftsperspektiven oder Duldung überfordert, sodass sie Ausschau nach eigenen Möglichkeiten wie Anbindungen oder neuen sozialen Kontakten halten (siehe auch: Babat 2018, S. 52; Matt und Lisitzki 2017, S. 480).

[3] Nur im Fall Leonora M. aus Sangersheim ermittelt der Generalbundesanwalt wegen Misshandlung einer jesidischen Frau und ihrer Kinder. Sie ist aber bereits aus der Untersuchungshaft entlassen worden. Gegen weitere Rückkehrerinnen, wurde wegen des Verdachts auf Mitgliedschaft in einer terroristischen Vereinigung ermittelt. Allerdings sind vermehrt „Lockerungen" zu erkennen, die damit zusammenhängen, dass die Betroffenen Kinder haben, oder mit zu wenigen Erkenntnissen dahingehend, ob und inwiefern sie „nur unterstützende Tätigkeiten für den sogenannten Islamischen Staat geleistet haben, oder auch aktiv an Gewalt gegen die Zivilbevölkerung teilgenommen haben". Einige erhalten direkt eine Bewährungsstrafe oder werden auf Bewährung aus der U-Haft entlassen. Empirische Erkenntnisse zu den Strafhöhen liegen – soweit bis dato bekannt – nicht vor. (vgl. Koller 2021; Moldenhauer 2018; Mascolo 2018).

Um zu verhindern, dass die Rückkehrenden nicht an soziale Kontakte anknüpfen, die mitunter für die ursprünglich Ausreise mitverantwortlich waren, bräuchten sie umfassende Unterstützung. Auch dürfe man nicht vergessen, dass diese Menschen meist labil seien (vgl. Koller 2021). Es gilt zudem, den Rück kehrerinnen nicht das Gefühl der totalen Überwachung zu geben, da sie ohnehin misstrauisch gegenüber dem Staat und gesellschaftlichen Institutionen eingestellt sind.

Die Rückkehrerinnen sollten mittel- bis langfristig einem mehrheitlich „normalen" Alltag nachgehen und „normale" Aktivitäten ausüben können. Hierfür kann es entscheidend sein, die Annahme einer neuen Identität (bspw. Namensänderung) zu ermöglichen. Dies würde es auch ihren Kindern erleichtern, frei und unbelastet die Schule zu besuchen. In Fällen wie bei den Rückkehrerinnen Merve aus Hamburg[4] oder Leonora aus Sangerhausen[5], deren Rückkehr von einem enormen Medienecho begleitet wurde, wird es wohl kaum möglich sein, den Betroffenen wieder ein normales/anonymes Leben zu ermöglichen. Es wäre jedoch „kontraproduktiv, wenn die Frauen und als Resultat auch ihre Kinder langfristig immer wieder auf ihren Status als ‚IS'-Rückkehrerinnen reduziert werden oder sogar Diskriminierung und Stigmatisierung erleben" (Redaktion Infodienst Radikalisierungsprävention 2020). Es ist davon auszugehen, dass erfolgreiche Reintegrationsmaßnahmen auch zu einer Distanz zur IS-Ideologie führen werden.

Gleichsam darf nicht vergessen werden, dass „die Suggestionen des IS in den psychischen Tiefenschichten vieler junger Menschen auf Resonanz (trafen). Sie projizierten ihre höchst persönlichen Bedürfnisse in dieses Versprechen hinein und entwickelten illusionäre Vorstellungen: an einer historischen Mission teilhaben, gedemütigten muslimischen Opfern helfen, Rache und Vergeltung üben, den kürzesten Weg ins Paradies nehmen, auf ewig mit dem besten Ehemann der Welt zusammenbleiben" (Redaktion Infodienst Radikalisierungsprävention 2020). Diese jungen Menschen sind unter anderem deshalb ausgereist, weil sie sich von der Mehrheitsgesellschaft nicht akzeptiert, nicht wertgeschätzt oder gar als Opfer der Gesellschaft fühlten. Sie haben sich bspw. gegen ihre Eltern aufgelehnt und konnten die persönliche Identität, Gemeinschaft und ein Gefühl der Zugehörigkeit nicht in Deutschland, aber vermeintlich im „Islamischen Staat"

[4] Einmal Krieg und zurück: IS-Frau Merve Aydin ist wieder in Deutschland. Der Spiegel. https://www.youtube.com/watch?v=Er5L575KdRA. (abgerufen am 02.03.2021).

[5] IS-Rückkehrerin Leonora M. aus Gefängnis in Halle entlassen. mdr.de. https://www.mdr.de/sachsen-anhalt/halle/haftpruefung-is-rueckkehrerin-leonora-sangerhausen-frei-100.html. (abgerufen am 02.03.2021).

finden. Unter anderem wurden ihnen Verantwortungsaufgaben, wie Aufbau eines „Staates", übertragen, sie haben Krieger geheiratet oder waren als Frau eines „Märtyrers" respektiert (vgl. Peresin und Pisiou 2017, S. 105). Entscheidend für die Nachversorgung und Reintegration wird es sein, diese Erfahrungshorizonte miteinzubeziehen. Möglich kann dies werden, wenn diese Erfahrungen verstanden und Vertrauen aufgebaut wird. Erst dadurch können funktionale Äquivalente für die zugrunde liegenden Bedürfnisse angeboten werden, die von vielen Rückkehrerinnen bereitwillig angenommen werden könnten (vgl. Peresin und Pisiou 2017, S. 28).

Aus diesem Grund ist es umso entscheidender, auf die Lebenssituation von Haftentlassenen einzugehen, um erkennen zu können, inwiefern das individuelle Leben mit Sorgen und Problemen verknüpft ist. Hierbei kann als methodischer Ansatz die lebensweltorientierte Soziale Arbeit nach Hans Thiersch (1993, S. 12) dienen. Diese „bezieht sich auf die Bewältigungs- und Verarbeitungsformen von Problemen in der Lebenswelt der Adressat*innen, gewissermaßen auf die Spielregeln, in denen die Vorgaben, Themen und Strukturen bearbeitet werden, die sich aus der gesellschaftlichen Situation, den biographisch geprägten Lebenserfahrungen und den normativen Ansprüchen ergeben". Dies ist dann möglich, wenn ein*eine entsprechende*r Ansprechpartner*in existiert, der/die einen vertraulichen Kontakt hat und die jeweilige Haftentlassene langfristig durchs Leben begleitet. Diese Funktion ist entsprechend auch eine andere als die eines*einer herkömmlichen Bewährungshelfer*in.

Es ist nicht nötig, eine solche Beziehung auf Grundlagen eines religiösen und kulturellen Diskurses zu beschränken. Entscheidend ist vielmehr, dass der Inhalt und der Verlauf von Gesprächen, die in diesem Kontext geführt werden, von den Betroffenen selbst bestimmt wird. Gerade weil die Betroffenen mit tagesaktuellen Themen konfrontiert sind, die sie auch überfordern oder sie noch aus der Haftzeit prägen, soll eine gute Gesprächsatmosphäre und damit ein Kompensationsventil geschaffen werden. Ziel ist es, Radikalisierungsfaktoren zu minimieren, entsprechende Schutzfaktoren zu stärken und die Resilienz gegen Ansprachen aus islamistischen Szenen zu erhöhen. Religion hat zuvor bei der Identitätsbestimmung eine bedeutende Rolle gespielt, sodass solche Themen in diesem Kontext auch zu berücksichtigen wären (siehe auch: Niemeyer 2018, S. 20), aber eben nicht ausschließlich.

Aus diesem Grund brauchen die Rückkehrerinnen und ihre Kinder einen „sozialen Empfangsraum", der ihnen jederzeit offensteht. Dieser kann sowohl Teil der Herkunftsfamilie sein als auch eine Wohneinrichtung als neues Umfeld, das es ihnen erlaubt, ein neues Leben zu beginnen (Redaktion Infodienst Radikalisierungsprävention 2020). Hierbei ist von großer Bedeutung, jeden Fall individuell zu bearbeiten, um unterschiedliche Einstellungsmuster und Erlebnisse analysieren und ein exaktes Gesamtbild erstellen zu können (vgl. Dantschke et al. 2018, S. 39; Handle et al. 2019, S. 16). Wichtig dabei sei vor allem die Frage, was die jungen Frauen zum Anschluss an den IS bewegt hat, also die zugrunde liegenden Bedürfnisse zu identifizieren, um eine entsprechende Gegen- bzw. Alternativstrategie zu finden (vgl. Schirrmacher 2018).

Bei diesem Aspekt handelt es sich um eine zeitintensive, langandauernde und niedrigschwellige Kontaktaufnahme im Rahmen eines „akzeptierenden" Ansatzes (Krefeld 2011, S. 148, 152). Dabei dürfen die Rückkehrerinnen nicht auf ihre Taten reduziert werden, da „nur, wenn man einen Zugang zu ihnen findet, es überhaupt eine Chance gibt, sie tatsächlich mit anderen Wertorientierungen zu konfrontieren" (Krefeld 2011, S. 149). Auch im Zusammenhang mit Rückkehrerinnen gilt in der sozialen Arbeit das Credo, dass es primär nicht um den Schutz der Gesellschaft oder um Prävention geht, sondern um die Rückkehrerin als Mensch, die ein gelingendes Leben sich wünscht (vgl. Krefeld 2011, S. 150; Erath und Balkow 2016, S. 37 ff.).

7 Deradikalisierung durch Begleitung auf neuen gemeinsamen Wegen

Bereits erwähnt wurde, dass Formen der Ausgrenzung und Diskriminierung eine Distanzierung von der deutschen Gesellschaft bei den Ausreisenden hervorgerufen haben. Eine Rückreise in diese einstige Residenzgesellschaft bedeutet daher nicht, dass Kompetenzen erworben wurden, um mit Diskriminierungen stabil umgehen zu können. Sodann kann formuliert werden: Je häufiger bei Rückkehrerinnen das Gefühl entsteht, in Deutschland unerwünscht zu sein, desto häufiger werden sie ihre geistige Heimat wieder in radikal-extremistischen Bewegungen wie der salafistischen suchen (vgl. Kraetzer 2014, S. 255). Daher ist für die Integration und Wiedereingliederung von Rückkehrerinnen und deren Kindern Authentizität und Vertrauen entscheidend. Diese beiden Faktoren beschreiben einen persönlichen Zugang und ermöglichen ein vertrautes Setting, das wiederum einen aufrichtigen und offenen Austausch miteinander zulässt mit dem Gefühl, nicht betrogen oder hintergangen zu werden. Es wird zudem erforderlich sein, durch entsprechende Konzepte Raum für die Bedürfnisse der Betroffenen zu schaffen. Die einzelfallbezogene Arbeit zeigt sich erfahrungsgemäß als komplex, sodass ein ganzheitlicher und lokaler Ansatz erforderlich ist (vgl. Drucksache 19/13991, S. 11; Drucksache 19/8739, S. 6).

In Deutschland gibt es bereits Bemühungen im Sinne eines ganzheitlichen Umgangs mit den Rückkehrerinnen. Unter anderem hat das BMI Leitlinien für den „Umgang mit Rückkehrern aus den dschihadistischen Kampfgebieten, insbesondere Syrien und Irak" erarbeitet (vgl. Sischka et al. 2020, S. 21). In dieser Ausarbeitung finden neben Deradikalisierung, psychosozialer Stabilisierung und Reintegration zugleich eine abgestimmte koordinierte, interdisziplinäre und akteursübergreifende Zusammenarbeit zwischen Sicherheits- und Justizbehörden, den Regelstrukturen auf Landesebenen und kommunaler Ebene, zivilgesellschaftlichen Einrichtungen und medizinischen, psychologischen oder pädagogischen Fachkräften statt (vgl. Sischka et al. 2020, S. 21).

In dieser ganzheitlichen Vorgehensweise ist es wichtig, dass der Austausch nicht auf die sicherheitspolitische Komponente reduziert wird, sondern sich jede*r Beteiligte seiner*ihrer Aufgabe bewusst ist (vgl. Hamdan und Schmid 2014, S. 166). Die Sicherheitsbehörden haben eine bedeutende Rolle in Bezug auf die Rückkehrerinnen und deren Kinder hinsichtlich der Sicherheitsüberwachung, Risikominderung und Gefahrenanalyse inne. Sie sind allerdings in diesem Prozess keine Hauptakteure. Solche sind in Bezug auf die Integration der Rückkehrerinnen in Kombination mit deren Kindern eine Vielzahl zentraler Akteure wie Jugendämter, Kinder- und Jugendhilfe, öffentlicher Gesundheitsdienst, Schule, Einrichtungen zur Sozialhilfe oder solche der Zivilgesellschaft (vgl. Dantschke et al. 2018, S. 39). In Deutschland gibt es bereits eine Vielzahl von Strukturen, spezialisierte Träger und Projekte, die auf Landes- und Kommunalebene durchgeführt werden.[6] Diese Strategie, die nicht einheitlich, sondern aufgrund der föderalen Struktur in Deutschland sehr divers aufgebaut ist, ermöglicht einen partizipativen Ansatz (vgl. Handle et al. 2019, S. 8 ff.). So stehen zivilgesellschaftliche Akteure oft im Vordergrund, wobei die Sicherheitsbehörden diesen eine Hilfestellung leisten. Wenn eine Rückkehrerin nicht gewillt ist, sich von der Ideologie zu distanzieren oder sich in die Gesellschaft zu integrieren, solle dies nicht gleich Anlass dazu sein, die Sicherheitsmaßnahmen zu verstärken und die Rehabilitation und Reintegration in den Hintergrund zu rücken. In solchen Fällen sollte die Arbeit der Rehabilitation und Reintegration verstärkt werden, da andernfalls mehr denn je eine Bestätigung (der eigenen Deutungsmuster) für die Rückkehrerin bewirkt würde (Vgl. Preuschaft 2017, S. 50).

---

[6] Als Beispiel sind hier zu nennen: Violence Prevention Network in mehreren Bundesländern, Projekte NEXUS (seit 2018) und TRIAS (seit 2020), Beratungsnetzwerk Grenzgänger (IFAK e. V.) in Deutschland (vgl. Koller 2020).

Wenn die Deradikalisierungs- und Ausstiegsbegleitung als eine gesamtgesellschaftliche Aufgabe zu verstehen ist, bedarf es entsprechend auch der Einbettung von diversen Erfahrungen und Kenntnissen in ein umfassendes Programm. Dieses sollte sozialpädagogische Maßnahmen, psychologische Betreuung, therapeutische Hilfe, bei Bedarf theologische Unterstützung, den Aufbau eines neuen sozialen Umfeldes, die Aussöhnung mit der Familie und/oder ein breites Integrationsspektrum beinhalten (vgl. Dantschke et al. 2018, S. 40). Es bedarf einer koordinierten Vorgangsweise und Kooperation mit etablierten und erfahrenen Einrichtungen wie des Kinder- und Jugendnotdienstes, der Jugend- und Sozialhilfe oder Kinderschutzbeauftragter beim zuständigen Jugendamt. Auch Schulen, Ansprechpartner für den Gesundheitsbereich, Kulturvereine oder Eltern bzw. weitere Familienmitglieder sollen in entsprechende Bemühungen miteinbezogen werden (vgl. BMI Bund 2011, S. 46 ff.; Koller 2020). Jede Person im Umfeld der Rückkehrerin und ihrer Kinder kann dadurch *Teil der Lösung* als auch *Teil des Problems* sein. Die Umsetzung der Hilfsmaßnahmen solle sinnvollerweise demnach nur lokalen Partnern anvertraut werden (vgl. Dantschke et al. 2018, S. 40). Das Angebotsspektrum reicht dabei von der einfachen Hilfe in Bezug auf theologische, gesellschaftliche, behördenspezifische und zukunftsperspektivische Fragen bis hin zur Vermittlung eines Gefühls des Wohlbefindens, etwa durch Freizeitaktivitäten, Abwechslung im Alltag oder jegliche Art der Aufmerksamkeit und Wertschätzung.

Der Austausch im Netzwerk ist nicht als Fallkonferenz, sondern als operative Zusammenarbeit zwischen gesellschaftlichen Akteuren und Institutionen im Sinne einer „Netzwerk-Governance“ (Freise und Meißner 2009) zu verstehen. Eine entscheidende Rolle haben hier vor allem Rückkehrerkoordinator*innen.

8 Die Rückkehrerkoordinator*innen – ein deutsches Pilotprojekt

Eine in dieser Form wahrscheinlich bis dato einzigartige deutsche Besonderheit im Zusammenhang mit den Rückkehrer*innen aus den ehemaligen IS-Gebieten stellt das aus Mitteln des Nationalen Präventionsprogramms gegen islamistischen Extremismus (NPP) über das Bundesamt für Migration und Flüchtlinge (BAMF) (vgl. Drucksache 19/13991, S. 7) 2019 ins Leben gerufene Pilotprojekt „Rückkehrerkoordination“ aus. Dieses wurde neben herkömmlichen Reintegrations- und Deradikalisierungsmaßnahmen als weiteres wichtiges Projekt ins Leben gerufen.

Die Aufgabe der Rückkehrerkoordination in jenen Bundesländern, die besonders von der IS-Problematik betroffen sind bzw. in denen die meisten Rückkehrer*innen erwartet werden (NRW, Berlin, Hessen, Niedersachsen, Bayern und Hamburg), umfasst im Allgemeinen die Vernetzung und Koordinierung der relevanten zuständigen Akteure und in weiterer Folge die Beobachtung des gesamten Prozesses. Die entsprechende Koordination stellen die zentralen Anlaufstellen in Bezug auf das Phänomen „Rückkehrer" dar (vgl. Redaktion Infodienst Radikalisierungsprävention 2020). Insgesamt wurden bislang mehr als 320.000 € auf die jeweiligen Bundesländer verteilt und zur Verfügung gestellt (vgl. Drucksache 19/13991, S. 7).

Die Rückkehrerkoordination gilt als die Schnittstelle zwischen Sicherheitsbehörden, Landeskoordinierungsstellen, zivilgesellschaftlichen Trägern, Jugendämtern, Regelstrukturen der Länder und Kommunen sowie jenen des Bundes (vgl. Drucksache 19/13991: 7). Schon vor der Rückreise werden die Rückkehrerkoordinator*innen über das Eintreffen der jeweiligen Personen informiert und sie stimmen frühzeitig und umfassend die Zusammenarbeit zwischen den beteiligten Behörden ab. Nachdem die Rückkehrer*innen aus Irak/Syrien eingetroffen sind, werden sie mithilfe der Rückkehrerkoordinator*innen „relativ schnell in die entsprechenden kommunalen Strukturen eingebunden". Diese umfassen u. a. Behörden und Dienste in Bereichen wie Sicherheit, Familie, Bildung, Beschäftigung, Gesundheitsfürsorge oder zivilgesellschaftliche Partner wie Beratungsorganisationen, z. B. Violence Prevention Network (VPN) und Grüner Vogel e. V. Des Weiteren kommen den Rückkehrerkoordinator*innen Aufgaben zu wie der „Aufbau eines multiprofessionellen und interdisziplinären Netzwerks, in dem Verantwortlichkeiten definiert, fallbezogene Informationen ausgetauscht und individuelle Maßnahmen ergriffen werden". Zudem geht es um den Aufbau einer Berichtskette innerhalb dieses Netzwerks, die eine fehlerfreie Kommunikation und den Informationsaustausch gewährleistet. Zu den Aufgaben gehört darüber hinaus die „Einberufung fallbezogener Diskussionsrunden aller relevanten Akteure vor und nach der Ankunft der Rückkehrer, um Maßnahmen und Fortschritte zu erörtern" (Peresin und Pisiou 2017, S. 4 ff.).

Das Modellprojekt wurde an staatliche Strukturen, insbesondere an LKAs und Innenbehörden (vgl. Peresin und Pisiou 2017, S. 4 ff.) angedockt, um schnell und zielgerichtet Hilfsmaßnahmen durchsetzen zu können bzw. einfache Kommunikationswege zu ermöglichen. Aber auch zivilgesellschaftliche Träger sind involviert, wenn es um Reintegrations- und Deradikalisierungsmaßnahmen geht (vgl. Redaktion Infodienst Radikalisierungsprävention 2020). Handlungen im Zusammenhang mit einer Inhaftierung von Rückkehrerinnen liegt nicht in der Zuständigkeit der Rückkehrerkoordinator*innen (vgl. Redaktion Infodienst Radikalisierungsprävention 2020).

Die Etablierung der Rückkehrerkoordinationen hat großen Zuspruch in Wissenschaft (Peresin und Pisiou 2017, S. 4 ff.) und Praxis (Redaktion Infodienst Radikalisierungsprävention 2020) gefunden. Insbesondere die koordinierte und abgestimmte Vorgehensweise zur Einrichtung von Hilfsnetzwerken wird regelmäßig in positiver Weise erwähnt. Gerade weil der Umgang mit Rückkehrerinnen einen ganzheitlichen lokalen Ansatz erfordert, ist die Arbeit der Rückkehrerkoordinator*innen von besonderer Bedeutung (vgl. Drucksache 19/8739, S. 6). Bisherige Erfahrungen verdeutlichen, dass die größten Herausforderungen im Rahmen der Reintegrations- und Deradikalisierungsmaßnahmen im Umgang mit lokalen Konflikten auftauchen. Personen mit Bezug zum Islamismus sind mit einer neuen Situation konfrontiert. Es zeigen sich Trigger für Frustration über fehlende Möglichkeiten der gesellschaftlichen Teilhabe (vgl. Lützinger 2010, S. 40), verbunden mit Problemen beim Auffinden einer Arbeitsmöglichkeit oder Wohnung. In manchen Fällen spielen auch die omnipräsente Gefahr einer Inhaftierung, soziale Barrieren, das Gefühl der Diskriminierung und fehlende Anerkennung, mangelndes Aufgehobensein im Elternhaus oder im familiären Umfeld und auch der Druck der Medien und der Gesellschaft eine Rolle, die jeweils zu Marginalisierung, Entfremdung und Diskriminierung führen (vgl. Neumann 2016: 43 ff.). Dieses Dilemma, also das Leben zwischen zwei Kulturen, einhergehend mit Sinnsuche (Khosrokhavar 2016, S. 20), hätte bereits einmal dafür gesorgt, dass sie sich von der Mehrheitsgesellschaft abgewandt und sich radikalen Gruppen oder Vertrauenspartnern untergeordnet haben.

Die Rückkehrerkoordinator*innen spielen somit eine zentrale Rolle und sind im Grunde die „Hauptprotagonisten" bei der Resozialisierung. Sie fungieren als erste Ansprechpartner*innen sowohl für die Klient*innen selbst (direkte Beziehung) als auch für sonstige Bezugspersonen der Klient*innen (indirekte Beziehung). All diese Interessensträger*innen sind maßgeblich für eine erfolgreiche Resozialisierung. Der Rückkehrerkoordination fällt jene zeitintensive und langwierige tägliche Kleinarbeit zu, mit welcher die einzelnen Behörden selbst und weitere relevante Akteure aufgrund des umfangreichen Arbeitsfeldes, fehlenden Personals und fehlender Ressourcen in erheblichem Maße überfordert wären (vgl. Bertelsen 2017, S. 173). Nichtsdestotrotz sollten sie vorsichtig sein, die Zuständigkeitsbereiche von allen Akteur*innen zu schützen und zu respektieren, damit sich keine Ansprechpartner*in in ihrer Zuständigkeit übertreten fühlt. Nur dadurch kann gewährleistet werden, dass die Rückkehrinnen von allen die optimale Versorgung erhalten.

Eine internationale Ausrichtung der Rückkehrerkoordinator*innen, also eine Etablierung der Institution auch in anderen EU-Staaten und die Schaffung einer europaweiten Kommunikation von Rückkehrerkoordinator*innen würde diesem Ansatz eine neue Qualität verleihen. Sie könnten auch in anderen betroffenen Ländern die zentrale Schnittstelle zwischen den Sicherheits- und Justizbehörden und zivilgesellschaftlichen Einrichtungen (Deradikalisierungs- und Ausstiegsbegleitung) bzw. medizinischen/psychologischen/pädagogischen Fachkräften darstellen. Ein gelungenes Rückkehrkoordinationsprogramm in Deutschland könnte als Best-Practice-Beispiel für andere betroffene Länder fungieren.

Kritisch zu betrachten ist allerdings das Andocken der Rückkehrerkoordinator*innen an staatliche Strukturen, insbesondere an Kriminalämter und Innenministerien bzw. Verfassungsschutzbehörden. Diese schafft das Risiko einer zu starken „Versicherheitlichung" und eines Fokus (auch in der Wahrnehmung durch das Klientel), der auf der Informationssammlung liegt. Eine solche gefährdet jedoch potenziell nicht nur das Vertrauensverhältnis zu den Klient*innen, sondern würde die zentrale Aufgabe der Rückkehrerkoordinator*innen infrage stellen, die der Reintegration der Rückkehrerinnen und dem Schutz der Kinder oberste Priorität einräumt.

Literatur

Bertelsen, Preben. 2017. Der Kampf gegen gewaltbereiten Extremismus. In: *Sie haben keinen Plan B, Radikalisierung, Ausreise, Rückkehr – zwischen Prävention und Intervention*, hrsg. J. Kärgel, 173–194. Bonn: Bundeszentrale für politische Bildung.

Bewarder, Manuel. 14.11.2019. Bis zu 250 Kinder mit Deutschland-Bezug in Gefangenenlagern.In: Welt.de. https://www.welt.de/politik/deutschland/article203508664/Gerichtsbeschluss-Deutschland-muss-IS-Frauen-mit-Kindern-aus-Syrien-holen.html#Comments. Zugegriffen: 26. Februar 2021.

Bundeskriminalamt (BKA) et al. 04.10.2016. Analyse der Radikalisierungshintergründe und –verläufe der Personen, die aus islamistischer Motivation aus Deutschland in Richtung Syrien oder Irak ausgereist sind. 2016AnalyseRadikalisierungsgruendeSyrienIrakAusreisende.pdf;jsessionid=F7A529A4DA56E3BF2933162AA7275CEB.live0611.pdf. Zugegriffen: 26Februar 2021.

Dantschke, Claudia; Michail Logvinov; Julia Berczyk; Alma Fathi, Tabea Fischer. 2018. Zurück aus dem „Kalifat" – Anforderungen an den Umgang mit Rückkehrern und Rückkehrerinnen, die sich einer jihadistisch-terroristischen Organisation angeschlossen haben, und ihren Kindern unter dem Aspekt des Kindeswohles und der Kindeswohlgefährdung, HAYAT-Deutschland und DNE-Deutschland. *Journal EXIT-Deutschland. Zeitschrift für Deradikalisierung und demokratische Kultur*:1–43.

Der Tagesspiegel (Frank Bachner). 31.10.2019. Wie sich Berlin auf die Kinder aus dem Terrorstaat vorbereitet. https://www.tagesspiegel.de/berlin/erste-is-rueckkehrerin-angekommen-wie-sich-berlin-auf-die-kinder-aus-dem-terrorstaat-vorbereitet/25172942.html. Zugegriffen 26 Februar 2021.

Deutsche Welle. 20.12.2020. Deutsche IS-Rückkehrerin am Flughafen festgenommen, 20.12.2020. https://www.dw.com/de/deutsche-is-rückkehrerin-am-flughafen-festgenommen/a-56001887. Zugegriffen 03. März 2021.

Die Presse. 31.01.2018. Deutscher Geheimdienstchef: Jihad-Kinder sind „lebende Zeitbombe". https://www.diepresse.com/5363585/deutscher-geheimdienstchef-jihad-kinder-sind-lebende-zeitbombe. Zugegriffen 26 Februar2021.

Euronews. 11.11.2019. Türkiye yakalanan ISID üyelerinin vatandasi olduklari ülkelere iadesine basladi. https://tr.euronews.com/2019/11/11/turkiye-yakalanan-isid-uyelerinin-vatandasi-olduklari-ulkelere-iadesine-basladi. Zugegriffen: 16. März 2021.

Freise, Matthias & Meißner, Martin. 2009. Effektive Netzwerkgovernance oder oktroyierte Kooperation? Verkehrsordnungspartnerschaften in Nordrhein-Westfalen. *Polizei & Wissenschaft (4)*, 39–47.

Handle, Julia; Judy Korn; Thomas Mücke; Dennis Walkenhorst. 2019. Rückkehrer*innen aus den Kriegsgebieten in Syrien und im Irak, Berlin: Violence Prevention Network Schriftenreihe Heft 1. https://interventionen.blog/2019/12/18/rueckkehrerinnen-aus-den-kriegsgebieten-in-syrien-und-im-irak/. Zugegriffen: 12. März 2021.

Khosrokhavar, Farhad. 2016. Radikalisierung. Hamburg: CEP.

Koller, Sofia. 2020. InFoEx Workshop, Berlin, December 5–6, 2019, Issue Paper: Reintegration of Returnees from Syria and Iraq, DGAP-Report, No. 12. https://dgap.org/de/forschung/publikationen/reintegration-von-rueckkehrenden-aus-syrien-und-dem-irak. Zugegriffen: 27. Februar 2021.

Koller, Sofia. 03.02.21. Deutschland muss seine Staatsbürger aus Nordsyrien zurückholen. https://dgap.org/de/forschung/publikationen/deutschland-muss-seine-staatsbuerger-aus-nordsyrien-zurueckholen-0. Zugegriffen: 26. Februar 2021.

Logvinov, Michail. 2017. *Salafismus, Radikalisierung und terroristische Gewalt*. Wiesbaden: Springer Verlag.

Lützinger, Saskia. 2010. Die Sicht der Anderen. Köln: Luchterhand.

Mascolo, Georg. 24.05.2018. „Terrorabwehr – BGH erschwert Strafverfolgung von IS-Heimkehrerinnen", Recherchenverbund von NDR, WDR und Süddeutscher Zeitung. Süddeutsche Zeitung. www.sueddeutsche.de/politik/terrorabwehr-bgh-erschwert-strafverfolgung-von-is-heimkehrerinnen-1.3991688. Zugegriffen:12. März 2021.

Merz, Fabien. 2017. Der schwierige Umgang mit Dschihad-Rückkehrern. In CSS Analysen zur Sicherheitspolitik, Nr. 210, Nünlist, Christian. Zürich: Center for Security Studies (CSS), S.1 – 4. https://ethz.ch/content/dam/ethz/special-interest/gess/cis/center-for-securities-studies/pdfs/CSSAnalyse210-DE.pdf. Zugegriffen: 27. Februar 2021.

Moldenhauer, Gerwin. 31.1.2018. Rückkehrerinnen und Rückkehrer aus der Perspektive der Strafjustiz. In BpB. https://www.bpb.de/politik/extremismus/radikalisierungspraevention/263621/rueckkehrerinnen-und-rueckkehrer-aus-der-perspektive-der-strafjustiz. Zugegriffen: 26. Februar 2021.

Neumann, Peter. 2016. Der Terrorist ist unter uns – Dschihadismus, Radikalisierung und Terrorismus in Europa. Berlin: Ullstein Verlag.

Peresin, Anita und Daniela Pisoiu. 2017. RAN: Ad hoc Paper, RAN briefing on repatriated foreign terrorist fighters and their families: European experiences & lessons for P/CVE in the EU. URL: https://ec.europa.eu/home-affairs/system/files_en?file=2020-09/ran_br_a4_m10_en.pdf, https://ec.europa.eu/home-affairs/sites/homeaffairs/files/ran_br_a4_m10_en.pdf Zugegriffen: 15. Februar 2021.

Preuschaft, Menno. 2017. Prävention von salafistischer Radikalisierung und Islamfeindlichkeit. Zur notwendigen Unterscheidung zwischen Religion und Ideologie. *Zeitschrift für Jugendkriminalrecht und Jugendhilfe*: 47–51.

Redaktion Infodienst Radikalisierungsprävention. 22.10.2020. Rehabilitation von „IS"-Rückkehrerinnen und ihren Kindern. Interview mit Kerstin Sischka und Dr. Claudia Lozano. In: BpB. https://www.bpb.de/politik/extremismus/radikalisierungspraevention/317306/rehabilitation-von-is-ruckkehrerinnen-und-ihren-kindern. Zugegriffen: 15. März 2021

Redaktion Infodienst Radikalisierungsprävention. 22.01.2020. Interview Wie das BAMF den Umgang mit Rückkehrenden koordiniert. In BpB. https://www.bpb.de/politik/extremismus/radikalisierungspraevention/303924/interview-wie-das-bamf-den-umgang-mit-rueckkehrenden-koordiniert. Zugegriffen: 27. Februar 2021.

Röhmel, Joseph. 09.04.2019. Hintergrund: Die Rolle der Frauen beim IS. In Br.de. https://www.br.de/nachrichten/deutschland-welt/die-rolle-der-frauen-beim-is,RN2mzMT. Zugegriffen: 13. März 2021.

Schirrmacher, Christine. 4.5.2018. Der Umgang mit IS-Rückkehrerinnen. Neuland für unsere Gesellschaft und ihre Institutionen. In BpB. https://www.bpb.de/politik/extremismus/islamismus/268745/der-umgang-mit-is-rueckkehrerinnen. Zugegriffen: 13. März 2021.

Sischka, Kerstin et al. 2020. Rückkehrerinnen und ihre Kinder, Violence Prevention Network Schriftenreihe Heft 4. https://violence-prevention-network.de/wp-content/uploads/2020/10/Violence-Prevention-Network-Schriftenreihe-Heft-4.pdf. Zugegriffen: 27. Februar 2021.

Spiegel. 16.01.2020. IS-Rückkehrerin kommt in Untersuchungshaft. https://www.spiegel.de/politik/deutschland/hamburg-is-rueckkehrerin-kommt-in-untersuchungshaft-a-14654a2d-f242-43b4-bce6-645d5ebbc143. Zugegriffen: 26. Februar 2021.

Tagesschau (Beres, Eres und Hechler, Daniel). 19.12.2020. Frauen und Kinder sollen zurück nach Deutschland. https://www.tagesschau.de/ausland/is-anghoerige-rueckfuehrung-nord-syrien-101.html. Zugegriffen: 27. Februar 2021.

Verfassungsschutz. 17. 06. 2020. Islamistisch motivierte Reisebewegungen in Richtung Syrien/Irak. https://www.verfassungsschutz.de/de/arbeitsfelder/af-islamismus-und-islamistischer-terrorismus/zahlen-und-fakten-islamismus/zuf-is-reisebewegungen-in-richtung-syrien-irak. Zugegriffen: 26.02.2021.

v. d. Heide, Britta und Georg Mascolo. 11.07.2019. Deutschland muss IS-Angehörige zurückholen. In: Süddeutsche, https://www.sueddeutsche.de/politik/is-kaempfer-islamismus-eilverfahren-1.4521173. Zugegriffen: 15. März 2021.

Zeit Online. 20.02.2019. Seehofer stellt Bedingungen für Rücknahme von IS-Kämpfern. https://www.zeit.de/politik/deutschland/2019-02/is-rueckkehrer-horst-seehofer-innenminister-sicherheit-identitaet?utm_referrer=https%3A%2F%2Fwww.google.com. Zugegriffen: 04. März 2021.

Zeit Online. 22.11.2019. IS-Rückkehrerin mit Kindern in Deutschland erwartet. https://www.zeit.de/gesellschaft/zeitgeschehen/2019-11/terrormiliz-is-rueckkehr-frau-kinder. Zugegriffen: 05. März 2021.

Further Reading

Drucksache 19/26668. 12.02.2021. Stand der Rückholung deutscher Staatsbürgerinnen und Staatsbürger und insbesondere ihrer Kinder aus den ehemaligen IS-Gebieten. https://dip21.bundestag.de/dip21/btd/19/266/1926668.pdf. Zugegriffen: 26. Februar 2021.

Drucksache 19/20201. 18.06.2020. IS-Anhänger und deren Kinder im In- und Ausland. https://dip21.bundestag.de/dip21/btd/19/202/1920201.pdf. Zugegriffen: 05. März 2021.

Drucksache 19/22195. 09.09.2020. Versklavung und Vergewaltigung von Kindern durch den sogenannten Islamischen Staat. https://dip21.bundestag.de/dip21/btd/19/221/1922195.pdf. Zugegriffen: 26. Februar 2021.

Drucksache 19/8739. 26.03.2019. Rückführungsstrategien für inhaftierte Kämpfer und Mitglieder des sogenannten Islamischen Staates mit deutscher Staatsangehörigkeit. http://dipbt.bundestag.de/doc/btd/19/087/1908739.pdf. Zugegriffen: 13. März 2021.

Drucksache 19/13991. 14.10.2019. Rückführungs-, Präventions- und Deradikalisierungsstrategien für deutsche Staatsbürger in den ehemaligen IS-Gebieten. http://dip21.bundestag.de/dip21/btd/19/139/1913991.pdf. Zugegriffen: 26. Februar 2021.

Erath, Peter und Kerstin Balkow. 2016. Einführung in die Soziale Arbeit, 1. Aufl., Stuttgart: Kohlhammer Verlag.

European Parliamentary Research Service. 2018. The return of foreign fighters to EU soil. Ex-post evaluation. http://www.europarl.europa.eu/RegData/etudes/STUD/2018/621811/EPRS_STU(2018)621811_EN.pdf. Zugegriffen: 14. März 2021.

Deutscher Bundestag (Wissenschaftliche Dienste): Sachstand. Fragen zu IS-Rückkehrern, 2017, WD 3 – 3000 – 107/17, URL: https://www.bundestag.de/resource/blob/516028/7a4857dc21590f455dec165d83df397e/WD-3-107-17-pdf-data.pdf. Zugegriffen: 31.05.2022.

Drucksache 18/2383. 21.08.2014. Die Gruppierung Islamischer Staat im Irak und Großsyrien und Maßnahmen der Bundesregierung gegen djihadistische Syrien-Rückkehrer. https://dserver.bundestag.de/btd/18/023/1802383.pdf. Zugegriffen: 31.05.2022.

Pisoiu, Daniela. 2013. Theoretische Ansätze zur Erklärung individueller Radikalisierungsprozesse. Eine kritische Beurteilung und Überblick der Kontroversen. *Journal EXIT-Deutschland. Zeitschrift für Deradikalisierung und demokratische Kultur*:41–87.

United Nations Office on Drugs and Crime. 2016. Handbook on the Management of Violent Extremist Prisoners and the Prevention of Radicalization to Violence in Prisons. http://www.unodc.org/pdf/criminal_justice/Handbook_on_VEPs. Pdf. Zugegriffen: 27. Februar 2021.

Dr. Samet Er studierte Islamische Theologie und Erziehungswissenschaften in Tübingen, Kairo, Osnabrück und Bielefeld. Er ist Projektleiter bei Violence Prevention Network (Niedersachsen) und assoziierter Wissenschaftlicher Mitarbeiter am Institut für Konflikt- und Gewaltforschung (IKG) an der Universität Bielefeld. Er forscht zum Thema „Radikalisierung im Gefängnis“ und „Soziale Arbeit und Religion“. Zudem war er Teilnehmer der IV. Deutschen Islam Konferenz und ist Mitglied des „Forschungsnetzwerk Radikalisierung und Prävention“ (FNRP).

Präventionsmaßnahmen

Chancen und Risiken der Radikalisierungsprävention

Rauf Ceylan und Michael Kiefer

Zusammenfassung

Die Ausführungen von Rauf Ceylan und Michael Kiefer zeigen, dass die Radikalisierungsprävention gegen religiös begründeten Extremismus sich in einem wechselvollen Entwicklungsprozess befindet. Die ersten Programme und Maßnahmen befassten sich zunächst mit Phänomenen des gewaltbefürwortenden Salafismus. Mittlerweile wurden die Präventionsbereiche ausgeweitet auf alle Strömungen des Islamismus. Kritisch zu betrachten ist auch, dass die Radikalisierungsprävention gegen den religiös begründeten Extremismus sich zunehmend zu einem Sonderbereich zivilgesellschaftlichen Handelns entwickelt hat. Grundsätzlich sollte der Fokus der Förderung dort liegen, wo stabile Zugänge zu den Lebenswelten junger Menschen bestehen. Unzeitgemäß und mitunter schädlich ist schließlich die monothematische Bearbeitung der verschiedenen Extremismusvarianten. Phänomenübergreifende Handlungsstrategien und Konzepte sind überfällig.

R. Ceylan (✉) · M. Kiefer
Universität Osnabrück, Osnabrück, Deutschland
E-Mail: rceylan@uos.de

M. Kiefer
E-Mail: michael.kiefer@uni-osnabrueck.de

Schlüsselwörter

Radikalisierungsprävention · Islamismus · Phänomenübergreifende Strategien · Lebensweltorientierung · Jugendhilfe

1 Einleitung

Überall lauern Risiken. Daher ist heute Prävention allgegenwärtig. Der erste präventive Blick erfasst bereits das ungeborene Kind durch die pränatale Diagnostik. Kaum hat es das Licht der Welt erblickt, folgt ein Bündel von medizinischen Vorsorgeuntersuchungen, die stets das leibliche und seelische Wohl des Kindes zur Zielsetzung haben. In der Kita wird Prävention unermüdlich fortgesetzt. Die Maßnahmen sind kaum überblickbar und reichen von der Verkehrserziehung bis zur Zahnprävention. Auch in der Schule wird Prävention großgeschrieben und ist vielfältig. Gewaltprävention, Suchtprävention, Gesundheit und Schulverweigerung sind hier einige wichtige Stichwörter. Prävention prägt auch das Leben des erwachsenen Menschen. Im Fokus steht vor allem die Gesundheit. Es geht aber auch um die Verhinderung von Armut, Devianz und Delinquenz. In diese Sparte fällt dann auch die Prävention gegen Radikalisierung.

Der Wunsch Risiken einzudämmen, ist so alt wie die Moderne. Bereits Auguste Comte vertrat 1844 in seiner „Rede über den Geist des Positivismus“ die Ansicht, dass Sehen und Voraussehen von großer Bedeutung seien (Lengwiler und Madrasz 2018, S. 13). Die Eindämmung von diversen Risiken war dann auch ein gewichtiges Anliegen der Politik in der zweiten Hälfte des 19. Jahrhunderts. Überaus deutlich wird dies in der von Bismarck auf den Weg gebrachten Sozialgesetzgebung, die in schnellen Schritten ab 1883 die umfassende Absicherung der Arbeiterschaft anstrebte. Maßgebliches Motiv war nicht die Besserstellung der Arbeiterschaft, die sich durch die schnelle Industrialisierung in äußerst prekären Verhältnissen befand. Vielmehr fürchtete der Reichskanzler zunehmende soziale Spannungen, die zu einem Machtgewinn der sozialistischen Bewegung beitragen könnten. Die Sozialgesetzgebung hatte folglich einen präventiven Hintergrund, der auf eine Verhinderung politische Entwicklungen zielte, die Bismarck als negativ einschätzte.

Das präventive Handeln und die ihr zu Grunde liegende Handlungslogik feierten vor allem im 20. Jahrhundert große Erfolge. Das bedeutsamste Handlungsfeld war das Gesundheitswesen. Bereits im 19. Jahrhundert erarbeitete man Hygienekonzepte, die die Ausbreitung von Krankheiten verhindern sollten. Diese Maßnahmen zielten vor allem auf eine Erhaltung der Arbeitskraft. Im 20. Jahrhundert wurde die Gesundheitsprävention komplexer, da Risiko-Faktorenmodelle in

Präventionskonzepten eingebettet wurden (Sarasin 2011, S. 44). In der modernen Gesundheitsprävention wird der einzelne Mensch in die Verantwortung gezogen. Dieser hat sein Verhalten so zu gestalten, dass es wissenschaftlichen Erkenntnissen gerecht wird. Es geht um die Optimierung eines Selbstmanagements, in dem Ärzte die Funktion eines Coaches einnehmen (Ebd.)

Aus dem Gesundheitsbereich stammen auch die Systematik und Kategorien, die Prävention bis heute kennzeichnen. Wegweisend war insbesondere der amerikanische Psychiater, Gerald Caplan, der 1964 die Trias der Primär-, der Sekundär und Tertiärprävention einführte. Caplan unterscheidet seine Kategorien über den Interventionszeitpunkt. Die primäre Prävention wird geleistet, wenn ein Krankheitsbild noch nicht eingetreten ist. Die sekundäre Prävention beginnt, wenn erste Anzeichen einer Erkrankung auftreten. Die tertiäre Prävention setzt ein, wenn eine Krankheit bereits ausgebrochen ist. Sie soll vor allem Folgeschäden verhindern (Hafen 2002, S. 34 ff.). Eine weitere Systematik, die gleichfalls drei Kategorien umfasst, stammt von Robert S. Gordon. Er unterscheidet zwischen universeller selektiver und indizierter Prävention. Die Kategorien werden ausgehend von den Zielgruppen bestimmt. Die universelle Prävention adressiert die Normalbevölkerung. Selektive Prävention wendet sich an ausgewählte Gruppe, die über ein Risiko verfügen. Die indizierte Prävention richtet sich an Menschen, die bereits eine manifeste Problemlage zeigen (Johannson 2012, S. 4). Die Kategoriensysteme von Caplan und Gordon wurden in den vergangenen Jahren auch von anderen Handlungsfeldern übernommen. Beide Systematiken finden auch in der Prävention gegen Rechtsextremismus und Islamismus Verwendung.

2 Logik des präventiven Handelns

Der Grundgedanke der Prävention ist einfach. Prävention soll einen wie auch immer gearteten negativen Zustand verhindern. Damit Prävention funktionieren kann, benötigen wir zunächst die Definition eines negativen Zustands. Diese kann nur erfolgen, wenn es ein Wissen über die Normalität gibt. Ferner benötigen wir einen Fächer an Maßnahmen oder Methoden mit dem wir Abweichungen von der Normalität verhindern können. Sofern es schon zu Abweichungen gekommen ist, benötigen wir gleichfalls Interventionsinstrumente die ein Wiedererlangen der Normalität ermöglichen. Was sich einfach anhört, ist bei genauerer Betrachtung im Detail kompliziert und äußerst störanfällig.

Beginnen wir mit der Abweichung oder dem negativen Zustand, der für das präventive Handeln genau bestimmt sein soll. In der Gesundheitsprävention ist dies stets eine Krankheit, die mit einem genauen diagnostischen Schlüssel bestimmt werden kann. Jedoch sind die Grenzen zwischen Gesundheit und Krankheit fließend und stetigen Veränderungen unterworfen. So kann beobachtet werden, dass die Zahl der „Störungen mit Krankheitswert" beständig wachsen. So ist z. B die Zahl der diagnostizierbaren psychischen Erkrankungen in den vergangenen Jahrzehnten beständig gestiegen. In den 1940er Jahren enthielt das Statistical Manual for the Use of Institutions for the Insane auf schmalen 37 Seiten 22 diagnostische Kategorien (Levold 2021, S. 113). Spätere Manuals, so das DSM V (Diagnostic and Statistical Manual of Mental Disorders) umfassen über 500 Diagnosen, die auf fast 1000 Seiten ausgeführt werden. Tom Levold hat angesichts dieser Entwicklung darauf hingewiesen, dass durch diese Inflationierung an diagnostischen Kategorien die „Grenze zu Alltagsphänomenen immer weiter aufgeweicht" werde. So sei es möglich eine Trauer, die mehr als 14 Tage anhielte als eine „klinische Depression" einzustufen (Ebd. S. 121). Angesichts dieser Entwicklung ist eine sinnvolle Prävention kaum noch möglich, denn diese müsste sich zunehmend auch auf normale Phänomene des Alltags ausrichten.

Ähnliche Entwicklungen sind auch in anderen Präventionsbereichen zu beobachten. Hier wächst z. B. im Bereich der Radikalisierungsprävention die Zahl der Phänomene, die unter dem Terminus religiös begründeter Extremismus subsumiert werden beständig. Ein Bespiel aus NRW: Das vom Land initiierte Präventionsprogramm Wegweiser wurde zunächst unter dem Motto „Gemeinsam gegen gewaltbereiten Salafismus" durchgeführt. Mittlerweile wurde der Präventionsbereich deutlich ausgeweitet und das Programm läuft nun unter dem Motto „Gemeinsam gegen Islamismus". Problematisch ist in diesem Kontext, dass unter dem Terminus „Islamismus" zahlreiche Phänomene subsumiert werden können, deren Einordnung selbst Fachwissenschaftler:innen mitunter vor große Herausforderungen stellt.

Genau hier stellt sich die Frage nach der Grenze von Normalität und unerwünschter Abweichung. Im Bereich der Gesundheitsprävention war in manchen Teilbereichen diese Frage einfach zu beantworten. Der Klassiker ist hier die Zahnprävention, die in allen Kindergärten zu den Standards gehört. Der Normalfall ist weiße Zähne, die keinerlei Beschädigung erkennen lassen. Unter allen Beteiligten (Eltern, Erzieher:innen und Kinder) besteht hier ein ungetrübter Konsens. Gleiches gilt für die Abweichung. Karies ist das Unglück, was es zu vermeiden gilt. Wie wir gesehen haben, ist es in anderen Feldern nicht so einfach. Jemand der seit wenigen Tagen trauert, möchte nicht als psychisch erkrankt („klinische Depression") klassifiziert werden. Nicht vergessen werden darf in diesem Kontext, dass die Attestierung einer psychischen Erkrankung eine

Markierung darstellt, die z. B. berufliche Karrieremöglichkeiten zu reduzieren vermag. Noch gravierender ist die Frage nach Normalität und Abweichung in der Radikalisierungsprävention. Besonders schwierig ist die Grenzziehung im Bereich des Religiösen. Dies zeigte sich in der Vergangenheit immer wieder unter anderem im Bereich des schulischen Alltags (Mönch 2010). Hier konnte mehrfach beobachtet werden, dass Schüler:innen der Sekundarstufe II die Forderung nach einem Gebetsraum erhoben. Begründet wurde diese Forderung stets damit, dass Muslime verpflichtet seien zu festgesetzten Zeiten das Gebet zu verrichten. Die muslimischen Rechtsschulen vertreten verschiedene Auffassungen. Angenommen werden kann daher, dass Schüler:innen lediglich Ihren religiösen Pflichten nachkommen wollen. Möglich ist aber auch, dass Schüler:innen das Thema besetzen für islamistische Propagandazwecke. Die Frage was ist normaler Islam und wann haben wir es mit Islamismus zu tun, lässt sich im Alltag nicht immer eindeutig beantworten.

3 Handeln in der Radikalisierungsprävention – Das Problem der Einordnung

In Bund, Ländern und Kommunen wird für die Radikalisierungsprävention gegen Islamismus mittlerweile viel Geld ausgegeben. Allein der Bund stellt in den Programmen „Demokratie leben!“ und „Nationales Präventionsprogramm gegen islamistischen Extremismus“ jährlich ca. 200 Mio. Euro für präventive Maßnahmen zu Verfügung. Hinzu kommen noch erhebliche Aufwendungen in den Ländern. So unterhält das Präventionsprojekt Wegweiser in 25 Städten in NRW Büros, die sich ausschließlich mit der Islamismusprävention befassen.

Die Maßnahmen und Projekte, die von der öffentlichen Hand unterstützt werden, ordnen sich überwiegend in die Kategoriensysteme von Caplan und Gordon ein (Ceylan und Kiefer 2018, S. 61 ff.). Die Trias weist jedoch Unschärfen auf, die zunächst in der primären oder universellen Prävention auftreten. Die Bundesarbeitsgemeinschaft religiös begründeter Extremismus e. V. (BAG RelEx) versteht unter der universellen oder primären Prävention die „Stärkung von demokratischen und an Menschenrechten orientierten Kompetenzen (BAG RelEx)“. Diese lobenswerte Zielsetzung vertreten aber auch die Demokratiepädagogik und die schulische und außerschulische politische Bildung. Es bleibt an dieser Stelle folglich unklar, worin das für universelle oder primäre Prävention Spezifische besteht. Kritisch betrachtet werden kann ferner die Zielgruppenbestimmung der primären oder universellen Prävention. „Die primäre

Zielgruppe von Maßnahmen der universellen Prävention sind **Jugendliche,** die mit extremistischen Angeboten in Berührung kommen könnten (BAG RelEx)." Mit dieser Zielgruppenbestimmungen wird in zweifacher Hinsicht eine Auswahl und Einschränkung getroffen. Adressiert werden erstens nur Jugendliche (Warum nicht Kinder, Eltern, Lehrkräfte usw.?) und zweitens nur Jugendliche, die mit extremistischen Angeboten in Berührung kommen könnten. Eine solche Zielgruppenbestimmung ist also in zweifacher Hinsicht selektiv. Dem Kriterium der universellen Prävention wird dies nicht gerecht. Gordon verstand hierunter explizit die Normalbevölkerung ohne Einschränkungen. Die Beispiele zeigen, dass die Kategorien die ursprünglich für das Gesundheitssystem entwickelt wurden, nicht sehr gut auf den Maßnahmenfächer der Radikalisierungsprävention passen. Grundsätzlich schwierig ist folglich die Grenzziehung zwischen Maßnahmen der regulären Jugendhilfe und einer Maßnahme der universellen Radikalisierungsprävention. Veranschaulichen lässt sich dies an einem Beispiel. Ein kommunales Jugendzentrum veranstaltet jedes Jahr ein großes Fußballturnier, an dem alle Jugendzentren der Stadt teilnehmen. Dieses Fußballturnier kann mit verschieden Zielsetzungen hinterlegt sein. Fußballturniere sind ein attraktives Format, mit dem Jugendliche an die Einrichtungen gebunden werden. Es wird in einem positiven Sinne Zugehörigkeit generiert. Ferner kann ein Ziel darin bestehen durch FairPlay Achtung und Respekt vor dem Gegner einzuüben. Es sind aber auch Zielsetzungen aus der universellen Radikalisierungsprävention denkbar. Da Jugendliche verschiedener Herkünfte und Religionen teilnehmen, könnte es ein Ziel sein die Ambiguitätstoleranz der Beteiligten Spieler zu fördern.

Ähnlich gelagerte Probleme gibt es auch bei der Einordnung von Maßnahmen in die tertiäre oder indizierte Prävention. Wenn Sozialarbeiter:innen in Gefängnissen an aufwendigen Resozialisierungsmaßnahmen mitwirken, geht es nicht nur im Sinne Caplans um die Verhinderung von Folgeschäden, die aus einer manifesten Problemlage (hier Radikalisierung mit Straftaten) erwachsen. Vielmehr zielt das Maßnahmenbündel auf einen Prozess, in dem der Strafgefangenen seine Haltung ändert und ein delinquenzfreies Handeln entwickelt. Die Maßnahmen stellen folglich Interventionen dar, die weit über präventive Aspekte hinausreichen. Es mach daher wenig Sinn diese Arbeit unter den Kategorien tertiäre oder indizierte Prävention zu subsumieren.

4 Prävention ein Sonderbereich zivilgesellschaftlichen Handelns?

In den Handlungsfeldern der Radikalisierungsprävention gibt es eine große Vielfalt an Methoden und Maßnahmen. Hierzu zählen Demokratiepädagogische Angebote, Freizeitmaßnahmen, diverse Beratungsformate, Eingliederungshilfen für ehemalige Strafgefangene und vieles mehr. All diese Tätigkeiten werden auch von den Regelsystemen, darunter Jugendhilfe und Schule, erbracht. Angesichts dieses Sachverhalts stellt sich die Frage, ob die Radikalisierungsprävention gegen religiös begründeten Extremismus als eigenständiges zivilgesellschaftliches Handlungsfeld eine Notwendigkeit darstellt.

Bevor diese Frage beantwortet wird, muss man einen Blick auf die Genese des Handlungsfeldes werfen. Die Politik in Bund und Ländern verfolgten mit ihren Programmen keineswegs das Ziel ein eigenständiges zivilgesellschaftliches Handlungsfeld zu implementieren. Dieses entstand in den vergangenen 10 Jahren sukzessive durch stetige Förderung hochspezialisierter Träger, die auffällig häufig in Berlin angesiedelt sind. Um Missverständnissen vorzubeugen, soll hier nicht infrage gestellt werden, dass einige dieser Träger mit Sicherheit eine sehr gute Arbeit leisten. Allerdings kann man aus verschiedenen Perspektiven die Verselbstständigung der Radikalisierungsprävention gegen religiös begründeten Extremismus als eigenständiges Handlungsfeld kritisch betrachten.

Hilfreich ist hier zunächst die Betrachtung aus einer konstruierten Fallperspektive. Michael ist sechzehn Jahre alt und besucht eine Realschule. Seit zwei Jahren ist er sehr verschlossen und zurückgezogen. Vor gut einem halben Jahr hat sich sein Kleidungstil vollkommen verändert. Dies sorgte für Nachfragen und Michael teilte mit, er sei zum Islam übergetreten und wolle zukünftig ein gottgefälliges Leben führen. Hierzu zählt für Michael auch die strikte Einhaltung der Gebetszeiten. Daher verlässt er auch den Unterricht zum Gebet. Die Lehrkräfte sind ratlos und machen sich Sorgen. Wenn man in diesen „Fall" einsteigt, ist es zunächst ratsam sich einen Überblick zu verschaffen, wer in der Lebenswelt von Michael eine wichtige Rolle einnimmt. Dies lässt sich sehr gut mit einer VIP-Karte visualisieren (Herwig-Lempp 2007, S. 207 ff.).

Die Karte (Abb. 1) zeigt an, welche Menschen für Michael bedeutsam sind. In der Kategorie Freunde finden wir Peter und Klaus. In der Schule bestehen zum Sozialarbeiter und zum Biolehrer gute Bindungen und bei den Profis hat die Familienhelferin einen guten Stand und in der Familie ist insbesondere die Mutter wichtig. Will man bei Michael etwas bewirken, wird die Unterstützung der aufgeführten Personen sich als hilfreich erweisen können. Die konkrete Arbeit

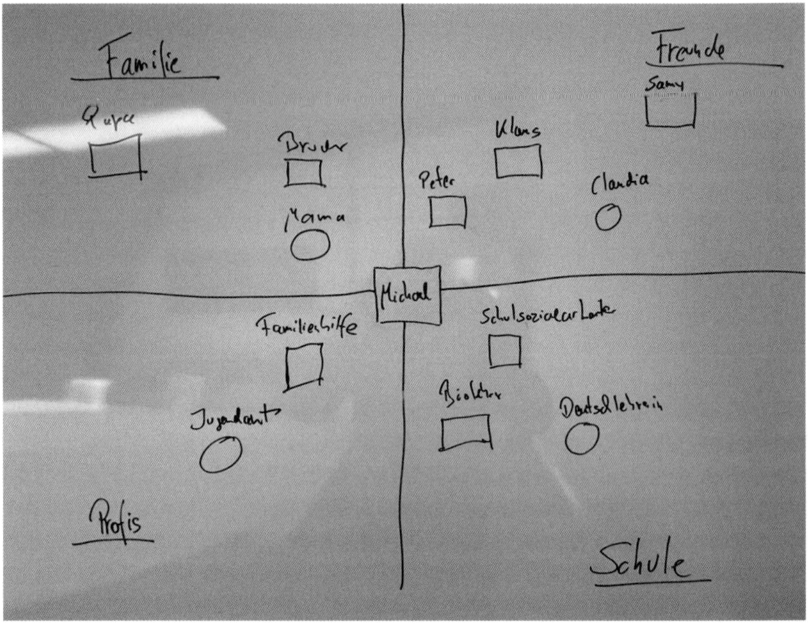

Abb. 1 VIP-Karte für den Fall „Michael“

an diesem „Fall“ findet folglich in der Lebenswelt des Jugendlichen statt. Von zentraler Bedeutung sind die Profis Familienhilfe, Schulsozialarbeiter und Biolehrer. Sie sind Angehörige des Regelsystems. Ein Präventionsspezialist, der von außen kommt, kann vielleicht unterstützen. Die eigentliche Arbeit muss jedoch von den aufgeführten Akteur:innen geleistet werden. Diese Erkenntnis ist nicht neu, wird jedoch von den Programmgestaltern der Radikalisierungsprävention viel zu wenig berücksichtigt.

Das Beispiel zeigt, dass präventiv wirksame Hilfen lebensweltorientiert erbracht werden müssen. Präventionsspezialisten, die nicht mit Regelsystem und Sozialraum verschränkt sind, stellen vermutlich keine große Hilfe dar. Dieser Sachverhalt zeigt m. E., dass es keinen Sinn macht Prävention als einen Sonderbereich zivilgesellschaftlichen Handelns zu organisieren. Dies zeigen auch die Erfahrungen mit dem Präventionsprogramm Wegweiser in NRW. Die Beratungsstandorte sind nah an den Sozialräumen angesiedelt. Die Berater:innen sind niedrigschwellig erreichbar und können phasenweise auch zeitintensive Unterstützungsleistungen in den Sozialräumen erbringen. Darüber hinaus sind die

Träger der Wegweiser-Standorte Teil des Regelsystems, die über exzellente Kenntnisse der Sozialräume, gute Beziehungen und langjährige Erfahrungen verfügen.

5 Warum nicht phänomenübergreifend?

Nicht nachvollziehbar ist ferner die Einteilung der Radikalisierungsprävention nach Phänomenbereichen. Es gibt Programme und Träger, die sich ausschließlich mit Rechtsextremismus befassen. Der gleiche Sachverhalt kann für den religiös begründeten Extremismus konstatiert werden. Passt all dies sinnvoll zusammen? Hier dürfen Zweifel angemeldet werden. Die umfangreichen Erfahrungen des Projekts „CleaR – Clearing- Verfahren gegen Radikalisierung", das von 2016 bis 2019 in Nordrhein-Westfalen und Berlin durchgeführt wurde, zeigen, dass es an den sechs teilnehmenden Schulen (ca. 11.000 Schüler:innen) Probleme mit Rechtsextremismus und zugleich mit Islamismus gab. In der Projektlaufzeit gab es 63 Hinweise für extremistische Verhaltensweisen. Zwanzig Meldungen bezogen sich auf mögliche rechtsextrem motivierte Vorfälle. Weitere 43 Meldungen bezogen sich auf mögliche Vorfälle, bei denen ein islamistischer Hintergrund vermutet wurde (Kiefer 2019, S. 42). Die Ergebnisse des Modellprojekts zeigen überaus deutlich, Schulen benötigen eine Gesamtstrategie gegen Extremismus, die alle Phänomenbereiche erfasst. Gleiches gilt sicherlich auch für Jugendhilfeeinrichtungen und weitere Handlungsfelder der Jugendhilfe.

Ähnlich gelagerte Schlussfolgerungen ermöglichen auch Erfahrungen des großen Präventionsprogramms „Respect Coaches", das derzeit an 270 schulischen Standorten durchgeführt wird. Das Programm verortet sich im Bereich der universellen bzw. primären Prävention und richtet sich an alle Schüler:innen. Die Teilnehmenden setzen sich unter anderem in Gruppenageboten „mit unterschiedlichen Weltanschauungen und Lebensweisen auseinander und erlernen interkulturelle und interreligiöse Kompetenzen (JMD 2021)." Da das Programm mit Mitteln des Nationalen Präventionsprogramms gegen islamistischen Extremismus finanziert wurde, befasste es sich zunächst in formaler Hinsicht nur mit dem Phänomenbereich des religiös begründeten Extremismus (BMFSFJ 2018). Diese Stoßrichtung brachte die Fachkräfte der Jugendmigrationsdienste (JMD), die mit der Durchführung des Programms beauftragt waren, jedoch ein wenig in die Bredouille. Die Fachkräfte sollten an den Schulen als „Respekt Coaches" und „Anti-Mobbing-Profis" tätig werden. Die formale Beschränkung auf das Problemfeld Islamismus bedeutete, das man für Rechtsextremismus und weitere Problemfelder keine Zuständigkeit in Anspruch nehmen konnte. Doch wie soll man in der Schule als „Anti-Mobbing-Profi" tätig sein, wenn man nur eine ausgewählte potenzielle Form des Mobbings bearbeiten sollte. Diese nicht unerhebliche Beschränkung erwies sich in der schulischen Praxis als nicht haltbar. Eine sinnvolle demokratiepädagogische Praxis musste sich mit allen relevanten weltanschaulichen und religiösen Aspekten befassen. Die Ausdehnung des Auftrags auf alle Phänomenbereiche war daher zwingend geboten.

Gerade auch in Zeiten der Pandemie wird sichtbar, wie verschiedene extremistische Bewegungen Krisensituationen und daraus erwachsende Belastungen für Ihre Mobilisierungszwecke nutzen können. Eine erfolgversprechende Prävention kann nur dann gewährleistet werden, wenn zivilgesellschaftliche Strukturen vorhanden sind, die schnell und professionell auf neue Phänomene oder Themenwechsel extremistischer Strukturen reagieren können. Einen guten Ausgangspunkt für eine derartige Struktur könnte z. B. das Präventionsprogramm Wegweiser in NRW bieten. Die kommunal gut aufgestellten und hochvernetzten Standorte könnten mit einem relativ geringen Aufwand zu kommunalen Präventionszentren ausgebaut werden. Dies würde übrigens nicht bedeuten, dass die dort tätigen Berater:innen sich jeweils mit allen Phänomenbereichen befassen müssen. Ziel ist die Erweiterung der Teamstruktur, die jeweils Spezialist:innen für Islamismus, Transnationaler Extremismus und Rechtsextremismus umfasst.

6 Ist die Radikalisierungsprävention erfolgreich?

Angesichts der erheblichen Geldmengen, die jährlich von Bund, Ländern und Kommunen für die Radikalisierungsprävention gegen religiös begründeten Extremismus ausgegeben werden, ist es durchaus legitim nach den Wirkungen der Maßnahmen und Projekte zu fragen. Bei überschaubaren Projekten, die über präzise formulierte Zielsetzungen und eine klare Methodik verfügen, können durch Evaluierungen durchaus Aussagen zur Wirkungslogik getroffen werden. Häufig angewandt wird in diesem Kontext ein vierstufiges Verfahren, welches Input (Ressourcen), Outputs (Leistungen), Outcomes (Wirkungen in der Zielgruppe) und Impact (Wirkungen in der Gesellschaft) untersucht.

Deutlich schwieriger gestaltet sich die Evaluierung von großen, dezentral angelegten Maßnahmen, die mit vielen Akteur:innen durchgeführt werden. Die „Respect Coaches" haben an 270 schulischen Standorten über diverse Maßnahmen Kontakt mit vielen Tausend Schüler:innen. Da die Zielsetzungen im Bereich der Primärprävention verortet sind, lässt sich schlicht nicht sagen, wie viele Radikalisierungen die Summe dieser Maßnahmen verhindert hat. Seriöse Aussagen zum Erfolg oder Misserfolg des Programms sind daher kaum möglich.

Andere Schwierigkeiten stellen sich bei der Evaluierung von Beratungsstellen. Die Beratungsstellen arbeiten mit verschiedenen Klientengruppen. Hierzu zählen Personen, die Phänomene einer Radikalisierung aufweisen und deren Beratung nicht selten in einem Zwangskontext stattfindet (z. B. Sanktionsandrohung in der Schule). Ferner können Familienmitglieder und Fachkräfte Beratungsleistungen in Anspruch nehmen. Angesicht der Verschiedenheit dieser Gruppen lässt sich jeweils nur individuell bestimmen, was Erfolgskriterien einer Beratungsarbeit sind. Ebenso verhält es sich bei den Schließungskriterien eines Falls. Da häufig zu Beginn des Beratungsprozesses keine Beratungsziele festgehalten wurden, werden Fälle häufig unbegrenzt offengehalten. Wenn so verfahren wird, sind grundsätzlich keine Aussagen zum Erfolg oder Misserfolg einer Beratung möglich.

Angesichts der angeführten Beispiele gestaltet sich die Evaluierung präventiver Maßnahmen als sehr schwierig. Hinzu kommt, dass Träger von Maßnahmen Evaluierungen nicht selten kritisch betrachten. Hintergrund ist hier die Befürchtung, dass Evaluationsberichte negative Auswirkungen auf künftige Förderungen haben könnten.

7 Fazit

Die Ausführungen haben gezeigt, dass die Radikalisierungsprävention gegen religiös begründeten Extremismus sich in einem wechselvollen Entwicklungsprozess befindet. Die ersten Programme und Maßnahmen befassten sich zunächst mit Phänomenen des gewaltbefürwortenden Salafismus. Mittlerweile wurden die Präventionsbereiche ausgeweitet: So befasst sich aktuell das Präventionsprogramm Wegweiser mit jeder Form des Islamismus. Als durchweg problematisch erweist sich hier die Abgrenzung von „normalem" Islam und Islamismus. Kritisch zu betrachten ist auch, dass die Radikalisierungsprävention gegen den religiös begründeten Extremismus sich zunehmend zu einem Sonderbereich zivilgesellschaftlichen Handelns entwickelt hat. Dies hat zur Konsequenz, dass aus den großen Bundesprogrammen viel Geld an einige hochspezialisierte Träger fließt. In diesem Kontext ist auch zu konstatieren, dass die Regelsysteme – insbesondere Schule und. Jugendhilfe – beim Ausbau präventiver Maßnahmen vernachlässigt wurden. Grundsätzlich sollte der Fokus der Förderung dort liegen, wo stabile Zugänge zu den Lebenswelten junger Menschen bestehen. Unzeitgemäß und mitunter schädlich ist schließlich die monothematische Bearbeitung der verschiedenen Extremismusvarianten. Phänomenübergreifende Handlungsstrategien und Konzepte sind überfällig.

Literatur

BAG RelEx. Was bedeutet Primärprävention?. (2022). https://www.bag-relex.de/wissen/radikalisierungspraevention/. Zugegriffen: 20.09.2021.

BMFSFJ. Konzept des Bundesvorhabens „Respekt Coaches/Anti-Mobbing-Profis" der Jugendmigrationsdienste. https://www.bmfsfj.de/resource/blob/128442/80f6b65503cbe0447abb67d4a799afee/konzept-bundesvorhaben-respekt-coaches-data.pdf. Zugegriffen: 23.09.2021.

Ceylan, Rauf und Michael Kiefer. 2018. *Radikalisierungsprävention in der Praxis. Antworten der Zivilgesellschaft auf den gewaltbereiten Neosalafismus*. Wiesbaden: Springer VS.

Hafen, Martin. Präventionstheorie. Das weite Feld von Prävention und Gesundheitsförderung. *SuchtMagazin* 1 (2): 34–42. https://www.fen.ch/texte/mh_sm_02-1.htm. Zugegriffen: 16.09.2021.

Herwig-Lempp, Johannes. 2007. Ressourcen im Umfeld: Die VIP-Karte. In *Methodenbuch Soziale Arbeit*, hrsg. Brigitta Michel-Schwartze, 207–226. Wiesbaden: VS Verlag für Sozialwissenschaften.

JMD (Jugendmigrationsdienste). „Respect Coaches". Unsere Ziele. https://www.lass-uns-reden.de. Zugegriffen: 22.09.2021.

Johannson, Susanne. Rechtsextremismusprävention und Demokratieförderung in den Feldern der Pädagogik, der Beratung und Vernetzung: eine kurze Begriffseinordnung und -abgrenzung. https://www.vielfalt-mediathek.de/wp-content/uploads/2020/12/susanne_johannson_reprvention_demokratiefrderung.pdf. Zugegriffen: 17.09.2021.

Kiefer, Lisa 2019. Clearing Verfahren gegen Radikalisierung. https://www.clearing-schule.de/wp-content/uploads/2019/11/clear_handreichungpdf.pdf. Zugegriffen: 09.05.2022

Levold, Tom. 2021. Diagnostik als soziale Konstruktion. Zur Geschichte des DSM als hegemonialer Bezugsrahmen für die psychiatrische und psychotherapeutische Diagnostik. *Kontext. Zeitschrift für systemische Perspektiven* 52 (2): 105–126.

Lengwiler, Martin und Jeanette Madrasz. Präventionsgeschichte als Kulturgeschichte der Gesundheitspolitik. https://edoc.unibas.ch/16759/1/Präventionsgeschichte%20als%20Kulturgeschichte.pdf. Zugegriffen: 14.09.2021.

Mönch, Regina. Wie viel religiösen Eifer verträgt eine Schule, unter: https://www.faz.net/aktuell/feuilleton/berliner-gebetsurteil-wie-viel-religioesen-eifer-vertraegt-eine-schule-1978334-p2.html. Zugegriffen: 20.09.2021.

Sarasin, Philipp. Die Geschichte der Gesundheitsfürsorge. Das Verhältnis von Selbstsorge und staatlicher Intervention im 19. Und 20. Jahrhundert. https://zeithistorische-forschungen.de/sites/default/files/medien/material/2013-3/Sarasin_2011.pdf. Zugegriffen: 16.09.2021.

Rauf Ceylan ist Professor für Gegenwartsbezogene Islamforschung an der Universität Osnabrück/Institut für Islamische Theologie. Er promovierte an der Ruhr-Universität Bochum in Soziologie (Dr. rer. soc.) und in Religionspädagogik (Dr. phil.) an der Universität Vechta. Im WS 2018/2019 war er Gastprofessor an der Universität Zürich. Seine Forschungstätigkeiten sind Migrations- und Religionssoziologisch ausgerichtet. Er ist Mitglied im Institut für Migrationsforschung und Interkulturelle Studien (IMIS) und im Rat für Migration (RfM e. V).

Michael Kiefer Universität Osnabrück, studierte Islamwissenschaft, Politikwissenschaft und Philosophie in Köln. Dort promovierte er im Fach Islamwissenschaften zum Schulversuch Islamkunde in Nordrhein-Westfalen. Kiefer befasst sich seit mehr als 20 Jahren mit den Themenfeldern Antisemitismus, Islamismus und Radikalisierungsprävention und hat hierzu zahlreiche Publikationen vorgelegt. Michael Kiefer hat im April 2021 den Ruf der Uni Osnabrück für die Professur Soziale Arbeit in der Migrationsgesellschaft mit dem Schwerpunkt muslimische Wohlfahrtspflege angenommen. Derzeit vertritt er in Vollzeit die Professur.

Distanzierungsarbeit in Frankreich

Sofia Koller

Zusammenfassung

Frankreich ist nach wie vor Ziel islamistisch motivierter Terroranschläge. Im Umgang mit islamistischem Extremismus und Terrorismus muss das Land auf innen- und außenpolitische Herausforderungen reagieren, wie die Rückkehr von (ehemaligen) französischen IS Anhängern aus Syrien und dem Irak. Somit ist in den letzten zehn Jahren das Verständnis gewachsen, dass Frankreich es mit einem „Terrorismus des Inneren" zu tun hat, sowie dass die Prävention von Radikalisierung nicht nur eine Aufgabe der Sicherheitsbehörden ist, sondern auch die Zusammenarbeit mit dem sozialen Sektor erfordert. Während Politik, Forschung und Zivilgesellschaft weiterhin diskutieren, wie Radikalisierung und Islamismus eigentlich zu verstehen ist, bereitet Frankreich vor allem der Umgang mit bereits radikalisierten oder straffällig gewordenen Personen große Schwierigkeiten. Seit etwa 2014 hat das Land aber wichtige Fortschritte gemacht: in den Präfekturen koordinieren nun die CPRAF die multiprofessionelle Betreuung relevanter Personen, im Strafvollzug wachsen Evaluierungs- und Betreuungsangebote und die Ergebnisse einer kürzlichen Studie zu speziellen Programmen für entlassene Straftäter wie PAIRS stimmen vorsichtig optimistisch. Da Deradikalisierungs- und

S. Koller (✉)
Counter Extremism Project (CEP), Berlin, Deutschland
E-Mail: skoller@counterextremism.com

Distanzierungsprozesse komplex sind und Monate oder Jahre dauern können, wird sich jedoch erst langfristig zeigen, wie effektiv die französische Ausstiegsarbeit wirklich ist.

Schlüsselwörter

Frankreich · Extremismus · Prävention · Ausstieg · Deradikalisierung · Strafvollzug · Terrorismus · Präfekturen · Distanzierung

1 Einleitung

Frankreich ist weiterhin Ziel islamistisch motivierter Anschläge – vom Anschlag durch Mohammed Merah im Südwesten Frankreichs mit sieben Todesopfern im März 2012 über die koordinierten Angriffe durch IS-Anhänger im November 2015 in Paris und dem Vorort Saint-Denis, bei denen 130 Menschen starben und mehrere Hundert zum Teil schwer verletzt wurden, bis zu einer Messerattacke durch einen kürzlich aus dem Gefängnis entlassenen Einzeltäter in Nantes im Mai 2021, bei der eine Polizistin verletzt wurde.

Die vielfältigen Herausforderungen, mit denen sich Frankreich im Umgang mit (gewaltorientiertem) islamistischem Extremismus und Terrorismus aktuell beschäftigt, lassen sich dabei in zwei große Themenbereiche strukturieren. Zum einen befinden sich große Teile der salafistisch-dschihadistischen Szene in Frankreich mittlerweile im Untergrund.[1] Die repressiven Maßnahmen der letzten Jahre haben dazu geführt, dass Strukturen zerschlagen, Anführer inhaftiert und restliche Anhänger in den Untergrund gedrängt wurden. Die verbliebenen Akteure präsentieren sich zumindest nach außen als nicht gewaltorientiert und bringen somit polizeiliche Maßnahmen oft an ihre Grenzen. Durch zahlreiche Verbote und Schließungen von Moscheen oder Vereinen, denen eine Nähe zu oder Unterstützung von islamistischen Bewegungen vorgeworfen wird, sind konkrete Zusammenhänge deshalb oft weniger ersichtlich und das Phänomen schwieriger greifbar (Le Monde 2020).

Zum anderen ist Frankreich weiterhin mit den Folgen des Syrien-Konflikts beschäftigt. Von den über 1.400 Französinnen und Franzosen, die sich dem so genannten Islamischen Staat (IS) und anderen terroristischen Organisationen in Syrien und dem Irak angeschlossen hatten, sind einige bereits zurückgekehrt und

[1] Interview mit der Wissenschaftlerin Marie-Christine Roux am 02.06.2021.

befinden sich andere immer noch in Lagern und Gefängnissen in Nordsyrien – in beiden Fällen stellen zumindest einige dieser Menschen ein schwer einzuschätzendes Risiko dar.[2] Gleichzeitig geht auch von manchen, deren Ausreise von den Sicherheitsbehörden verhindert wurde, eine mögliche Sicherheitsbedrohung aus. Einige befinden sich im Gefängnis und sind somit Teil der über 1260 Inhaftierten, die als radikalisiert gelten (758 Personen) oder für terroristische Straftaten verurteilt wurden (503 Personen) (Gotchaux 2020). Von ihnen wurden 40 bereits im Jahr 2020 entlassen bzw. werden 64 Personen im Laufe des Jahres 2021 und 46 im Laufe des Jahres 2022 entlassen. Schon 2012 und 2013 hat die Entlassung der „alten Generation" von Islamisten dazu geführt, dass alte Netzwerke wieder aufgebaut und durch die Veteranen neue Anhänger mobilisiert wurden.[3] Somit befindet sich Frankreich derzeit an einem Wendepunkt.

Beide Herausforderungen stehen außerdem im Kontext einer zunehmend polarisierten französischen Gesellschaft, in der ein konstruktiver Diskurs über den Umgang mit nicht gewaltorientierten, aber politisch agierenden muslimischen Akteuren sowie gewaltorientiertem Islamismus kaum möglich scheint. Stattdessen werden nicht nur vom rechtspopulistischen Rassemblement National (ehemals Front National) „Fronten geschaffen".[4]

Die oft undifferenzierten öffentlichen Debatten gepaart mit einer Veränderung der islamistischen Bedrohungslage – u. a. die anhaltende Verlagerung in die sozialen Medien – in Frankreich führen zu einem diffusen Gefühl der Bedrohung. Der Sozialwissenschaftler Gilles Kepel spricht dabei von einem „atmosphärischen Jihadismus", bei dem die Schwelle für Anschlagsplanung und -ausführung zunehmend sinkt bzw. von einer bestimmten Atmosphäre beeinflusst wird (Belz 2020). Die Politikwissenschaftlerin Marie-Christine Roux bevorzugt den Begriff „Atmosphäre der Versicherheitlichung", bei der teilweise ‚Islam' und ‚Islamismus' als Synonyme gebraucht werden und die Rolle von Religion und Meinungsfreiheit teilweise nur noch im Kontext Sicherheit wahrgenommen wird.[5]

---

[2] Der französische Koordinator der Nachrichtendienste und Terrorismusbekämpfung, Laurent Nuñez, spricht im März 2021 von 1.450 französischen Dschihadisten, die seit 2012 nach Syrien und in den Irak gereist sind; davon seien 300 zurückgekehrt, 250 vor Ort in Haft, 400 Tote verstorben bzw. 300 mutmaßlich verstorben, einige Dutzend ohne bekannten Aufenthaltsort und 160 im Nordosten Syriens von den Behörden überwacht (Cornevin und Chichizola 2021).

[3] Interview mit der Wissenschaftlerin Marie-Christine Roux am 02.06.2021.

[4] Interview mit der Wissenschaftlerin Marie-Christine Roux am 02.06.2021.

[5] Interview mit der Wissenschaftlerin Marie-Christine Roux am 02.06.2021.

Wie geht die französische Gesellschaft mit diesen Herausforderungen durch gewaltorientierten islamistischen Extremismus und Terrorismus um? Traditionell hatte Frankreich bis vor kurzem einen sicherheitsfokussierten Ansatz gewählt und die Terrorismusbekämpfung, d. h. die Nutzung von polizeilichen und nachrichtendienstlichen Mitteln, beispielsweise zur Verhinderung von Anschlägen, in den Mittelpunkt ihrer Reaktion gestellt (Sèze 2019, S. 17). Erst seit etwa 2013 (und damit im europäischen Vergleich eher spät) beginnt Frankreich, sich auch mit der Prävention von Radikalisierung zu befassen. Unter anderem geht es dabei um die Frage, wie man radikalisierten Personen helfen kann, aus extremistischen Strukturen auszusteigen und sich von einer gewaltorientierten Ideologie zu lösen oder wie man mit radikalisierten Inhaftierten oder für terroristische Straftaten Verurteilten umgehen und sie nach einem Gefängnisaufenthalt in die Gesellschaft reintegrieren kann. Die französische Distanzierungs- bzw. Ausstiegsarbeit leidet jedoch „unter einem anhaltend schlechten Ruf" (Hecker 2021). Um zu einem besseren Verständnis der besonderen Herausforderungen Frankreichs und seiner Reaktionen beizutragen, skizziert dieses Kapitel deshalb die Entwicklung der französischen Präventionspolitik und Distanzierungsarbeit. Denn während der französische Ansatz bei seinen europäischen Nachbarn oft auf Unverständnis stößt, geht es auch Deutschland etwas an, wie Frankreich tatsächlich auf den Umgang mit diesen Herausforderungen vorbereitet ist.

2 (De)Radikalisierung *en français*

Das Verständnis von islamistischer Radikalisierung wurde – auch über den französischen Kontext hinaus – von mehreren französischen Forschenden unterschiedlicher Fachrichtungen geprägt. Im Rahmen dieses Beitrags sei nur auf einige Beispiele hingewiesen (vgl. Hecker 2021, S. 14 f.): am prominentesten ist wahrscheinlich die (öffentlichkeitswirksame) Auseinandersetzung zwischen Gilles Kepel – der von einer „Radikalisierung des Islam" durch den Fortschritt fundamentalistischer Bewegungen wie dem salafistischen Quietismus spricht – und dem Politikwissenschaftler Olivier Roy – der stattdessen von einer „Islamisierung der Radikalität" ausgeht, bei dem die Religion eine weniger wichtige Rolle spielt und radikalisierende Jugendliche sich stattdessen dem attraktivsten Angebot (beispielsweise *Daesh* bzw. dem IS) zuwenden.

Andere heben die Rolle des post-kolonialen Empfindens von jugendlichen Franzosen maghrebinischer Herkunft und der Reaktion auf empfundene Stigmatisierung von Muslimen in Frankreich (François Burgat) oder den Mangel an gesellschaftlicher Integration und den Wunsch, ein „negativer Held" (Farhad

Khosrokhavar) zu werden, hervor. Die Anthropologin Dounia Bouzar spricht von Radikalisierung als „sektiererischer Indoktrinierung“ und der Psychoanalytiker Fethi Benslama von der Figur des „Übermuslims“. Benslama war es auch, der 2018 in Frankreich die erste große Konferenz zum Thema psychische Gesundheit im Kontext Radikalisierung organisiert hatte (Benslama 2019).

Im Umgang mit (möglicherweise) bereits radikalisierten Personen unterscheidet man auch in Frankreich grundsätzlich zwischen der Distanzierung *(désengagement)* mit dem Ziel des Gewaltverzichts und der Deradikalisierung *(déradicalisation)* mit dem Ziel der Veränderung der Überzeugungen und Denkweisen der relevanten Person (CIPDR n.da). Mittlerweile wird – ähnlich wie beispielsweise in Belgien oder Deutschland – vor allem von Distanzierungsarbeit oder Betreuung bzw. *prise en charge* oder *suivi* gesprochen.

3 Paradigmenwechsel

3.1 Mohammed Merah und der Terrorismus des Inneren

Anfangs spielen diese wichtigen Unterscheidungen jedoch noch keine Rolle. Eigentlich ist islamistischer Extremismus und Terrorismus in Frankreich schon seit Jahrzehnten ein bekanntes Phänomen. In den 70ern und 80ern werden die terroristischen Anschläge aber ausschließlich als eine aus dem Ausland kommende Bedrohung wahrgenommen. Erst seit dem Anschlag im März 2012 durch Mohammed Merah, einem in Toulouse geborenem Franzosen, verändert sich dieses Verständnis grundlegend. Man spricht nun von einem „Terrorismus des Inneren“ und der damalige Regierungschef Manuel Valls erkennt dies an: „Es handelt sich um Netzwerke, die in unseren Vierteln existieren. Es handelt sich um konvertierte Franzosen, um muslimische Franzosen“ (Manuel Valls in Sèze 2019, S. 23).

Konkret wird der Begriff „Radikalisierung“ Ende der 2000er Jahre zuerst in den Dokumenten der Strafvollzugsverwaltung *(AP – administration pénitentiaire)* verwendet, nachdem er 2008 im Rahmen des ersten europäischen Plans zur Prävention von Radikalisierung benutzt wird (Sèze 2019, S. 20 ff.). Dabei ist die AP ein Vorreiter unter den französischen Behörden. Während der Justizvollzug Radikalisierung als Sicherheitsproblem verstehen und behandeln kann, halten sich andere Behörden zurück, um durch die Beschäftigung mit religiös begründeter Radikalisierung nicht eventuell in einen Konflikt mit der *laïcité* zu kommen, d. h. generell der Neutralität des Staates bzw. der Gleichheit von Religionen bzw. Überzeugungen, aber speziell der „Freiheit, seinen Glauben oder seine Überzeugungen innerhalb der Grenzen der Achtung der öffentlichen Ordnung zu bekunden" (Gouvernment Français n.da). Während die Fähigkeit der französischen Behörden im Kampf gegen Extremismus und Terrorismus dabei infrage gestellt wird, geben der Aufschwung verschiedener fundamentalistischer islamischer Strömungen, der Anstieg der Konvertierungen sowie die zunehmenden Ausreisen von Französinnen und Franzosen nach Syrien und den Irak, deren Eltern aber auch Vereinen und Behörden zunehmend Anlass zur Sorge. Das größte Kontingent an europäischen ausländischen Kämpfern im Kriegsgebiet kommt aus Frankreich, aber nicht nur die Franzosen haben Schwierigkeiten, das Ausmaß des Problems richtig einzuschätzen: ohne konkretes Sicherheitsrisiko ist religiöser Fundamentalismus unter der Religionsfreiheit geschützt.

Erst 2013 versucht die EU, weitere Ausreisen in die Kriegsgebiete zu verhindern und sich um die Rückkehrenden zu kümmern; auch Frankreich beginnt, sich ernsthaft mit dem Problem der Radikalisierung zu beschäftigen. Vor allem nach dem Anschlag durch Mohammed Merah und der vermehrten Ausreisen entsteht somit quasi ein „window of opportunity", bei dem die französische Regierung Interesse an einer echten Präventionspolitik entwickelt. Ein Bericht von Yann Jounot im Oktober 2013 hat dabei einen „strukturellen Einfluss auf die Umsetzung des Kampfes gegen Radikalisierung in Frankreich" (Sèze 2019, S. 39) und eine beginnende Abkehr vom rein repressiven Ansatz. Um, ähnlich wie andere europäische Länder, auf gefährdete Zielgruppen reagieren zu können, beginnt Frankreich zwischen primärer (früh ansetzende Präventionsmaßnahmen für die gesamte Gesellschaft) und sekundärer Prävention (gezielte Maßnahmen für besonders anfällige Zielgruppen oder bereits radikalisierte Personen) zu unterschieden. Die Zivilgesellschaft wird zunehmende für diese Aufgabe aktiviert, die Geheimdienste werden einer Evaluation unterzogen und die Prävention der Radikalisierung wird in die Nationalen Strategie zur Verhinderung von Kriminalität aufgenommen.

Unter anderem aus Frustration über die (ausbleibende) staatliche Reaktion bilden sich gleichzeitig eine Vielzahl an Initiativen der Familien und Angehörigen von Ausgereisten, u. a. der von Dounia Bouzar gegründete Verein CDPSI *(Centre de prévention contre les dérives sectaires liées à l'islam)* in April 2014 (Sèze 2019, S. 45). Obwohl Bouzar und ihre Methode bei den französischen Behörden mittlerweile umstritten sind, kann sie damals als Ansprechpartnerin der Öffentlichkeit der Politik schließlich vermitteln: die Ausgereisten sind nicht nur potenzielle Terrorristen, sondern auch Opfer; die betroffenen Eltern seien

Lehrerinnen und Lehrer, Ärztinnen und Ärzte; sie kommen also aus der Mitte der Gesellschaft und brauchten Unterstützung. Die Problematik – ab wann gibt es ein gesellschaftliches Problem und was bedeutet radikalisiert? – bleibt schwierig zu greifen, aber ein Umgang wird möglicher.

Somit wird in Frankreich Radikalisierung immer mehr als gesellschaftliches, und nicht (nur) individuelles Problem verstanden und die Regierung von Manuel Valls verabschiedet im April 2014 den ersten **Anti-Terror-Plan PLAT** *(Plan de lutte anti-terroriste)* (Pawella 2019). Das Interministerielle Komitee zur Prävention von Kriminalität (CIPD) wird mit der Umsetzung des Plans zur Prävention von Radikalisierung und Begleitung von Familien von April 2014 betraut (Ministère de l'Intérieur 2014). Unter anderem wird eine gebührenfreie Hotline *(numéro vert)* eingerichtet, an die man möglicherweise radikalisierte Personen melden kann, deren Profile dann von der Einheit für die Koordination des Kampfs gegen den Terrorismus (UCLAT – *Unité de coordination de la lute antiterroriste*) gesammelt werden. Die Betreuung der betroffenen Personen und deren Familien wird auf Ebene der 101 französischen Gebietskörperschafen bzw. *Déparments* organisiert. Durch die 22 Maßnahmen des PLAT sollen außerdem weitere Ausreisen in das Kriegsgebiet in Syrien und dem Irak verhindert werden, eine verbesserte Strafverfolgung von Einzeltätern sichergestellt werden, mehr Möglichkeiten gegen die Verbreitung von terroristischer Propaganda vor allem im Internet geschaffen werden sowie Polizei und Justiz mehr Ermittlungsbefugnisse eingeräumt werden, um mit der Entwicklung von Terrorismus Schritt halten zu können (Pawella 2019). Dem PLAT folgt die Umstrukturierung sowie Neubenennung der Generaldirektion für innere Sicherheit (DGSI), dem französischen Inlandsgeheimdienst.

Frankreich bemüht sich somit ab 2014 in einer neuen „öffentlichen Politik der Radikalisierungsprävention, die einer sozialen und Sicherheitslogik folgt" (CIPDR. n.d.b. 2021). Somit wird gleichzeitig auch die „repressive Antwort" als wichtig erachtet, die aber mehr und mehr eine Präventionsfunktion erfüllt (Sèze 2019, S. 54).

3.2 Politische Reaktionen nach November 2015

Ähnlich wie 2012 prägt auch das Jahr 2015 die französische Präventionspolitik. Bei Angriffen unter anderem auf die Redaktion des Satiremagazins Charlie Hebdo im Februar 2015 töten Angreifer, die sich auf Al-Qaida berufen, mehr als 12 Personen. Im November des gleichen Jahres erschüttert eine Reihe von koordinierten Anschlägen von IS Anhängern auf den Konzertsaal Bataclan und weitere Ziele in Paris und Saint-Denis nicht nur Frankreich, sondern die (westliche) Welt. Unter dem wenige Tage später verhängten Ausnahmezustand erhalten die französischen Sicherheitsbehörden weitreichende Befugnisse: Versammlungen werden verboten und die Bewegungsfreiheit stark eingeschränkt, mehrere tausend Soldaten auf dem gesamten Gebiet stationiert, Hausdurchsuchungen ermöglicht und längere Festnahmen ohne Haftbefehl. Obwohl sich die konkreten Ergebnisse der Maßnahmen in Grenzen halten und sowohl Richter als auch zivilgesellschaftliche Organisationen laute Kritik an der Einschränkung von Grundrechten äußern, wird der Ausnahmezustand vor allem nach den Anschlägen in Nizza am 14.Juli 2016 mehrmals verlängert und Teile der Maßnahmen schließlich in die Verfassung übernommen (Human Rights Watch 2016).

Die europäische Herkunft der in die Anschläge von 2015 und 2016 involvierten Täter bekräftigt die Logik des „Terrorismus des Inneren". Neben den repressiven Sicherheitsmaßnahmen wird deshalb die Präventionspolitik verstärkt – unter anderem durch den zweiten **Aktionsplan gegen Radikalisierung und Terrorismus (PART)** im Mai 2016 und durch die Erweiterung der Kompetenzen um die Prävention von Radikalisierung des Interministeriellen Komitees zur Prävention von Kriminalität (CIPD), aus dem 2016 das CIPD-R (für Radikalisierung), einer der zentralen Akteure in der Präventionsarbeit Frankreich wird. Durch die 80 Maßnahmen von PART soll unter anderem die individualisierte Betreuung von radikalisierten Personen verstärkt werden.

Es bilden sich dabei drei Ebenen heraus: das Innenministerium gibt die groben Linien vor und mobilisiert Vereine und staatliche Behörden, darunter beispielsweise die Bewährungshilfe; das CIPDR setzt diese Linien um und sucht geeignete Partner; die Präfekte der Départments kümmern sich schließlich um die konkreten Ausschreibungen und haben einen gewissen Spielraum bei der Umsetzung der Projekte (Sèze 2019, S. 62 ff.) (siehe Abschn. 1.4). Dem CIPDR kommt dabei die Rolle zu, die verschiedenen, meist noch experimentellen Ansätze der Prävention auf lokaler Ebene mit unterschiedlichen Partnern zu normalisieren, Forschung zu finanzieren, aber auch geeignete Akteure zu finden und weiterzubilden (Sèze 2019, S. 75). Die Professionalisierung scheint zu funktionieren: während 2015 und 2016 das CIPDR ein mobiles Einsatzteam zur methodischen Unterstützung bereitstellt, gibt es angesichts der zunehmenden Eigenständigkeit der Départments ab August 2017 nur noch Bedarf an regionaler Unterstützung.

In Weiterführung des PART von 2016 erscheint schließlich Anfang 2018 der Nationale Plan für die Radikalisierungsprävention unter dem Motto „Verhindern, um zu schützen" *(PNPR bzw. Prévenir pour Protéger – PPP)* (CIPDR n.d.b.). Im PNPR sind 60 Maßnahmen in fünf Säulen strukturiert, darunter die Säule „Professionalisierung der lokalen Akteure und Evaluation ihrer Praktiken" sowie „Distanzierungsmaßnahmen anpassen" (CIPDR 2018). Konkret sind Verbesserungen im Umgang mit Minderjährigen, die aus Nordsyrien zurückkehren sowie im Justizvollzug die Schaffung von mindestens 450 Plätzen in Isolationshaft, Evaluierungseinheiten (*QER*) oder Einheiten für den Umgang mit radikalisierten Personen (QPR) vorgesehen (siehe Abschn. 1.5.2 zum Strafvollzug).

Neben einem nationalen Plan im Kampf gegen Rassismus und Antisemitismus (Premierministre 2018) führt als weitere Ergänzung des PART außerdem ein weiterer Aktionsplan gegen Terrorismus *(PACT)* im Juli 2018 zu zahlreichen weiteren Neuerungen (Gouvernement Français n.db). Als Beispiel sei hier nur die Einführung einer eigenen Nationalen Anti-Terrorismus Staatsanwaltschaft (PNAT) und die Stärkung der operativen und strategischen Rolle des DGSI genannt.

In den folgenden Jahren wird das CIPDR weiter ausgebaut, um seine wachsenden Aufgaben umsetzen bzw. koordinieren zu können. Vor allem nach dem Anschlag auf den Lehrer Samuel Paty im Oktober 2020 erhält das CIPDR mehr personelle Kapazitäten mit der Schaffung der neuen Einheit UCDR *(Unité de contre-discours républicain),* um u. a. durch online Kampagnen bestimmte Narrative als Alternative zu extremistischer Propaganda zu bewerben (CIPDR n.dc).

Die Wahrnehmung, dass Radikalisierung nicht nur ein Sicherheitsproblem, sondern auch ein soziales Problem ist, führt in Frankreich jedoch gleichzeitig zu einer zunehmenden Versicherheitlichung, d. h. Maßnahmen fokussieren sich zunehmend auf die Teile der französischen Bevölkerung, die als besonders anfällig betrachtet werden bzw. den so genannten republikanischen Werten weniger zugewandt. Das Fehlen eines einheitlichen Verständnisses von Radikalisierung und die Diversität der relevanten Profile führen zur „Darstellung einer internen und diffusen Gefahr" (Sèze 2019, S. 97): Bei der Prävention geht es also nicht mehr nur um die Verhinderung von konkreten Anschlägen oder die Unterstützung von bereits radikalisierten Personen, sondern um eine selektive Prävention durch die Stärkung einer „nationalen Einheit". In diesem Zusammenhang steht auch ein umstrittenes Gesetzesprojekt, das „den Respekt der Prinzipien der Republik festigen" soll, das im Dezember 2020 bereits von der Nationalversammlung verabschiedet wurde und im Herbst 2021 zur abschließenden Lesung vorgelegt werden soll (Assemblée Nationale 2020). Im Namen des „Kampfs gegen den Separatismus" wurden seit Februar 2018 über 20.000 Strukturen kontrolliert, 492 Einrichtungen geschlossen und über 42 Mio. Euro, beispielsweise für fälschlicherweise beantragte Sozialleistungen, zurückerhalten (Ministère de l'Intérieur 2021).

Diese Entwicklungen zeigen zum einen wie schwierig sich Frankreich tut, auf eine konkrete, anhaltende Sicherheitsbedrohung durch islamistischen Extremismus und Terrorismus zu reagieren. Gleichzeitig erschweren die zunehmend aufgeheizten und undifferenzierten politischen und öffentlichen Debatten zu nationaler Identität, Integration oder Rolle des Islam in der französischen Gesellschaft „eine besonnene Reflexion und kritische Diskussion darüber, wie Frankreichs Problem mit dem Islamismus zu bewältigen ist" (Roux 2021, S. 1).

4 Distanzierungsarbeit in Frankreich

In dieser Atmosphäre wurden durch die verschiedenen politischen Pläne der letzten sechs Jahre in Frankreich unterschiedliche Maßnahmen für die Prävention und Bekämpfung von gewaltorientiertem islamistischem Extremismus geschaffen. Drei Maßnahmen im Umgang mit bereits radikalisierten Personen werden im Folgenden kurz vorgestellt: die Organisation der Betreuung relevanter Personen in den Präfekturen durch die CPRAF, der Umgang im Strafvollzug sowie spezifische Programme für den offenen Vollzug.

Während durch die hohe politische Aufmerksamkeit und das dadurch umfassendes Budget in Frankreich eine enorme Nachfrage nach Expertise zu Radikalisierung und Prävention von islamistischem Extremismus entsteht, mangelt es gleichzeitig vor allem bis 2016 an Expertise (Sèze 2019, S. 80 ff.). So bildet sich in den ersten zwei Jahren ein regelrechter Deradikalisierungsmarkt, auf dem sich einige Akteure mehr oder weniger erfolgreich als Deradikalisierungsexperten bzw. -expertinnen profilieren, andere aber nicht über die richtigen Verbindungen oder Möglichkeiten der Selbstdarstellung verfügen oder sich diesem Wettbewerb bewusst entziehen. Gleichzeitig gibt es – nicht nur in Frankreich – noch wenig unabhängige Einschätzungen der Eignung von Akteuren oder Bemühungen, die Effektivität von Maßnahmen zu prüfen. Die ersten Jahre sind deshalb von Skandalen geprägt, die von der Veruntreuung von Geldern, Fälschung von Lebensläufen bis zur Anklage wegen Vergewaltigung einer minderjährigen (jedoch nicht radikalisierten) Klientin im Fall von Patrick Amoyel von Entr'Autres reichen.

Aber (auch) aus anderen Gründen bleibt die Ausstiegsarbeit eine Herausforderung: nach bestehendem Recht ist die Zielgruppe der Präventionsarbeit oft nicht strafrechtlich verfolgbar, d. h. die meisten Angebote sind freiwillig oder müssen bestimmte Anreize nutzen. Eine Ausnahme sind Minderjährige, deren Familien die Zusammenarbeit verweigern und bei denen ein Jugendrichter als Teil von Bildungsmaßnahmen auch eine entsprechende Betreuung anordnen kann.

4.1 In den Präfekturen: CPRAF

Auf lokaler Ebene spielen vor allem seit 2014 die Präfekte eine wichtige Rolle in der Distanzierungsarbeit (siehe Abb. 1). In jedem Département steht ihnen und den involvierten zivilgesellschaftlichen und behördlichen Akteuren zum einen ein Unterstützungszentrum *(PAT – Pôle d'appui aux territoires)* zur Verfügung, für die konkrete Betreuung kümmern sich derzeit drei komplementäre operationelle Einheiten (CIPDR n.dd., CIPDR 2019a): Eine Evaluierungsgruppe ***(GED** – Groupe d'évaluation départemental)* ist für die (Risiko)Einschätzung und Überwachung im Fall einer möglichen Radikalisierung zuständig und besteht aus den Sicherheitsbehörden und Vertrauensreferenten (seit 2014).

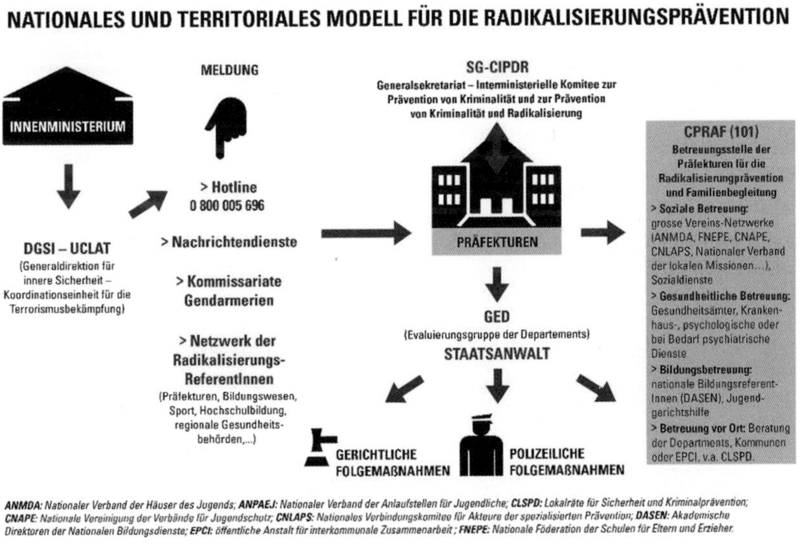

Abb. 1 Maßnahmen der Radikalisierungsprävention in den Präfekturen. (©CIPDR, Quelle: https://www.cipdr.gouv.fr/wp-content/uploads/2019/04/INFO-DISPOSITIF-NATIONAL.jpeg)

Die Betreuungsstelle für die Radikalisierungprävention und Familienbegleitung (***CPRAF*** *– cellule départementale de suivi pour la prévention de la radicalisation et l'accompagnement des familles)* ist für die multi-disziplinäre Betreuung von radikalisierten oder sich radikalisierenden Personen und Begleitung ihrer Familien zuständig; ihr Ziel ist die Distanzierung und Reintegration nach den Werten der Republik (seit 2014). Die Stelle für den Kampf gegen den Islamismus und den gemeinschaftlichen Rückzug (**CLIR** – *Cellule départementale de lutte contre l'islamisme et le repli communautaire*) soll außerdem die koordinierte Einschätzung, Überwachung und Verfolgung von Straftaten in Zusammenhang mit bekannten relevanten islamistischen Netzwerken sicherstellen (seit 2019).

Möglicherweise relevante Fälle erreichen eine Präfektur dabei entweder durch die ReferentInnen für Radikalisierung (beispielsweise in den Präfekturen selbst, in Schulen, Universitäten, Sporteinrichtungen oder regionalen Gesundheitsämter), über eine gebührenfreie Hotline *(numéro vert)* oder über die Sicherheitsbehörden (Kommissariate der Gendarmerie und Nachrichtendienste). Zuerst werden diese Fälle in der Evaluierungsgruppe GED des Départements unter Vorsitz des jeweiligen Präfekten besprochen und eine von drei möglichen Maßnahmen beschlossen: wurde bereits eine Straftat begangen, übernimmt die Justiz (ein Staatsanwalt bzw. eine Staatsanwältin ist Teil der GED) und gerichtliche Folgemaßnahmen werden beschlossen. Wurde keine Straftat begangen, aber ein Sicherheitsrisiko besteht, beginnen die Nachrichtendienste mit der Überwachung der Person. Nur wenn weder eine Straftat begangen noch ein Sicherheitsrisiko besteht, die Person aber möglicherweise radikalisiert ist, wird der Fall an die CPRAF der Präfektur geleitet (CIPDR n.dd.). Unter Vorsitz des Präfekten bzw. eines Stellvertreters entscheiden im CPRAF mehrere Akteure aus unterschiedlichen Disziplinen – Pädagogen, Psychologinnen bzw. Psychiater, Imame sowie Vertreterinnen von Justiz, Sicherheitsbehörden, Jugend- und Sozialamt sowie staatlich finanzierter Vereine – über die geeignete Betreuung der betroffenen Person sowie eine mögliche Begleitung der Familie. Die Entwicklung des Falls wird kontinuierlich bewertet und ein Bericht regelmäßig ans CIPDR geschickt. Eine CPRAF in kleinerer Besetzung ist beispielsweise auch für das Fallmanagement von Kindern, die aus Syrien zurückkehren, verantwortlich (CIPDR 2019a).

Durch den PART im Jahre 2014 geschaffen, steht die Betreuungsstelle CPRAF somit im Zentrum der Ausstiegsarbeit in den Départments (Ministère de l'Intérieur 2014). In den CPRAF wurde laut einer Bilanz des Aktionsplans von 2018 bis 2019 insgesamt 2500 Personen (davon 55 % Minderjährige und 40 % Frauen) sowie 700 Familien betreut. Die regionalen Gesundheitsämter (ARS) waren in jede CPRAF involviert und haben in 50 % der Fälle Unterstützung im Bereich psychische Gesundheit bereitgestellt (CIPDR 2019b, S. 13.). Die CPRAF werden vom Innenministerium als „treibende Kraft“ der französischen Distanzierungsarbeit dargestellt und präzisiert, dass „seit dem Beginn ihrer Tätigkeit im Jahre 2014 haben die CPRAF 6.300 Personen betreut, davon mehrheitlich Minderjährige (AFP 2019).

Die CPRAF agieren so diskret, dass auch im europäischen Ausland noch wenig über ihre Funktionsweise bekannt ist. Es ist nicht klar, ob diese geringe Sichtbarkeit absichtlich ist oder beispielsweise die oft mangelnden Englischkenntnisse regionaler Akteure in Frankreich ein Hindernis für den internationalen Austausch darstellen. Außerdem sagen die bisherigen Zahlen noch wenig über die Wirkung der Maßnahmen aus. Das CIPDR bemüht sich zwar seit etwa zwei Jahren verstärkt, Monitoring und Evaluation der Distanzierungsarbeit sicherzustellen (CIPDR 2020). Die Ergebnisse der Evaluationen von etwa fünf der Maßnahmen werden jedoch voraussichtlich erst im Laufe des Jahres 2021 vorliegen.

4.2 Im Strafvollzug: QER

Eine weitere besondere Rolle in der Präventions- bzw. Distanzierungsarbeit kommt den Justizvollzuganstalten zu. Dabei unterscheidet die Gefängnisverwaltung zwischen den TIS (islamistischen Terroristen) und den DCSR (nach normalem Recht bzw. *droit commun* Verurteilten, die als radikalisiert gelten) als Zielgruppe von Maßnahmen. Vor allem ab 2012 werden in beiden Kategorien wesentlich mehr Fälle gezählt (Sèze 2019, S. 73). Die meisten dieser Personen sind in der Pariser Region inhaftiert und als die südlich von Paris gelegene Justizvollzuganstalt (JVA) Fresnes im Umgang mit dieser Zielgruppe an ihre Grenzen kommt, beschließt ihr Direktor Ende 2014, diese Gefangenen in gesonderten Einheiten unterzubringen. Nach den Charlie Hebdo Anschlägen im Januar 2015 werden dann insgesamt fünf „Einheiten der Prävention von Radikalisierung“ (UPRA) in den vier JVAs Fresnes, Fleury-Mérogis, Osny und Lille-Annœullin eröffnet. Die relevanten Inhaftierten sind so von den anderen Mitgefangenen getrennt, bleiben jedoch unter sich. Deshalb wird – nach ersten umstrittenen Versuchen von Distanzierungsprogrammen in einigen JVAS sowie Angriffen auf das Personal – im Oktober 2016 ein neuer Aktionsplan für die Sicherheit im Strafvollzug und Aktion gegen gewaltorientierte Radikalisierung vorgelegt (Ministère de la Justice 2016). Ab sofort werden sowohl die für terroristische Straftaten Inhaftierte als auch radikalisierte Personen (d. h. TIS und DCSR) zuerst in Einheiten für die Einschätzung von

Abb. 2 Risikomanagement durch die Justizvollzugsverwaltung. (©CIPDR 2019b, S. 13)

Radikalisierung (QER – *Quartiers d'Évaluation de la Radicalisation*) untergebracht, um über die geeigneten Maßnahmen zu entscheiden (siehe Abb. 2). Für die konkrete Risikoeinschätzung wird ein Raster aus Indikatoren sowie, wie in vielen anderen europäischen Ländern, das Instrument VERA-2R genutzt (siehe Basra und Neumann 2020, S. 7). TIS, die nicht missionieren und keine Sicherheitsbedrohung darstellen, bleiben im regulären Strafvollzug und werden an intensive und individualisierte Präventionsprogramme (PPRV) überwiesen. TIS, die missionieren, aber als nicht gewaltbereit gelten, werden in geschlossenen Einrichtungen untergebracht und erhalten Distanzierungsangebote, z. B. ein multidisziplinäres Programm von mehreren Wochen (QPR). Schließlich werden TIS, die als am gefährlichsten und nicht geeignet für die Distanzierungsarbeit eingeschätzt werden, in QI isoliert. Ein solcher Fall ist Salah Abdeslam, einer der mutmaßlichen Attentäter der Anschläge vom 13. November 2015, der in der JVA Fleury-Mérogis als „teuerster Inhaftierte Frankreichs" den französischen Staat jährlich etwa 433.000 € kostet (Philippe 2021).

Mittlerweile existieren QERs in Fresnes, Osnay und Fleury-Merogis; im Dezember 2020 hat ein sechstes QER in Vendin-le-Vieil in Pas-de-Calais geöffnet (Gotchaux 2020). Im Gefängnis von Osny befinden sich beispielsweise 10 Inhaftierte in einem QER. Dadurch sollen in Frankreich jedes Jahr 273 Inhaftierte eingeschätzt werden können. Vor dem Hintergrund steigender Zahlen von weiblichen radikalisierten Inhaftierten und möglichen Rückkehrerinnen aus Syrien und dem Irak hat Frankreich als erstes Land in Europa im September 2021 außerdem die erste Station (QPR) speziell für Frauen, die für terroristische Straften verurteilt wurden, eröffnet.

Während Frankreich im Umgang mit Radikalisierung im Gefängnis weiter aufrüstet, bleiben strukturelle Probleme. Die Zahl von radikalisierten Häftlingen in Frankreichs Gefängnissen hat sich zwischen 2014 und 2020 verfünffacht und die Überbelegung weiter verschärft (Basra und Neumann 2020, S. 10; Rougier und Micheron 2020). Gleichzeitig wirken laut der Internationalen Beobachtungsstelle der Gefängnisse in Frankreich die unverhältnismäßig harten und oft undifferenzierten sicherheitszentrierten Maßnahmen bisher dem eigentlichen Ziel der Rehabilitierung und Distanzierung entgegen (Anelli und Marcel 2020).

4.3 Im offenen Vollzug: RIVE und PAIRS

Auch jenseits der Arbeit der Präfekturen und außerhalb des Strafvollzugs werden erste Versuche der Ausstiegsarbeit gemacht: 2015 testet der oberste Gerichtshof von Mulhouse (das Elsass ist eine der am meisten von Islamismus betroffenen Regionen) ein eigenes Deradikalisierungsprogramm für ausgewählte Personen, die für in Verbindung mit einem radikalem Islam stehenden Straftaten verfolgt werden. Dabei soll ein multi-disziplinäres Team zwei bis drei Monate „dafür Sorge tragen, dass die Radikalisierung von einigen Personen nicht eines Tages zu einem terroristischen Anschlag führt" (METRONEWS 2015). Ein weiterer Versuch ist Anfang 2016 das Zentrum für Aktion und Prävention gegen die individuelle Radikalisierung (CAPRI – *Centre d'action et de prévention contre la radicalisation des individus*), das auch einen personalisierten und psychosozialen, multi-disziplinären Ansatz verfolgt und nach wie vor in die Betreuung der CPRAF involviert ist. Nachdem im PART das Budget für die Betreuung und Begleitung von als radikalisiert geltenden Personen verdoppelt wird, wird im Juli 2016 für fast 2,5 Mio. Euro das mittlerweile berühmt-berüchtigte Centre Pontourny in Beaumont-en-Véron, im Westen Frankreichs unter dem Motto Reintegration und Staatsbürgerschaft *(Réinsertion et citoyenneté)* etabliert. Keines der Programme erfüllt jedoch die Hoffnungen und vor allem das Centre Pontourny macht konstant negative Schlagzeilen, bevor es wegen zu geringer Auslastung schließen muss (Bronner 2019).

Nach diesen Erfahrungen bemühen sich die französischen Behörden bei den folgenden Distanzierungs- bzw. Reintegrationsprogramme um viel Diskretion. Das Programm RIVE *(Recherche et intervention sur les violences extremistes)* beginnt im Dezember 2016, wird jedoch erst ein Jahr nach Eröffnung öffentlich bekannt gemacht (Hecker 2021, S. 30 ff.). Mit diesem experimentellen Programm, umgesetzt vom Verein für angewandte Kriminalpolitik und soziale Wiedereingliederung APCARS, schlägt das Justizministerium mit großen

Hoffnungen ein neues Kapitel der Präventionsarbeit in Frankreich auf. RIVE existiert somit etwa zur gleichen Zeit wie Pontourny, richtet sich jedoch an eine andere Personengruppe. Ziel von RIVE ist die zunehmende Unabhängigkeit und soziale Reintegration von erwachsenen Personen, die unter Anklage stehen oder bereits für Straftaten in Zusammenhang mit Terrorismus verurteilt worden sind. Langfristig soll somit die „soziale und psychologische Stabilität und eine gemäßigte Vorstellung von Religion gefördert werden, mit dem Ziel, das Risiko einer Rückfälligkeit zu verringern" (ibidem, S. 32). Zwischen 2016 und 2018 und in Kooperation mit der Bewährungshilfe (SPIP – *Services pénitentiaires d'insertion de de probation*) haben insgesamt 12 Männer und 10 Frauen mit einem durchschnittlichen Alter von 25 Jahren an RIVE teilgenommen, darunter 13 vor der Strafzumessung und 9 danach (davon 5 im geschlossenen Vollzug). Konkret arbeitete RIVE mit einer verpflichtenden, personalisierten und fachübergreifenden Begleitung durch ein Mentoring-Team. Während keine wissenschaftliche Einschätzung der Entwicklung der Klienten von RIVE vorliegt und die ehemalige Koordinatorin sogar vom „Versagen bei der Umsetzung des Programms" spricht, kommt eine unabhängige Beraterin immerhin zu dem Schluss, dass RIVE „nach internationalen Standards als „seriöse Einrichtung" verstanden werden könne" (Hecker 2021, S. 34). Bis 2019 wurde von keinem Rückfall unter den begleiteten Personen berichtet.

Wie im nationalen Plan der Radikalisierungsprävention (PNPR) von Februar 2018 angekündigt, beschließen die französischen Behörden, das Programm zu verlängern bzw. um die Standorte Lille, Lyon und Marseille zu erweitern (CIPDR 2018, S. 22). Dies passiert vor allem vor dem Hintergrund von mittlerweile 635 Fällen von radikalisierten Personen im offenen oder geschlossenen Vollzug und damit fast doppelt so vielen wie zu Beginn von RIVE (Hecker 2021, S. 34). Statt APCARS gewinnt jedoch eine Abteilung des sozialen Unternehmens *Groupe SOS* und der Verein Artemis alle vier Ausschreibung. Trotz öffentlicher Kritik an einem möglichen Einfluss der persönlichen Verbindung zwischen Staatspräsident Macron und dem Vorstandsvorsitzenden von Groupe SOS, Jean-Marc Borello, auf diesen Ausgang bleibt es bei dieser Entscheidung und zwischen Oktober 2018 und Oktober 2019 werden individualisierte Begleitungsprogramme für den sozialen Wiederanschluss *(PAIRS – Programmes d'accompagnement individualisé et de réaffiliation sociale)* – in Paris, Lille, Lyon und Marseille eröffnet (ibidem, S. 34).

Nach den bisherigen Erfahrungen und trotz des relativen Erfolgs von RIVE wird auch das Distanzierungsprogramm PAIRS mit viel Diskretion behandelt und wenig Daten werden an die Öffentlichkeit kommuniziert. Das Ziel der individualisierten Betreuung von PAIRS sei es, „auf eine Distanzierung von gewaltorientierter Radikalisierung sowie auf die Verhinderung des Risikos einer Gewalttat hinzuwirken", gleichzeitig soll das Programm die soziale Reintegration und den Erwerb von staatsbürgerlichen Wertvorstellungen fördern (Hecker 2021, S. 39). Zielgruppe des Programms sind die so genannten PPSMJ, d. h. Personen, die der Verfügungsgewalt der Justiz übergeben wurden und entweder als radikalisiert gelten oder für eine terroristische Straftat verurteilt wurden. Der erste Kontakt von Teilnehmenden zum Programm entsteht somit entweder durch eine Diagnose durch PAIRS-Angestellte während der Haftzeit oder ein Richter verordnet die Teilnahme als Teil der Bewährungsmaßnahmen, sodass eine Nichtteilnahme zur Rückkehr ins Gefängnis führen kann (Hecker 2021, S. 56). Einigen Personen wird schließlich die freiwillige Teilnahme an PAIRS als Teil der Begleitung nach dem Verbüßen einer Haftstrafe vom Richter oder der Bewährungshilfe vorgeschlagen. Dabei kann PAIRS – anders als RIVE – auch bei der Vermittlung einer Unterkunft helfen, damit die entlassene Person beispielsweise nicht in die gleichen, möglicherweise ‚toxischen' Sozial- bzw. Familienstrukturen zurückkehrt und die Behörden über deren Aufenthaltsort informiert sind.

Bei der Betreuung setzt auch PAIRS – unter anderem aufgrund der bisherigen Erkenntnisse (siehe z. B. Campelo et al. 2018) – auf multi-disziplinäre Teams, die dabei einen „Sozial" -Bereich (bestehend aus spezialisierten Pädagogen, Sozialarbeitern und Beratenden für die berufliche (Wieder)Eingliederung), einen „Psychologie" -Bereich (bestehend aus klinischen Psychologen und einem Psychiater) sowie einem Bereich für die religiöse und kulturelle Mediation (bestehend aus so genannten „Experten für den modernen Islam") umfassen (Hecker 2021, S. 48). Die Teams können außerdem beispielsweise durch einen Beratenden aus der Bewährungshilfe oder Geopolitik-Spezialisten ergänzt werden. Alle Angestellten werden zudem von den Sicherheitsbehörden überprüft. Diese individualisierte und fachübergreifende Betreuung scheint positive Resultat zu erzielen. Eine Klientin, die mit ihren Kindern zwei Jahre im IS Gebiet gelebt hatte, erzählt einer Journalistin Anfang 2020: „Es ist eine maßgeschneiderte Betreuung, das ist das Wichtigste. Wir sind keine Nummern (…) wir sind nicht nur ein Name und eine Datei. Wir wissen, dass es eine Verpflichtung ist, aber es ist nicht wirklich ein Zwang (…) Wir wissen, dass wir rechenschaftspflichtig sind, aber wir werden als intelligente und fähige Menschen angesehen. Das macht einen großen Unterschied, man fühlt sich selbstbewusst und sicher. Es hilft einem, nicht in die Defensive zu geraten, sonst hätte ich mich nicht so sehr entwickeln können" (Parmentier 2020).

Im Rahmen des „Sozial" -Bereichs beginnt die Betreuung mit der „administrativen Stabilisierung" der zu Betreuenden, also beispielsweise den

Abb. 3 Anzahl der in PAIRS aufgenommenen Personen (Stand September 2020; vgl. Hecker 2021, S. 41)

Stadt	TIS	DCSR	Gesamt
Paris	57	6	63
Marseille	18	14	32
Lyon	13	1	14
Lille	4	7	11
Total	**92**	**28**	**120**

Zugang zu einem Bankkonto oder Arbeitslosenhilfe zu schaffen sowie tägliche Aufgaben zu erledigen, wie einkaufen oder die öffentlichen Verkehrsmittel nutzen (Hecker 2021, S. 61). Dabei ginge es auch darum zu erklären, welche Rechte und Pflichten es in der französischen Gesellschaft gebe. Auch die Unterstützung bei der Suche nach einer Arbeit oder Ausbildung ist Teil des „Sozial" -Bereichs. Die Betreuung selbst kann somit zwischen drei und zwanzig Stunden pro Woche variieren (Chevalier 2020). Neben Gesprächen mit den Klienten kann die Betreuung auch andere Aktivitäten beinhalten, wie z. B. Museumsbesuche oder Sport.

Zwischen Oktober 2018 und September 2020 hat PAIRS insgesamt 120 Personen aufgenommen, davon 26 vor und 94 nach der eigentlichen Haftstrafe (Hecker 2021, S. 41; siehe detaillierte Aufteilung in Abb. 3). Da als besonders gewaltbereite Personen nicht für das Programm empfohlen werden, repräsentieren die Klienten von PAIRS jedoch nur einen Bruchteil der TIS und DCSR im offenen Vollzug. Die Profile der bisherigen Teilnehmenden von PAIRS sind (soweit das im Rahmen der Studie festzustellen war) divers und bestätigen damit bisherige Ergebnisse in Frankreich (Hecker 2018). Folgende Tendenzen seien erkennbar: die große Mehrheit der Teilnehmenden hat die französische Staatsbürgerschaft, ein niedriges Bildungsniveau einhergehend mit Schwierigkeiten sind in den Arbeitsmarkt zu integrieren, und waren bereits für Straftaten (teilweise in Zusammenhang mit Terrorismus) verurteilt (Hecker 2021, S. 47). Etwa ein Drittel hatte Probleme mit Abhängigkeit, etwa ein Viertel psychische Probleme. Die Mehrheit stammte aus muslimischen Familien.

Im Rahmen der Beauftragung wurde auch eine Evaluation der Maßnahmen vorgesehen und Anfang 2021 legt der Politikwissenschaftler Marc Hecker eine umfassende Studie zu PAIRS vor (Hecker 2021). Das für die Auftraggeber und die Presse wohl wichtigste – und beruhigende – Ergebnis von Heckers Studie ist, dass von den Dutzenden von RIVE und PAIRS betreuten Personen, die für terroristische Straftaten verurteilt waren, bis zum Zeitpunkt der Veröffentlichung,

d. h. Februar 2021, keine einzige rückfällig geworden ist (Hecker 2021, S. 74). Die vorsichtig optimistischen Ergebnisse dieses Berichts sind umso wichtiger, als im Sommer 2022 über einen neuen Vertrag bzw. eine neue Ausschreibung des Programms entschieden wird.

Gleichzeitig lohnt es sich deshalb, auf eine Reihe von Kritikpunkten einzugehen, die der Bericht aufzählt (Hecker 2021): Zum einen scheint es bei PAIRS eine hohe Rate an *turnover* zu geben, was beispielsweise an den im Vergleich niedrigen Gehältern liegen kann, die Groupe SOS zahlt. Sowohl der Personalwechsel beim Übergang von RIVE zu PAIRS als auch die Wechsel innerhalb eines Programms führen somit zu Unterbrechungen in der Betreuung, was im Bereich der Radikalisierungsprävention weitreichende Auswirkungen haben kann. Auch der Informationsaustausch zwischen Akteuren – beispielsweise den zivilgesellschaftlichen Beratenden und der Bewährungshilfe – gestaltet sich schwierig. Schließlich scheint es keine einheitliche Regelung, sondern eine Einzelfalleinschätzung zu geben, ob die betreffende Person von PAIRS profitieren würde. Deshalb werde die Relevanz der Vermittlung vom Personal teilweise angezweifelt (Hecker 2021, S. 44).

Die Skizzierung der französischen Distanzierungsarbeit im geschlossenen und offenen Vollzug und in den Präfekturen zeigen deutlich die Entwicklung, die Frankreich in den letzten Jahren in diesem Bereich gemacht hat. Vor allem ein multi-disziplinärer Ansatz und eine individualisierte Betreuung, bei der die Stärken der Klienten in den Blick genommen werden, haben sich auch in anderen Ländern bewährt. Gleichzeitig bestätigt sich, wie herausfordernd die Präventionsarbeit nach wie vor ist. Beispielsweise wird deutlich, dass Probleme mit Personalwechsel, dem unterschiedlichen Problemverständnis oder der Zusammenarbeit zwischen Zivilgesellschaft und (Sicherheits)Behörden starke Parallelen zur deutschen Präventions- bzw. Ausstiegsarbeit hat. Umso wichtiger ist deshalb der Austausch mit deutschen und europäischen Akteuren bei der weiteren Entwicklung dieser Programme. Dabei wird hilfreich sein, dass Frankreichs in der europäischen Zusammenarbeit zu Extremismusprävention eine größere Rolle spielt: Das Konsortium unter der Führung von Civipol, der Organisation für internationale Projektumsetzung des französischen Innenministeriums, hat Ende 2020 einen von zwei Projektanteile der neuen Ausschreibung für das Radicalisation Awareness Network (RAN) der Europäischen Kommission gewonnen (Civipol 2020). Ziel ist die Unterstützung von politischen EntscheidungsträgerInnen und ForscherInnen in den Mitgliedsstaaten und der Kommission beim Kampf gegen gewaltorientierte Radikalisierung, unter anderem beim Umgang mit *foreign terrorist fighters* und deren Familien, Radikalisierung im Gefängnis und Rehabilitierung von ehemaligen Straftätern sowie Polarisierung in Communities.

5 Fazit und Ausblick

Frankreich hat in den letzten acht Jahren große Fortschritte gemacht und die Ausstiegsarbeit zunehmend ausgebaut. Der Umgang mit gewaltorientiertem islamistischem Extremismus wird auch weiterhin eine politische Priorität bleiben. Zu den größten Herausforderungen werden jedoch nicht nur Umgang mit Radikalisierung in den Gefängnissen und den Rückkehrenden – darunter vor allem Minderjährige – aus den Lagern in Nordsyrien gehören. Es wird auch grundsätzlich um die Frage gehen, in welchen Fällen die Teilnahme an einem Distanzierungsprogramm wirklich die richtige Maßnahme ist und welche Alternative der französische Staat anbieten kann, welches Narrativ und welchen Platz in der Gesellschaft Frankreich einem Aussteiger bzw. einer Aussteigerin bieten kann, sowie welches theoretische Verständnis von Radikalisierung und Extremismus dabei hilfreich ist. Es bleibt dabei zu hoffen, dass zum Beispiel der Wissenschaftsrat zu Radikalisierungsprozessen (COSPRAD) bei seinem Neustart im September 2021 einen Beitrag zu einem differenzierten Verständnis und entsprechenden politischen Maßnahmen beitragen kann (IHEMI 2021). Auch das zunehmende Interesse an Evaluation der Maßnahmen stimmt optimistisch. Nicht nur Frankreich ist jedoch mit der Schwierigkeit konfrontiert, dass der Erfolg von Prävention kaum messbar ist bzw. das gewünschte Ziel – Gewaltverzicht – einer bestimmten Maßnahme realistischerweise nicht zuzuordnen ist. Langfristig hängt Erfolg in diesem Bereich deshalb auch davon ab, welche strategischen Entscheidungen in der französischen Innen- und Außenpolitik insgesamt getroffen werden.

Literatur

AFP. 2019. Radicalisation: le travail discret et patient des cellules de prévention, in: challenges.fr, 20.07.2019. https://www.challenges.fr/societe/radicalisation-le-travail-discret-et-patient-des-cellules-de-prevention_665285. Zugegriffen: 30.06.2021.

Anelli, Laure und Cécile Marcel. 2020. Prise en charge de la radicalisation en prison. la grande illusion, Observatoire Internationale des Prisons, Section Française, 28. Oktober 2020. https://oip.org/analyse/prise-en-charge-de-la-radicalisation-en-prison-la-grande-illusion/. Zugegriffen: 30.06.2021.

Assemblée Nationale. 2020. Projet de loi confortant le respect des principes de la République, Nummer 3649 (berichtigt), beim Präsidenten am 9. Dezember 2020 registriert. https://www.assemblee-nationale.fr/dyn/15/textes/l15b3649_projet-loi. Zugegriffen: 26.06.2021.

Basra, Rajan und Peter R. Neumann. 2020. Prisons and Terrorism. Extremist Offender Management in 10 European Countries, International Centre for the Study of Radicalisation. https://icsr.info/wp-content/uploads/2020/07/ICSR-Report-Prisons-and-Terrorism-Extremist-Offender-Management-in-10-European-Countries_V2.pdf. Zugegriffen: 29.06.2021.

Belz, Nina (2020): «Ich habe bisher noch nie einen Jihadisten gesehen, der Leute für Informationen bezahlt hat», Interview mit Gilles Kepel, Neue Züricher Zeitung, https://www.nzz.ch/international/interview-der-politologe-gilles-kepel-ueber-jihad-terrorismus-ld.1585925. Zugegriffen: 27.10.2021.

Benslama, Fethi (Hrsg.). 2019. *États de la Radicalisation*. Paris: Le Genre Humain – Éditions du Seuil.

Bronner, Gérald. 2019. Déchéance de rationalité. Les tribulations d'un homme de progrès dans un monde devenu fou. Paris: Grasset.

Campelo, Nicolas, Alice Oppetit, Françoise Neau, David Cohen, Guillaume Bronsard. 2018. Who are the European youths willing to engage in radicalisation? A multidisciplinary review of their psychological and social profiles, *European Psychiatry*, 52: 1–14.

Chevalier, Justine. 2020. Radicalisation. Qu'est-ce que le programme PAIRS, qui accompagne 70 détenus à leur sortie de prison? Bfmtv.com, 12.Januar 2020. https://www.bfmtv.com/police-justice/radicalisation-qu-est-ce-que-le-programme-pairs-qui-accompagne-70-detenus-a-leur-sortie-de-prison_AN-202001140096.html. Zugegriffen: 30.06.2021.

CIPDR. n.da, Le Désengagement plutôt que la Déradicalisation. Comité interministériel de prévention de la délinquance et de la radicalisation, Désengager et Réinsérer. https://www.cipdr.gouv.fr/prevenir-la-radicalisation/soutenir-et-suivre-les-intervenants/. Zugegriffen: 29.06.2021.

CIPDR. n.d.b. Le Plan National de Prévention de la Radicalisation, Comité interministériel de prévention de la délinquance et de la radicalisation. https://www.cipdr.gouv.fr/prevenir-la-radicalisation/mise-en-oeuvre-du-pnpr/. Zugegriffen: 29.06.2021.

CIPDR. n.dc, Le Secrétariat Général du Comité Interministériel de Prévention de la Délinquance et de la Radicalisation (SG-CIPDR). https://www.cipdr.gouv.fr/le-cipdr/. Zugegriffen: 29.06.2021.

CIPDR. n.dd. Les Partenaires de Terrain du CIPDR, Comité interministériel de prévention de la délinquance et de la radicalisation, Réseau national. https://www.cipdr.gouv.fr/le-cipdr/reseau-national-les-partenaires-de-terrain/. Zugegriffen: 26.06.2021.

CIPDR. 2018. Prevent to Protect. National Plan to Prevent Radicalisation. Comité interministériel de prévention de la délinquance et de la radicalisation, Media kit, 23 Februar 2018. https://www.cipdr.gouv.fr/wp-content/uploads/2018/12/DP2018-02-23-CIPDR-Radicalisation-V5.pdf. Zugegriffen: 20.03.2021.

CIPDR. 2019a. Le dispositif territorial de prévention de la radicalisation violente, Interministerial Committee for the Prevention of Crime and Radicalisation. https://www.cipdr.gouv.fr/wp-content/uploads/2019a/06/Dispositif-territorial-de-pr%C3%A9vention-de-la-radicalisation-violente-1.pdf. Zugegriffen: 29.06.2021.

CIPDR. 2019b. The State, territorial authorities, and society: a chain of protection against radicalisation. Appraisal plus key facts and figures, Interministerial Committee for the Prevention of Crime and Radicalisation, Media kit. https://radical.hypotheses.org/files/2019b/09/Interministerial_Commitee 2019b.pdf. Zugegriffen: 26.06.2021.

CIPDR. 2020. Appel d'Offres Evaluation prise en charge en CPRAF. Actualité, Interministerial Committee for the Prevention of Crime and Radicalisation, 16.Juni 2020. https://www.cipdr.gouv.fr/appel-doffres-evaluation-prise-en-charge-en-cpraf/. Zugegriffen: 29.06.2021.

Civipol. 2020. RADICALISATION AWARENESS NETWORK. Event, gepostet am 21. Dezember 2021. https://www.civipol.fr/en/news/radicalisation-awareness-network. Zugegriffen: 26.06.2021.

Cornevin, Christophe und Chichizola, Jean. 2021. Laurent Nuñez. «L'État islamique se reconstitue dans la clandestinité», Lefigaro.fr, 11.März 2021. https://www.lefigaro.fr/actualite-france/laurent-nunez-l-etat-islamique-se-reconstitue-dans-la-clandestinite-20210311. Zugegriffen: 30.06.2021.

Gotchaux, Delphine. 2020. Ils sont surveillés de près'. en visite en prison, Eric Dupond-Moretti défend les quartiers d'évaluation de la radicalisation, *France info,* 16. November 2020. https://www.francetvinfo.fr/faits-divers/terrorisme/osny/ils-sont-surveilles-de-pres-en-visite-en-prison-eric-dupond-moretti-defend-les-quartiers-d-evaluation-de-la-radicalisation_4183725.html. Zugegriffen: 29.06.2021.

Gouvernment Français. n.da. Observatoire de la Laïcité, Website der französischen Regierung. https://www.gouvernement.fr/qu-est-ce-que-la-laicite. Zugegriffen: 29.06.2021.

Gouvernement Français n.db. Plan d'Action contre le Terrorisme, Website der französichen Regierung. https://www.gouvernement.fr/risques/plan-d-action-contre-le-terrorisme. Zugegriffen: 26.06.2021.

Hecker, Marc. 2021. Once a Jihadist, Always a Jihadist? A Deradicalization Program Seen from the Inside. *Focus stratégique*, Nummer 102 bis, Februar 2021.

Hecker, Marc. 2018. 137 Shades of Terrorism. French Jihadists Before the Courts. IFRI. Focus stratégique, Nummer 79 bis, April 2018. https://www.ifri.org/sites/default/files/atoms/files/hecker_137_shades_of_terrorism_2018.pdf. Zugegriffen: 13.Juni 2021.

Human Rights Watch. 2016. France. Abuses Under State of Emergency. Halt Warrantless Search and House Arrest, Human Rights Watch, Februar 2016. https://www.hrw.org/news/2016/02/03/france-abuses-under-state-emergency. Zugegriffen: 22.06.2021.

IHEMI. 2021. Secrétariat général du COSPRAD, Institut des hautes études du ministère de l'Intérieur. https://www.ihemi.fr/recherche/secretariat-general-du-cosprad. Zugegriffen: 30.06.2021.

Le Monde. 2020. Le Conseil d'Etat confirme la dissolution de BarakaCity et la fermeture de la mosquée de Pantin, Le Monde, 25. November 2020. https://www.lemonde.fr/societe/article/2020/11/25/le-conseil-d-etat-confirme-la-dissolution-de-barakacity-et-la-fermeture-de-la-mosquee-de-pantin_6061089_3224.html. Zugegriffen: 30.06.2021.

METRONEWS. 2015. Un programme de 'déradicalisation' testé au tribunal de Mulhouse, auf Lci.fr, 9. September 2015. https://www.lci.fr/societe/un-programme-de-deradicalisation-teste-au-tribunal-de-mulhouse-1531083.html. Zugegriffen: 30.06.2021.

Ministère de la Justice. 2016. Sécurité pénitentiaire et action contre la radicalisation violente. Plan d'action de Jean-Jacques Urvoas, Garde des Sceaux, ministre de la

Justice, französisches Justizministerium, 25. Oktober 2016. http://www.justice.gouv.fr/publication/securite_penitentiaire_et_action_contre_la_radicalisation_violente.pdf. Zugegriffen: 30.06.2021.

Ministère de l'Intérieur. 2021. Dossier de presse. point mensuel de février du ministre de l'Intérieur et de la ministre déléguée, Französisches Innenministerium, 3. März 2021. https://www.interieur.gouv.fr/Le-ministre/Dossiers-de-presse/Dossier-de-presse-point-mensuel-de-fevrier-du-ministre-de-l-Interieur-et-de-la-ministre-deleguee. Zugegriffen: 26.06.2021.

Ministère de l'Intérieur. 2014. Prévention de la radicalisation et accompagnement des familles, Dekret des französischen Innenministers, 29. April 2014. https://www.legifrance.gouv.fr/download/pdf/circ?id=38287. Zugegriffen: 30.06.2021.

Parmentier, Sophie. 2020. La radicalisation, ce n'est pas un aller sans retour. Comment le programme Pairs change des ex-djihadistes, FranceInter, 12.Februar 2020. https://www.franceinter.fr/emissions/le-zoom-de-la-redaction/le-zoom-de-la-redaction-12-fevrier-2020. Zugegriffen: 30.06.2021.

Pawella, Jeanne. 2019. Plans d'Action contre la Radicalisation & le Terrorisme *France* 2014–2018, Hypothèse Radicalisation, Documents de synthèse, praticiens et action publique, 26. September 2019. https://radical.hypotheses.org/13661. Zugegriffen: 30.06.2021.

Philippe, Barthélémy. 2021. Salah Abdeslam. l'impressionnant coût de sa détention, Capital.fr, 05. Februar 2021. https://www.capital.fr/economie-politique/salah-abdeslam-limpressionnant-cout-de-sa-detention-1393285. Zugegriffen: 29.06.2021.

Premierministre. 2018. National Plan Against Racism and Anti-Semitism (2018–2020), Interministerielle Delegation für den Kampf gegen Rassismus, Antisemitismus und Anti-LGBT Hass, Juni 2018. https://www.gouvernement.fr/sites/default/files/contenu/piece-jointe/2018/06/national_plan_against_racism_and_anti-semitism_2018-2020.pdf. Zugegriffen: 29.06.2021.

Rougier, Bernard und Hugo Micheron. 2020. Extremist Offender Management in France, London: International Centre for the Study of Radicalisation, https://icsr.info/wp-content/uploads/2020/07/ICSR-Report-Extremist-Offender-Management-in-Europe-Country-Reports.pdf. Zugegriffen: 30.06.2021.

Roux, Marie-Christine. 2021. Frankreich hat ein Problem mit Islamismus. Konrad-Adenauer-Stiftung. https://www.kas.de/de/analysen-und-argumente/detail/-/content/frankreich-hat-ein-problem-mit-islamismus. Zugegriffen: 30.06.2021.

Sèze, Romain. 2019. Prévenir la violence Djihadiste. Les paradoxes d'un modèle sécuritaire, Paris: Éditions du Seuil.

Sofia Koller arbeitet seit Februar 2022 als Senior Research Analyst im Berliner Büro des Counter Extremism Project (CEP). Davor war sie zwischen Juni 2018 und Dezember 2021 Research Fellow für Terrorismusbekämpfung und Prävention von gewaltbereitem Extremismus im Programm Sicherheit & Verteidigung bei der Deutschen Gesellschaft für Auswärtige Politik e. V. (DGAP). Dort leitete sie das Projekt „International Forum for Expert Exchange on Countering Islamist Extremism (InFoEx)" zu internationalem Wissensaustausch im Bereich Tertiärprävention. Sofia Koller war vorher als Beraterin in Frankreich und im Libanon tätig. Sie studierte Internationale Beziehungen und

Management an der Hochschule Regensburg und der Deutsch-Jordanischen Universität in Amman sowie Internationale Konfliktforschung am War Studies Department des King's College London. Ihre Forschungsinteressen sind u.a. Prävention von islamistischem Extremismus und Terrorismusbekämpfung in Westeuropa (vor allem Deutschland und Frankreich) sowie der Umgang mit (zurückkehrenden) Foreign Fighters. Sie spricht Deutsch, Englisch, Französisch und Spanisch.

Printed by Wilco bv, the Netherlands